災害と復興の中世史

KATASTROPHEN IM MITTELALTER

GERHARD FOUQUET / GABRIEL ZEILINGER

G. フーケー／G. ツァイリンガー
小沼明生｜訳

災害と復興の中世史

ヨーロッパの人びとは
惨禍をいかに生き延びたか

八坂書房

Gerhard Fouquet / Gabriel Zeilinger

Katastrophen im Spätmittelalter

First Edition was originally published in German in 2011.

This translation is published by arrangement with

Verlag Philipp von Zabern GmbH

through the Sakai Agency, Tokyo.

災害と復興の中世史

目次

［カバー／表紙／扉図版］
ピーテル・ブリューゲル
《死の勝利》（部分）
1562年頃
マドリード、プラド美術館

○［　］は引用中の原著者の補足説明、〔　〕は訳註を示す。ただし訳註は本文中の該当語に＊印を付して欄外に置いたところもある。

○図版キャプションのあとの★印は、原本にない図版であることを示す。

○聖書からの引用は原則として『聖書　新共同訳』（日本聖書協会、一九九五年）によった。ただし本文の文脈との兼ね合いで、一部訳語を改めさせていただいたところもある。

緒言

この本の制作プロジェクトをはじめるにあたって、執筆中や制作中に世界のどこかで新たな大災害――天災にせよ人災にせよ――が起こるのではないかとの懸念が頭をかすめたものでしたが、残念なことにその危惧は、現実のものとなってしまいました。ハイチでの壊滅的な地震や中国とパキスタンでの大洪水、さらにロシアの山火事、ドイツではデュイスブルクのラブパレードでの死亡事故、* そしてついには日本での地震、津波災害に続く原子力発電所事故。われわれはこの本を、日本の地震の話から語り起こすことにしました。しかしこれは単なる災害についての本ではありません。われわれの考察は、中世後期を生きた人びとがいかにして現実面、また精神面で災害を乗り越えてきたか、ということに重点を置いています。そうすることによって、時代を超える架け橋のようなものを渡すことができる、と考えるからです。ちなみに、国際研究チームが十四世紀ロンドンのペスト患者の墓地からペスト菌 *Yersinia pestis* の採取に成功したという噂が世界中に広がったのは、この本のレイアウトを決めたまさにその日のことでした。

　われわれは、関心のあるすべての人に向けて、中世後期の人びとが体験したさまざまな極限状況の紹介を中心に筆をすすめてゆきたいと考えています。しかしそのためには、当時の史料を学問的分析の出発点として用いるだけでは不十分でしょう。そうした史料を、ここではむしろ当時の人びとの体験の証拠として、災害を観察するための出発点として用いています。読者の理解を助けるため、長めの史料を引用する際には、現代ドイツ語風に改めてあります。つまり現代語に翻訳するか、あるいはつづりを現代のものに直して引用符をつけました。特に短い表現については、古いドイツ語のまま引用し、イタリックで区別できるようにしてあります。一般向けということで、研究書の参照指示は最小限にとどめましたが、一方ではさらに調べてみたいという読者の要求にもできる限り配慮したつもりです。

最後になりますが、この本の制作に関わってくれた多くの方々に感謝いたします。シュテファン・ヴァインフルターは出版社フィリップ・フォン・ツァーバーンとキールとのコンタクトをとってくれました。出版社の担当諸氏は不慣れな私たちを助けてくれました。キール大学の社会経済史研究科の学生たちも、史料・文献探しから画像の処理、そして校正作業に至るまで大いに助けとなってくれました。とりわけレナ・クラウス、ユリア・マズレク、フランカ・ザハリアスの三人がいなければこの本は日の目を見ることはなかったでしょう。

写本史料を読み込んでくださっていたのは、ウルフ・ディルルマイアー教授でしたが、二〇一一年二月二十一日に帰らぬ人となられました。学問上の父でもあり祖父でもあるディルルマイアー教授にこの本をささげたいと思います。

二〇一一年エギディウスの祝日**の前の水曜日
エッカーンフェルデ郡フリントベックにて

---

*ハイチ地震――二〇一〇年一月十二日、マグニチュード七・〇、死者三一万六〇〇〇名超を数えた。
中国の大洪水――二〇一〇年六―八月、同年五月より中南部を中心に記録的に降り続いた豪雨による。八月には東北部、北西部にも拡大。計二八省での被災者二億三〇〇〇万人以上、死者三〇〇〇人超にのぼった。
パキスタン大洪水――二〇一〇年七―九月、国土の五分の一が浸水。被災者二〇〇〇万、死者一七〇〇名超。
ロシア山火事――二〇一〇年八月、猛暑の影響を受け、全土で推定七〇〇件超の山火事が発生。一七万四〇〇〇ヘクタールを焼いた。
ラブパレード事故――ドイツ、ルール地方のデュイスブルクで開催された野外音楽イベントでのいわゆる群集事故。二一名が圧死、負傷者五〇〇名超。
**聖エギディウス――いわゆる十四救難聖人の一人で、ペストや災害に際し、救いを求めて呼びかけられた。祝日は九月一日。ちなみに二〇一一年九月一日は木曜日だった由。またフリントベックは北ドイツ、キール南郊の小都市。

序章

〈人間の環境《コンディティオ・フマーナ》〉としての災害

Katastrophen als ‚conditio Humana'

巨大地震に続く未曾有の災害が日本と、そして世界とを震撼させた。マグニチュード八・九の大地震が津波を引き起こし、巨大な波のうねりが本州の東海岸を襲った。最初の公式発表の段階ですでに数百の人命が犠牲となり、津波に襲われた都市と沿岸地域の住人が多数被害を受けたと確認された。ＡＲＤ（ドイツ第一放送）特派員のフィリップ・アプレシュは、さらに多くの被害が見込まれると報じた。

——ＡＲＤ「ターゲスシャウ」、二〇一一年三月十一日十二時三十分の特別報道

さらに、主の生誕から千三百と三十六を数えた年、シモンとユダの祝日〔一三三六年十月二十八日〕に大嵐が起こり、大きな被害をもたらした。大きな石造の家々が、木造建築や塔が倒壊し、森の木々が倒れた。

——ティレマン・エルヘン・フォン・ヴォルフハーゲン『リンブルク年代記』[1]（一三九八年以前に成立）

二〇一一年の最初の数か月、世界中のメディアはこの大規模災害の報道一色に染めあげられた。三月十一日、日本の東北地方の海岸は、それまで想定していなかった規模の地震に襲われ、壊滅的な被害をこうむった。大地震は巨大津波を引き起こし、地震の直後に東北地方沿岸を襲った。およそ二万八〇〇〇人*が命を落とし、何万もの家屋が流された。巨大津波は福島第一原子力発電所の炉心溶融を引き起こし、周辺地域と海域の汚染により何万もの人びとが故郷を奪われた。物的被害は二二兆円と

見積もられている。まさに過去最大の自然災害だ。災害とその被害に対する感じ方や説明の仕方が、現代と中世とでは根本的に異なっているとはいえ、当事者として災害を体験するということは、時代を超えた共通点を持つ、ごくまれな経験のひとつといえそうだ。そのことは、二〇一一年三月のドイツのTVニュースでの地震報道と、ティレマン・エルヘンが自作『リンブルク年代記』の冒頭に持ってきた一三三八年の大嵐の思い出との中にきわめて明確に表れている。

　災害とは、とどめることのできない突然の暴力が日常生活に乱入してくることであり、無知であることを根本的に許さないものであり、そして人間の歴史が大地の歴史ほんの一部にすぎないということを見せつけるものだろう。人間は災害から逃れることは決してできないのだ。災害は、〈人間の《コンディティオ・》環境《フマーナ》〉[2] conditio humana**のまさに中心に位置している。自然の条件としても、文化的な意味でも、人間が存在するための根本的な必要条件と言えるだろう。人は災害を「人生の中心」にあると考え、常に備えていなければならない。災害は被災者も目撃者も同じように普段の日常から引き離し、その破壊からの復興を人びとに強いる。一方で災害は言い伝えられ、記録に残される可能性が高い。いわば災害は史料を生み出すのだ。ところが、そうした災害の記録は学問領域としての中世史研究からは長い間閉め出されてきた。災害の記録は記念祭の時に、あるいは国民史や地域史の伝統を守るために用いられるのがせいぜいだった。リュシアン・フェーヴルは早くも一九二二年に歴史研究が地理学の基礎の上に立つべきであると主張したが[3]、中世学がこの視点を導入するのはようやく一九七〇年代からであったし、それは人文科学の領域で、しかも人類の生存条件における人類学上の環境変化の影響についての研究が中心であった。本書で扱う問題とは、経済行為を行う個人や共同体が、気候や大地や動植物などの自然にどれほど依存し、そしてどれほど自然の変動に影響を受けていたかということであり、それはつまり中世の人間が自分をとりまく自然環境をどのようにとらえており、自然からどのような影響を受けていたか、ということでもある。[4] 一九九〇年代に流行し、社会科学の影響を受けた「歴史文化学」の分野において、「自然の文化史」について考察されることは少なかった。[5] しかしながら、一九七四年以来アルノ・ボルストが〔アナール派の〕心性史の影響下で「自然と人間」間の例外的極限状況についての研究を提示してきたような方法論的な考察が、[6] 近年になってようやく現れている。ドイツ語圏の中世史研究でも、多くの成果が期待できると思われるのだ。[7]

本書では、主に十三世紀から十六世紀初めまでの目撃証言を用いて、中世の災害体験を紹介、分析したい。「災害」という言葉をここでは、物質的な意味で破壊的であるというのみならず、少なくとも被災した土地の一部の社会集団にとっては、明らかに生活に影響を及ぼすような「惨禍」[8]（Extremeereignisse）と理解しておきたい。それゆえ、〔地震や洪水のような〕自然災害——流行病をもこれに含んでよいだろう——だけではなく、都市の火災や、たとえば物価の高騰や飢饉のような経済的極限状況についても、

＊警察庁発表の「平成二十三年東北地方太平洋沖地震の被害状況と警察措置」（二〇一五年三月十一日）によれば、同日までに確認された死者一五八九一名、行方不明者二五八四名。

＊＊Conditio (Condicio) Humana——人間の生活を脅かす、自然と歴史の介入の全体を指していう語。つづく本文にある通り、ドイツの中世史家アルノ・ボルストがこの意味でさかんに用いている。ここはその主著『中世の巷にて』邦訳（平凡社）の訳語を借りておく。「人間は生まれつき危険に晒されている。キケロは、この脅威を、生を制限する条件という意味で、〈コンディキオ・フマーナ〉（人間の環境）と呼んでいる。人間は、生まれつき具わった本能に導かれ、また理性を行使することでこの状態を脱する」（邦訳上巻一二頁）。

それが単独で起きた現象であるか他の出来事の影響で起きた現象であるかにかかわらず、同様に見ていくこととしたい。したがって、自然災害について書かれた他の本とは異なり、本書では社会的災害以外の何物でもない戦争についても、また公的レベルでも個人的レベルでも惨禍に他ならない通貨危機についても扱っている。そして、先ほどの災害という言葉の理解からは離れていることを承知の上で、中世における交通事故としては最も頻繁に起こり、そして最も被害の大きかった船舶事故つまり難破についてもとりあげておきたい。

1　「危険な日常」(9)を生きた中世の人びと

ヨーロッパの中世を生きた人びとは、天候・気候の変動や地震、火事、疫病、戦争といった物理的な変動に対して、われわれの時代の先進国に生きるよりもはるかにむき出しに曝されていた。農業の発達や耕地の拡大、都市の整備など、中世社会はダイナミックな動きにあふれていたにもかかわらず、この時代の生活条件は想像以上に厳しいものであった。「中世という時代を通して、人の一生は自然や歴史からの干渉によって強く脅かされていた」(10)。だから、この時代に書かれた多くの年代記に、降霜や洪水、雹《ひょう》や飢饉のことが、国王の戴冠や教会分裂の記事のすぐとなりに書かれていることは何の不思議もない。「壁の薄い家に住む人びとにとって、冬の寒さは歯の付け根が合わなくなるどころではなかった」(11)。そしてそれはとりわけ農民の生活圏に言えることだった。農民の生活は自然の中にあり、自然とともにあり、そしてまたしばしば自然に逆らって造り上げられ、また守りぬくべきものであった。カロリング時代に書かれたフランク王国年代記の八二〇年の記録によれば、この年は非常にじめじめした気候が続いたため、フランク王国のほぼ全土で「人びとと家畜のあいだで」はげしい疫病が蔓延し、「穀物や野菜も長引く雨のために収穫することができないか、穀物庫の中で腐っていった。ワインについても同様であり、この年の〔ブドウの〕収穫高はきわめて少なく、さらに気温の低さのため苦く酸っぱいものになった。さらに氾濫した川の水位が下がらず、秋の種まきができない地域もあった」。この年はその後もこうした状況がよくなることがなかったばかりか、それらすべてに加えて、冬が非常に寒く長かったのである。[12] 人びとの栄養状態や体調への影響はきわめて大きなものであったにちがいない。実際、西ヨーロッパにおける病人と死者の数は劇的に増えたのだった。

北フランスにあるサン・ベルタン修道院で王国年代記を書き続けた修道士たちは、八四六年の記録にこう記している。「冬の間中、ほとんど五月の初めに至るまではげしい北風が吹き、発芽したばかりの作物やブドウ畑に損害をもたらした。そしてわれらがガリアには狼がわがもの顔に侵入し、人を襲った」。[13] 初期中世から中世盛期、人びとは森を切り開き、ヨーロッパ大陸の森林領域の中に分け入り、苦労して土地を開墾し、ささやかな村を作り始めた。こうした経験が人びとの心性に大きな影響を与えている。中世の「農民にとって生存への不安は基本的な経験であった」[14] のである。

こうして何世紀にもわたって生活の中に浸み込んでいった経験は、十二世紀末のホルシュタイン地方の農民ゴットシャルクが見た彼岸の幻視《ヴィジョン》の中にも表れている。彼の体験は聖職者たちによって二つの幻視の記録として書き残されたのだった。ゴットシャルクは一一八九年の終わりにハインリヒ獅子公の賦役に動員された時には、すでに高齢で病を得ていた。ゴットシャルクはゼーゲベルク城の包囲の際に意識を失い、五日の間生死のあいだをさまよった。それでも隣人たちはゴットシャルクを荷車に積み故郷の村、ノイミュンスター近郊のハリエに連れ帰った。そこで彼は一時的に回復し、聞きたがった者たちすべてに彼の臨死体験を物語ったのだった。ゴットシャルクによる彼岸の描写は、それを書きとめた教会人たちによって農民の〈十字架の道行き《ヴィア・ドロローサ》〉として美文化されたのだったが、それでもその描写の中には彼が開墾地ホルシュタインで送った農民としての生活の経験が読み取れる。ゴットシャルクが歩いた彼岸への道は、彼のこの世での生活や労働と同じように苦しみに満ちているのだ。彼ははだしで歩き、さらにいばらが生い茂る荒野を超えた。ゴットシャルクにはこの終わりのない苦しみをともにした仲間がいた。彼らはアザミといばらの原野をともに歩いた。

> 時に彼らはしばらくの間あちこちと倒木のように転げ回り、少しばかり立ち上がろうとするときには、鋭い痛みから守るために両手を膝の下に置くのだった。そしてひどい苦痛に耐えながらはいずるときには、両手が突き刺さるような痛みに苦しめられた。彼らは立ち上がり、先に進もうとするが、今度は一歩進むごとに足に痛みが走り、彼らはまた地面に崩れ落ちるのだ。こうして彼らはこの恐怖の道のりを、涙を流しつつ、時に立ち上り、時に倒れながら進んでいったのである。[15]

彼の幻視に出てくる、鉄の刃と切っ先で満ちた川を渡る方が、このいばらの道よりはましかもしれない。ゴットシャルクによれば、この川は狭くて長い横木の上を綱渡りのようにして渡るものらしいのだ。こうした綱渡りを彼は現世での生活でよく知っていたのだろう。というのは、おそらく彼は多くの橋梁建設に駆り出されていたと思われるからだ。その後ゴットシャルクは急傾斜の、悪臭に満ちた泥沼の洞穴に入り込む。彼の頭にはひどい臭気が吹きつける。最後にゴットシャルクと同行者たちは大地が燃え盛る土地に到着する。熱さと恐怖でほとんど口がきけないほどの一面の炎。すべてが「自ら燃え盛り、焼きつくされている」[16]。ゴットシャルクがこの彼岸で見、体験したことは、彼自身の人生への印象を反映したものだったと考えることは許されるだろう。彼の人生とは、後の時代に現れる煉獄を先取りしたようなものであったにちがいない。こうした苦難の後でゴットシャルクが見つけた天国とは、われわれには普通の都市にしか見えないものであったようだ。広くてよく整備された道路が通り、きれいな建物が並ぶ都市。これはこの時代の人びとによく知られた「天上のエルサレム」のイメージにも近い。一二〇〇年ごろヨーロッパ中で生まれ、育ちつつあった都市に形成されてきていたエリートたちは、このようなよく知られた都市の理想像を目指していた。もちろんその初期には都市といえども未発達のものであったが、それでも多くの農夫には驚嘆に値するものだったろう[17]。

次第に富を蓄え比較的稠密に家々が建てこんだ中世後期の都市に生きた指導層は、都市や農村に住む数多くの貧民たちに比べれば自然の脅威にさらされることは少なくなっていたとはいえ、予測のできない自然への恐れは、社会に与える潜在的な脅威ゆえに、依然として存在していた。それと同時に、共同体の災害への記憶もまた機能していた。前近代の都市における共同体意識やアイデンティティを作りだす要因というほどのものではなかったが[18]。たとえば十五世紀から十六世紀について書かれたいわゆるヴュルツブルクの参事会年代記には、疫病や異常気象、そしてその経済的影響についての報告が満ち溢れている。一四八一年には、前年の厳しい冬によってごく少量のワインしかできなかったことが記載されている、なぜなら「山腹や谷間にあるここそこのブドウ畑が冷害で枯れてしまったからである」。

それに加えてこの地域一帯で穀物価格の高騰がおこり、そのため続いて飢饉がやってくるにちがいないと記録されている。司教と都市参事会の精力的な介入によって、ようやく危機的な状況は緩和されたのだった。ところが二年後、事態はまったく変わっていた。一四八三年には「ワインとパンは十分にあり、それゆえ私は」と年代記作者は記している。「神に賛美と栄光と感謝をささげたい」[19]。たしかに十五世紀における自然の影響と価格の関係はこのようなものだった。この年代記のまさに始まりに作者はこう記している

「疫病で」死ぬこと、戦争が起きること、冷害でブドウ畑がだめになることよりもよいことはない、という格言があるが、それはまさに本当だろう。なぜなら、十年間だれも死ぬことがなければ、だれもが自分の心配ばかりをし、飢えて死ななければならないという状況がこの世に満ち溢れるだろうから[20]。

確かに現在でも見られることではあるが、疫病の流行を生き残った人びとが、「人口の減少に伴う」需要の後退によって起きる価格の低下の恩恵に浴する、という現象は、一三四八年と一三五二年のペスト

の流行以来よく知られていた。

2 「人びとはみな死に絶えた……」[21]
――ブルカルト・ツィンクのアウクスブルク年代記にみる生存への脅威

今日の「社会的記憶」の研究者が「史料の記憶喪失症」と呼ぶのと同じ現象が、歴史の証人たる年代記作者たちの間にもよく見受けられる。年代記作者たちはよく自分自身の記憶と――といってもその記憶自体がまた常に欠けたところだらけなのだが――神と神が創造した世界のイメージや変わることのない因習的な考え方、センセーショナルでよく知られた物語の型、そして彼ら自身の生活とそこから来る偏った世界観などをごちゃまぜにして語る。そのようにして創作された記憶の混合物はそのままで、まるごと彼ら自身の記憶であると捉えられている。このような歴史叙述はそれゆえに決して意図的な嘘ではないが、記憶の生成をゆがませることになるため、史料批判をするときはこの点に留意しなければならない。とはいえ、まさにこうした年代記史料は、年代記特有の叙述の一貫性ゆえに、過去への窓として魅力的なものである。

ドイツの年代記作者の中でも、アウクスブルクのブルカルト・ツィンク（一三九六―一四七四／七五）は特別な位置を占めている。一四五〇年代から六〇年代にかけて書かれたツィンクの四巻からなる年代記は、一三六八年から一四六八年にかけての出来事を記述したものだ。その大部分は彼自身の人生や彼の家族について、そして彼の故郷となった都市アウクスブルクと南ドイツ地方の出来事について、同時代人の視線から、そしてそれゆえ、彼が思うところの「大小の」出来事について物語っている。〔南ドイツの小都市〕メミンゲンの手工業者の息子であったツィンクは、一四一九年に修業と遍歴を終えた時、両親の遺産を奪われてまったく一文無しになり、かつて過ごしたことのあったアウクスブルクにやってきた。彼はそこで苦労して働き、書記の補佐から商人の助手になり、大商社の番頭になるまでの出世を遂げる。ツィンクは家を買い、家族を持ち、四回結婚し、合計二〇人の子どもを持った。しかし、当時としてはごく当たり前のことであったが、その子どもたちのうちでツィンク自身よりも長く生きたものは一握りに過ぎなかった。ツィンクはその華々しい社会的上昇の締めくくりを、帝国都市アウクスブルクの政府の役職で飾ったのだが、[22] ここでわれわれの関心を引くのは、彼が災害をどのようにとらえ、描写したかということだ。ツィンクは災害によって時折、自分自身にも家族にも大きな影響を受けているのである。ツィンクが記録した、主に南ドイツに起きた大災害や小規模災害の一覧を見ただけでも、彼にとって人生や幸福といったものがどれほど危ういものととらえられ、記憶されていたのか理解できるだろう。多くの戦争や私闘《フェーデ》がほとんど常にこの地域のどこかで起こっており、ツィンクが個別に書きとめた火災の記録が残っているが、これらを差し引いたうえでさらにツィンク自身が生きた時代だけに限って見たとしてもである。

　中世の都市年代記に限らずツィンクの時代にはまったく典型的なのだが、彼は特別なこと、そしてまさに破滅的なことを強調する傾向がある。とはいえブルカルト・ツィンクの記録、とりわけ自伝的な内容が詳しく書かれた彼の年代記の第三巻からは、ツィンクの家や家族、そして被災経験についてつぶさにうかがい知ることができ、以下本書では繰り返し参照することになる。

一四一七年　冬の寒さと雪が穀物に損害を与える。穀物価格が上昇。
一四一八年　雪解けが遅れワインと穀物の価格が高騰。（年代記作者の父である同名の）ブルカルト・ツィンクが激しい「流行病」で死去。収穫量の不足が疫病の原因となった。
一四一九年　都市メラン上流域で洪水・氾濫により家屋、橋などに損害。
一四二〇年　アウクスブルクで大量死（その結果多数の市民が都市から避難）。
一四二四年　ユダヤ人通りにあったハンス・ゴッセンブロートの家が焼失。二四人の職人が焼け跡の整理中に撲殺される。
一四二九／三〇年　アウクスブルクで大量死（この時ツィンクの娘アナとドロテーア死去）。
一四三三／三四年　物価高騰（とりわけ穀物価格の上昇による）。
一四三七—三九年　南ドイツ、フランドルおよびその他の地方で穀物不足と物価が高騰、その結果飢饉に。
一四三八年　アウクスブルクで大量死（公式記録で死者六〇〇〇人、ツィンクの息子コンラート死去。ツィンク自身と妻は回復）。
一四四二／四三年　寒く雪の多い冬。水が凍結し水車が粉をひけなくなる。その結果小麦粉がそしてパンが不足し飢饉に。

一四四六年　キャベツに虫害。早期に冬が到来。

一四四七年　チロル地方の都市ハルが全焼（死者五〇名）／都市ランツベルク・アム・レヒ郊外の家屋三六棟が火災。ブレンナー地方のゴッセンザスも全焼。

一四四八年十二月九日　大粒の雹により果樹、樹木、屋根など（とくに聖母《リープフラウエン》教会のステンドグラス）に損害。

一四五〇年　ローマにて聖年。テヴェレ川にかかる橋の上で混雑により三〇〇人以上が死亡。

一四五七／五八年　貨幣の悪化が続く（「悪い」貨幣）、インフレ、飢饉。加えて旱魃。

一四五九年五月二十一日　冷害の開始（ワインなどの商品が凍結）。新しい貨幣も物価高騰の原因に（労働者にとっては賃金の低下を意味し、住民の間で飢饉が始まる）。

一四六〇年五月十八―二十四日　聖堂聖歌隊あるいは聖堂参事会の建物、そしてカルメル会修道院の建物が焼失／狂犬病が人間のあいだで流行（多くの死者）。さらに後には豚が感染、食肉の売買禁止。

一四六二年八月二十七日　アウクスブルクとその近郊に大規模な暴風雨。再び物価高騰。

一四六二―六三年　アウクスブルクで複数の疫病が蔓延。赤痢によりアウクスブルクで最大一万一〇〇〇人の死者（おそらく大幅な誇張）。

一四六三年　果樹に虫害

一四六六年　果樹へのうどんこ病により果物に被害／病気（咳をともなう）によりアウクスブルクと近郊で多くの子どもが死亡。

一四六七年　ウルムとメミンゲンおよびその近郊で大量死。

これらのさまざまな、大小の災害の事例からまず目につくのは、穀物と果物の不足、食肉の高騰、貨幣の悪化、そしてこれらすべての結果として貧困層での食糧不足が、ブルカルト・ツィンクの観察の中でとりわけ重要な役割を果たしていることだろう。ツィンクは自分が語っていることの意味をよく分かっていたはずだ。彼はアウクスブルクの都市当局による穀物およびワインの間接税徴収に関わっていた。すなわち、穀物とワインの販売税（消費税とも言える）徴収の責任者として、彼のこの問題に関する洞察は鋭いものにならざるを得なかったのだろう。それに加えて、彼は自分自身、飢えに苦しんだ経験があった。ツィンクは何年もの間放浪学生として、また商人の助手として国中を歩きまわり、「物乞いをしてパンを得た」のだった。[23]

しかもアウクスブルク内外での気候や市場の条件による食料不足のありさまは厳しいものだった。一四三七年から三九―四〇年にかけて、神聖ローマ帝国の、というよりヨーロッパの多くの場所で、とりわけ寒冷で多湿な気候の結果、特筆に値するほどの穀物不足が生じ、[24]市場の情勢を反映して激しい穀物価格の高騰が起こった。この二つはとりわけ都市と農村の貧困層にとって文字通り「高く」ついた。というのは穀物は彼らにとっての基礎的な食糧であったからだ。貧しい人びとはたいてい穀物を粥状にして食べた。そして我らか父なる神の与える「日々のパン」については、彼らは人から恵んでもらわなければならなかった。一四四二―四三年の冬がまた厳しいものであったとツィンクは書き残している。彼によれば、アウクスブルクからヴェネツィアに至るまで、橇にのって行けるほどであったというのである。すべての河川・湖沼が凍結したため、アウクスブルクでは水車が三週間稼動できず、都市内では前代未聞の栄養失調状態が生じたという。「ここアウクスブルクでは飢えのため貧しい人びとが困窮している。彼らはパンどころか小麦粉もないのだ。加えて八日間肉その他の食糧もなくなってしまった。というのも、寒さと雪のために誰一人として外に出ることができなくなってしまったからだ。わが主よ、われらを助けたまえ。われらを憐れみたまえ！」[25]

ブルカルト・ツィンクは、これまでにも繰り返し自分の生活や在庫、財産について決算報告してきた。そのような熟練の会計係であったからこそ、自分の家族が飢饉により最悪の結末を迎えることを避けることができたにちがいない。数年に一度繰り返し襲いかかる疫病にたいして、いつ人間を襲うか知れないペストや恐ろしい「死」に対抗して、ツィンクと家族は薬草を育てていた。もちろんそれがいつも役に立ったというわけではない。実際、ツィンクの父は一四一八年にメミンゲンで疫病で亡くなっているし、その一二年後にはツィンクと初婚相手のエリーザベト・シュテルカーとの間にできたアナとドロテーア（それぞれ当時九歳と三歳）をなくしている。[26]そして一四三八年には「大量死」、すなわち死亡率の高い疫病がアウクスブルクに到来し、およそ六〇〇〇人が死んだとされているが、「私ブルカルト・ツィンクも重い病に伏せることとなった」。彼はとりわけ二か所に症状があらわれていたようだ。喉と陰部近くの脚の付け根である。もしこの二か所がリンパ節の大きく、痛みを伴う腫れであったなら、「本当の」ペストのしるしとなっていたことだろう。ツィンクと、当時妊娠後期でしかも感染していた彼の妻はかなり弱っており、早くも終油の秘蹟を授けられた。「しかし神は、われわれ二人が再び健康になることをお許しくださった。神よ、讃えられてあれ[27]」。まだ小さかった彼の息子コンラートは十分な抵抗力がなく、この病で死んでしまった。この時代には彼ら自身の言葉は（まだ）あまり残されてはいないものの、子どもの死、そして多くは何人もの子どもたちの死に対する両親の悲しみと嘆きはいつの時代も大きいものであったにちがいない。中世の人びとは運命に忍従していた、あるいはそもそも感情が乏しかったと、これまで長いこと誤って考えられてきたが、これは近代と近代化の神話が生み出した典型的な想像の産物であろう。[28] かのマルティン・ルターは一五二八年八月、もうすぐ八歳になろうとしていた娘のエリーザベトの死の直後、短い手紙の中で悲しみを吐露している。「わが娘エリーザベトは死んでしまった。娘の死が私にこんなにも悲しく、女々しいまでの気持ちを残していったとは、奇妙なことだ。娘の死の悲しみはそんなにも私の心を揺さぶっている。父たる者の心が、子どものことでこんなにも弱くなってしまうとは、これまでの私なら思いもしないことだった」。[29]

一四六二年にアウクスブルクで再度猛威をふるった疫病について、ツィンクはとりわけ詳しく描写している。この時、三種類の重い疫病がアウクスブルクに蔓延し、通常より多くの死者が出たのである。いつもの「流行病」と「赤い」病つまり赤痢、それにもう一つ病気が加わった。ツィンクの筆によれば、最後の病は頭痛と全身の痛みを伴うもので、比較的死に至ることは少ないものであった。この疫病は一四六三年まで続き、すべての年齢層、社会層が犠牲になったが、「しかし年老いた人びとより若者たちがより多く死んだ」のである。一四六三年夏に死亡率が再び跳ね上がった時、「豊かな人びとは恐れ」、その多くが町から逃げ出した。おそらくは都市の近郊に持っていた所有地に行ったのであろう。アウクスブルクの都市貴族たちの対処は、ジョヴァンニ・ボッカッチョが『デカメロン』

の枠組みとして描いたような、一三四八年の最初のペストの流行の際にフィレンツェのエリートたちがとった行動と同様であった。こうした権力者たちの逃亡について、ツィンクはあまり詳しく触れていない。なんといっても彼はこれらの人びとの右腕として事務所や市庁舎で働いていたのだ。そうしてツィンクは当時を回顧しながら再び神に助けを求めつつ、その後食料価格が非常に下がったことについて遅ればせながら感謝をささげている。誠実な都市の施政者として(ツィンクはこの年、市の役職についていた)、都市に出た多くの死者のための葬儀、という問題についても彼はきわめて詳細に書き残している。都市は少なからぬ集団墓地を造らなければならなかったはずである[30]。一四六六年におそらく百日咳の流行で亡くなった多くの子どもたちに対して、ツィンクは自分自身の経験から同情の念を禁じ得なかったのだろう。「そして多くの子らが咳によって、すなわち息を詰まらせて死んだ」と彼は記している[31]。

ブルカルト・ツィンクはアウクスブルクから遠く離れた場所で起きた、すなわち彼自身は噂でしか知ることができなかったはずの惨事についても聞き知っていた。もちろん、アウクスブルク商人たちの商業ルートに乗って、とりわけ大量の風説が流れていたということである。だからこそ、一四一九年にパッスィール渓谷とメランの街で起きた洪水のことも、ツィンクにとっては年代記の一段落分を充てるだけの理由があったのだろう。彼は一四四七年にチロル地方の都市ハルで起きた大火災についても同じように扱っている。この火災は市壁の外にあった鉄鍛冶の工房から出火し、五〇人以上の死者を出したとされている。ツィンクはこの火災の本来の原因について、次のようなはっきりとした見通しを持っていた。「これはわれわれの大罪に対する神からの罰であり試練だと私は確信している」。

ところがそれでもまだ「だれも回心しようとはしていない」[32]。一四五〇年の聖年にかくも多くの人びとがローマに訪れたのは、こうした世界の罪深さのためだった、とツィンクは考えている。そのローマでは、ある日テヴェレ川に架かる橋のひとつで混雑による押し合いから大混乱が生じ、多くの人が亡くなったのであった。この混乱の中で死を免れた二人がツィンクにその様子を語ったのだが、彼らはこの恐ろしい出来事を語っている時点でもなお、激しく動揺していたという。そして二人は、聖年に彼らの眼前で多くの人が死んだのであるから、神が憐れんでいるはずだというのであった[33]。

こうしたことから、ブルカルト・ツィンクはじめ当時の人びとすべてが、自然現象を引き起こしているのは神の業であると見なしていたことが分かる。中世においては「神は自然を用いて」人間に「その存在を証明した」のであった[34]。このようなものの見方を、われわれはこの本の中で繰り返し目にすることになるだろう。ここで紹介するようなさまざまな惨禍を、中世の人びとはつねに神の業として物語っている。前近代的な、神を中心とした世界のメカニズムの中では、惨禍や災害などは免れ得ない罰として見るほかはなかったのである。しかし、そこには例外もあった。あまりにも明らかに人間の行いの結果であるようなことについて、たとえば一四五九―六〇年にバイエルン公は意図的に悪貨、すなわち価値の低い貨幣を発行し、これは急激な物価高騰と貧困層での食糧不足を引き起こしたのだが、このことについてツィンクは徹頭徹尾、神の業ではなく現世の問題と見なしている。「このことで多くの人が不利益を被り、一部の人が豊かになった」――すなわち、人間の手による災害もまたありうるということなのだ[35]。

I

洪水

バーゼル
一五二九年六月十四日／
一五三〇年七月四日

Wassernöte

Basel, 14. Juni 1529 und 4. Juli 1530

17世紀のバーゼル（M. メーリアン画）★

上（南）側が「大バーゼル」、ライン河をはさんだ下（北）側が小バーゼル。ビルズィヒ川は、地図の上端中央から縦に大バーゼルを貫流し、ライン河に注いでいる（53頁の部分拡大図参照）。

1　一五二九―三〇年、天候と気象状況

一五三〇年前後、上ライン地方の南部では大きな気候の変化が見られた。一四七五年から九七年、そして一五一一年から二〇年にかけてと、雪の多い寒冷な気候が続いたあとに、例外的に温暖な時期となったのである。(1) この時代を生きたハンス・シュトルツは、アルザス地方の小都市ゲーブヴァイラー、バーゼルから直線距離で約四五キロ北西のヴォージュ山脈の端に位置しているこの都市の年代記を書き、その中で日記のメモのような形で気象条件を記録している。(2) 彼によれば、この前後の冬は暖かく降水量が少なかった。氷も張らず雪も降らず、人びとは夏の間のようにシャツを着て働くことができたという。一五三〇年には、すでに二月から木々の花が咲きだし、穀物は三月には穂をつけていた。夏と秋には多くの果物が実った。一五二九年の穀物は大変豊作で、にもかかわらず北イタリア地方が不作で、穀物がそちらに運ばれたため、この地でも価格は高騰していたという。

シュトルツはその前後の年の際立った異常気象についても記している。一五三〇年の聖セバスティアヌスの祝日(一月二十日)に森や家屋に大変な被害をもたらし、幾人かの死者を出した激しい嵐について「誰もそのような風は予想していなかった」。その何週間か後、四月四日と六日には厳しい寒気の襲来があったことも忘れずに記録している。この寒気により多くのぶどうの木が枯れて倒れた、と。そしてその前年のことだが、「一五二九年の聖ウィトゥスの祝日(六月十三日)に雨が降りはじめた」――。

2 目撃者と被害の実態

七日が過ぎて、洪水が地上に起こった。ノアの生涯の第六百年、第二の月の十七日、この日、大いなる深淵の源がことごとく裂け、天の水門が開かれた。雨が四十日四十夜地上に降り続いた……

――「創世記」(七：一〇―一二)

一五二九年六月十三日の朝、バーゼルの上にも cataractae caeli つまり「天の水門」が開いた。大雨が奔流のようにバーゼルに降り注ぎ、この暴風雨は一日中途切れることなく「ひっきりなしに」続き、その夜になって止んだ。このように記しているのはバーゼルの同業組合長であり参事会員でもあったコンラート・シュニットが一五三三年頃に書き残した『宗教改革年代記』である(3)。

その翌日、六月十四日の午前、第九時課のころ、大量の水、「水の塊」が聖書にある激しいノアの洪水のようにバーゼルの中心部に流れ込んだ。ライン河の支流であるビルズィヒ川に沿って「大変な速さで大量の水が」流れてきた。コンラート・シュニット、フリドリン・リフの年代記の逸名の作者、ゲーブヴァイラーのハンス・シュトルツの残したこの災害の記録は、この洪水の詳細を息もつかせぬ筆致で説明している(4)。ハンス・シュトルツによれば、ビルズィヒ川の大水は、シュタイン門にある格子の付いた取水口のところで、十五分もたたないうちにせき止められた。このシュタイン門はその南に続くシュタイネンフォアシュタット地区を守るための門であった。一二六七年の洪水のとき、まだそこにマグダレナ会の修道女たちが住んでいたときと同じように、洪水はドミニコ会女子修道会のシュタイネン修道院の囲壁を倒し、この地域に流れ込んできた。(5) 跣足派修道会を含むすべての家屋がビルズィヒ川からの大量の水で浸水した。水はかなりの速さでこのシュタイネンフォアシュタットからバーゼル中心部へと流れ込み、ゲルバー小路を呑みこんで下りつつ、旅籠兼居酒屋の「嘴亭《ツム・シュナーベル》」を通過した。そして木材、枝、幹、「腰かけや桶」、さらには壊れた橋の一部などを押し流しつつ、部分的に暗渠となったビルズィヒ川の水路であるドーレンに流れ込み、コルンマルクト(穀物市場)とフィッシュマルクト(魚市場)のところでせき止められた。洪水はドーレンの上を勢いよく流れ、ライン橋わきの船着き場のところで、居酒屋の「花亭《ビム・ブルーメン》」と「王冠亭《ビ・デア・クローネン》」の間から最終にライン河に流れ込んだ。すべてを呑み込む怒り狂った水、「恐ろしい水」であったとコンラート・シュニットは記している。バーゼルが初めに建設された丘の間にある下町地区は、フリドリン・リフの年代記作者によれば、「およそ二時間にわたって水につかった」。

水は勢力を増し、地の上に大いにみなぎり……

——「創世記」(七:一八)

ビルズィヒ川はジュラ山地のブラウエン連峰の北斜面に水源を持ち、南から北へ流れ、バーゼルの下町地区を通って船着き場のところでライン河と合流している。シュタイネンフォアシュタットやゲルバー小路に沿って並ぶ家々は、当時まだ塞がれていなかった河の流れに沿って建てられたもので、多くの橋や渡り板、石造りのアーチが架けられていた。参事会はコルンマルクトとフィッシュマルク

要塞化した都市と「未開拓の」自然 ——シュタイン門とビルズィヒ川の取水口（1865年以前）

トの部分を暗渠とし、その上に建物を建てたのである。この川は十六世紀初頭にはまだ自然のままの川であった。バーゼル市の門の前には河床がなく、砂利の川岸がむき出し、「アルメント」〔共同体の所有物〕を形成する小島もあった。エネア・シルヴィオ・ピッコローミニ〔一四〇五―一四六四〕がそう呼んだように、都市の内部ではビルズィヒ川はバーゼルの「巨大な下水口」の役割を果たしていた。近隣の家屋や周囲の街区の導管から出た糞尿や下水　都市のすべての汚物をこの川が受け容れ、ライン河に流していた(6)。

一五二九年六月十四日、普段は都市の汚れを運び去ってくれるありがたい川は、都市バーゼルにありがたくない事態を引き起こしたのである。洪水は工事や家屋の間ではおよそ人の背丈に達したとコンラート・シュニットは伝えている。「洪水があまりにも大きく力強かった」ため、荷を積んだ船までも動かしたのだという。シュニットと同様、フリドリン・リフの逸名の年代記作者もこの大洪水の目撃者であり、おそらく一五二八年以来拡大参事会のメンバーであったため、彼はより詳細に観察している。シュタイネンフォアシュタットでは、水は人の背の高さまで達したと彼は記録している。ある男は「かまどの上に立って」水位を測ることができたという。洪水がライン河畔の船着き場に隣接した居酒屋「冠亭《ツア・クローネ》」まで達したゲルバー小路とフィッシュマルクトでは、「湖」のようになっていたが、その印象に反して、ある逸名の人物の観察によると水位は人の背丈の半分ほどであり、一方、市庁舎のところでは水はせき止められて「人の背丈に達していた」という。

3　人間、動物、「共有財産」への被害

水は勢いを増して更にその上十五アンマに達し、山々を覆った。地上で動いていた肉なるものはすべて、鳥も家畜も獣も地に群がり這うものも人も、ことごとく息絶えた。

――「創世記」(七：二〇―二二)

洪水が近づいて、ビルズィヒ川がシュタイン門の前で激しくせき止められたとき、幾人かの男たちが大急ぎで二つの格子を持ちあげようと試みていたのは確かだった。この格子はシュタイン門に行きあたった川が市壁を通り抜けるところに設置されていた。コンラート・シュニットによれば、水は「流

れ出す」はずであった。しかし、水路の入り口部分のアーチが突然崩壊した。しかもその上でこの者たちが作業をしていたのである。彼らは激しく流れる水流の中に落ち、シュニットによれば、「幾人か」は泳いで助かったが、「幾人かは溺死した」という。この出来事をリフ年代記の作者はさらによく観察している。彼はこの場所で命を落とした人びとについて、「三人の市民」と数を挙げている。家々が浸水する間に、住人たちはどうにかしてできる限り上の方の階に避難していた。しかしこの逸名の人物の証言によれば、誰も「自分が安全だ」とは思えなかった、という。あまりにも突然に発生した洪水のため、人びとの間にパニックが広がっていた。

動物たちもまた数多くが洪水の犠牲となった。馬、豚、鶏である。フリドリン・リフの年代記作者は特に一頭の馬に言及している。それはバーゼルの公設商店の使用人の馬だったのだ。この馬は、石造アーチ状の蓋が大量の水で壊れた部分、まさに商店がその上にあったところから濁流の中に落ち、溺れ死んだのだった。コンラート・シュニットのほうは鶏を観察している。「こうして水が上昇してきたとき」鶏たちがコルンマルクトの広場を泳ぎ回っているのが見られたという。

市民や住民の家屋、手工業者の作業場、小売商人の店舗 すべてが次々と水に呑み込まれた。明らかに重大な損害が生じたのは、動産、手工業者の道具類、そして保管していた商品であった。すべての物が水に濡れ、洪水は「多くの商品を」流し去った。というのも、リフの年代記作者によれば、「捕えられたものはすべて流された」からだ。流された物の中には、新しい、まさに建設中だったコルンマルクトの泉もあった。「柱、屋根、桶、そして全てが」、その中には都市の建設資材置き場でこの泉の建設のために保管されていた足場の木材もあった。水が引いた後、人びとは「シャール」つまり都市の屠殺場の裏にさまざまな残骸を見つけた。この屠殺台も同様に洪水で流されていた。

目撃者たちは「共有財産」の損害に多くの注意を向けている。それは市壁やビルズィヒ川に架けられていたアーチ状の蓋、橋や街路である。都市の中はいたるところで路面舗装が剝がれていた、と彼らは伝えている。洪水が引いたとき、多くの穴が開いていた。それはフィッシュマルクトの泉のあたりでとても深かったため、人びとはビルズィヒ川を塞いでいた石造アーチの蓋の上にフィッシュマルクトがあったことを知ったのだった。フリドリン・リフの年代記作者は特に商店の損害を嘆いている。洪水があまりにも速くやってきたため、ビロードや絹の生地、布などの商店に保管されていた多くの商品を安全な所に動かせなかったという。とはいえ、こうした種類の損害報告をそのままに受け取ることはできない。災害の観察者は以前から数値を「上乗せする」欲求に駆られるものだからだ。遠く離れたゲープヴァイラーの地でもバーゼルの災難のことはそのように語られていた。「損害は一〇万グルデンではきかないだろう」と。目撃者の中でも「正直な人びと」からそのようなことを耳にした、とハンス・シュトルツは書き残している。一五二九／三〇年会計年度のバーゼルの総収入はライングルデン貨で一万八三七四グルデンであった。[7] とはいえ、破壊の規模は総計するとかなり大きなものだったにちがいない。というのも、市参事会と手工業親方から成る調査委員会による、比較的疑う余地のない記録があるのだが、これは明らかにバーゼル市参事会が、災害の数週間後になる一五三〇年七月に委託したもので、都市の公的な建築物や施設について調べている。彼らによって選ばれた一部の記録とはいえ、この記録からは洪水の結果についてよく知ることができる。彼らはビルズィヒ川の上に架けられたアーチ状の蓋や橋が、フィッシュマルクトのようにその上に家屋が建てられている部分で、「かなり粗悪」つまり問題を含むものであったと見なしている。都市防衛施設の壁についても、物的損害が報告されている。つまり洪水が下部を流れた際に多くの穴を残し、そのために囲壁の施設が流失している。跣足派修道会の製粉所では、水車がいくつも失われており、また多くの「プリヴェッツ」つまり家屋からの下水排水溝がビルズィヒ川から押し流されてきた堆積物で埋まっていたという。(8)

4　目撃証言とイメージの交錯

ビルズィヒ洪水はその時代の人びとにとって明らかに、まったく予想外の災害であった。コンラート・シュニットの主張では、これほどの洪水は誰も想定していなかった。これまで誰もそのようなことを聞いたことがなかったからだ。そしてアンドレアス・レッチュもみずからの年代記でその意見を支持している。バーゼルが誕生して以来、そのような洪水は誰も見ていない、と。(9) しかしながら、ビルズィヒ川は以前から静かな川ではなかった。一三三九年に起こった洪水では、フランシスコ会修道院を掘り返し、墓所から死者を引き出した。一三七四年、一四四六年、一四九一年そして一五一九年にも洪水は起こっている。しかしそのうちのどれも明らかにあの洪水ほど破壊的ではなかった。(10) リフ年代記の作者にとって、この災難は「悪質な、そして残酷で恐ろしい」ものだった。この表現は本来、世の終わりを告げる予兆を意味し得るものであった。というのも、この逸名の作者は、「誰もが、世界が水の底に沈んだと思った」からだ。一五三二年ごろ宗教改革で略奪されたカルトゥジオ会士の記録によれば、[11] この一五二九年の災害と、その翌年、一五三〇年七月四日に再びバーゼルを襲った洪水は、新教に対する神の裁きの様子を意味しているという。不幸と罪に対する罰を一体のものとして結びつける太古からの変わらぬ考えから脱却して、彼は非常に具体的な罪の名を挙げている。初めの洪水の後、人びとは跣足派修道会の近くでアーチ型の蓋と橋を再建するため、死者を埋葬してあった礼拝堂を取り壊して切り石を用いた。そして人びとがちょうど最後の石材をはめ込んだその夜に、二回目の洪水が来たのである。水はこの蓋を破壊し、石材をライン河へ流し去った。[12]

年代記の作者が世の終わりのしるしと記したのは、このビルズィヒ川の洪水ばかりではなかった。この時、南ドイツおよび西南ドイツ一帯で非常な物価高騰が起きており、それは一五三四年まで続くのである。この物価高騰は多くの貧しい人びとを直撃し、都市の介入にもかかわらず飢饉を引き起こしていった。「人びとは飢えに苦しみ、燕麦を求めて鳴き叫んだ」とハンス・シュトルツはそのゲープヴァイラー年代記に記している。もちろん、燕麦は穀物の中でも最も下に置かれる種だ。[13] 九月十一日の午後遅く、バーゼルと周辺地域を地震が襲った。さらに、夏の終わりから秋の初めにかけて、低地地方とライン渓谷からそして上アルザス地方からヨーロッパ全体へと、十九世紀に至るまで恐怖の的であった粟粒熱《ぞくりゅうねつ》 Englischer Schweiß と呼ばれる疫病が広まった。これにより一五二九年には多くの人びとが、なかでもとりわけシュパイアー司教にして宮中伯であったゲオルクに見られるような、不意の死を迎えることになった。この疫病に続いてジフテリアが、ハンス・シュトルツのような当時の人びとが「褐色病《ブリューネ》」と呼んだ病が広まり、さらに麦角に起因する舞踏病と呼ばれる重篤な神経障害、すなわち「麦角中毒」が流行した。そしてついに、九月二十七日から十月十四日まで、オスマン帝国がスルタン、スレイマン一世の下ウィーンを包囲し、バーゼルでも事態の推移を見守っていた。[14]これらの物価高騰、飢饉、疫病、そして自然災害のすべてから、ハンス・シュトルツが、「神が世界を滅ぼそうとしている」と考えたとしても不思議はない。[15]

5　その翌日——救援は？　そして教訓は？

第二の月の二十七日になると、地はすっかり乾いた。神はノアに仰せになった。「さあ、あなたもあなたの妻も、息子も嫁も、皆一緒に箱舟から出なさい。すべての肉なるもののうちからあなたのもとに来たすべての動物、鳥も家畜も地を這うものも一緒に連れ出し、地に群がり、地上で子を産み、増えるようにしなさい。」そこで、ノアは息子や妻や嫁と共に外へ出た。

——「創世記」（八：一四—一八）

しかし、バーゼルの人びとは一五二九年六月十四日に、そして一五三〇年七月四日に猛烈な勢いで都市を襲ったビルズィヒ川の洪水から何を「学んだ」のだろう？　「その翌日」に積極的な災害予防のために活かすことのできる、どのような経験を彼らはしたのだろうか？　フリドリン・リフの年代記の作者がこの一五二九年の災難で知ったのは、「洪水の流れはだれもとどめることができない」ということだった。水の量、速さそして深さの前では、人間はなすすべがなく、そして誰も「他人を助けることが［……］できない」のだ。しかし、一五三〇年七月の二度目の洪水の際に、何もなすすべがないということが明らかになった後、バーゼル市参事会はビルズィヒ川の流域確保と拡張工事という、思いきった決議を行った。将来の災害はこれによって阻止されるはずであった。コンラート・シュニットがその日記に記しているのと同じことを、参事会員たちも骨身に沁みて感じていたのである。人は水に抗えない、と。[16]

一三三〇年七月四日の洪水の後、バーゼル市参事会は七月九日に二〇名の労働者をビルズィヒ川の夜間監視のため、そして三〇名の男たちを都市内での河川拡張工事に投入した。[17]しかし市参事会は一方で、この問題が忌まわしいまでに彼らの負担となっているとも見ていた。リフ年代記の作者が伝えるように、それゆえ「一般の市民が［……］すべての同業組合やその他の団体、聖職者も俗人も、貴族も非貴族もが、賦役に出るように要請された。[18]大バーゼルの同業組合やライン河対岸にある小バーゼルの諸団体が、毎日交代で作業に当たった。余裕のある者は、従者を賦役作業に送りだしたり、お金を払って賦役義務を免除してもらったりすることもできた。こうして毎日二〇〇名近くの人びとが賦役作業に従事し、「多くの汚泥」すなわち、ビルズィヒ川によって都市に流されてきた、場所によっては人の背丈ほどにたまった堆積物、そしてビルズィヒ川やあふれ出した肥溜めからやってきた泥を取り除き、都市の職人たちの援助のもとで、瓦礫や、壊れて流されていた橋やアーチ型の蓋などを撤去した。コンラート・シュニットはこの汚物をライン河に搬出する作業に用いられた手押し車の数を、二万台以上と見積っている。[19]

バーゼル市参事会はその後、シュタイン門から始まりビニンゲンに至るまで（約一〇キロメートル）の川岸の斜面を木材で囲って補強させ、河床の汚れを取り除き、掘り出した土砂を川岸の板囲いの後ろ側に運ばせた。この大規模な土木工事のため、すべての同業組合や団体、そして農村地帯の、バーゼルに属する従属民たちも賦役に駆り出さなければならなかった。コンラート・シュニットは、このビルズィヒ川の拡張工事に八〇〇〇ライングルデンの費用がかかったと概算している。都市会計簿には、この工事は「鉄の杭、十字鉤、つるはし、スコップ、そしてワインとパンの支給なしで」そして賦役労働もなしで、つまり「市民たちの厚意によって」いくらか現実的な二〇三七ライングルデンという費用が記録されている。もちろん、それでもまだ莫大な出費ではあるが。[20]

バーゼル市参事会はまた、目標とする洪水対策措置を、一五三一年四月四日発行のいわゆる治水規約にまとめあげた。この規約には、同業組合や諸団体が引き受けるべき予防措置が列記されている。[21]それによれば、大聖堂からの「教皇の鐘」の警報で一五名の男たちがフォアシュタットからシュタイン門まで、つまり都市南部のビルズィヒ川の流入部まで急ぎ駆けつけ、決められた三か所で流れ着いた木やその他の塵芥を取り除くことになっている。ビルズィヒ橋、シュタイン門、跣足派修道会、シンダー橋なども同様だが、コルンマルクトとフィッシュマルクトについては、同業組合からの派遣団、そして小バーゼルの諸団体からの一八名の男たちが担当することになっており、それぞれの担当となる同業組合や地域の名前が正確に記されている。さらに、石積み工、大工、漁師、船乗りたちはビルズィヒ川沿いを担当し、四人の船頭が川の上での任務に備える、とある。都市は、つまり実際には都市の工房は、鉤、斧、ロープなど特定の器具を保管する。

一五二九／三〇年の恐怖の経験から、市参事会は、洪水と流氷被害*による都市への脅威への対応を怠ることは決してなかった。救助隊への必要経費は、たとえば一五一九年の水害の時は、動員された一七八名分が支払われている。彼らは「ライン橋を守り、保持し、氷を掻きとり、流木を退けるため」、つまり橋を除氷するため、そしてライン橋の橋脚の間に引っかかった木などを取り除き、洪水の夜に橋を見張るために、都市当局が日雇いで雇用した人びとであった。こうしたことがバーゼル市参事会の会計簿には繰り返し出てくる。しかし、個人的な被害に手を差し伸べようと考えている者は、参事会には誰一人としていない。「公益」という語の持つ倫理的イメージは、このような社会政策のモデルにはごく限られた形でしか含まれていないのである。

6　記憶の場

災害は記憶の場をつくる。一五三七年、バーゼル市参事会員コンラート・デア・ツァプフェンギーサーは、市庁舎中央の南側、市場に面した柱に「二回の洪水の記憶」についてのブロンズの銘板の鋳造を委託した。(22) この銘板は現在でも残っており、二つの碑銘と二つの標を見ることができる。下の標は一五二九年七月十三日と十四日の出来事の証となっている。ここにある銘文によれば、ビルズィヒ

*ライン河は十九世紀の終わり頃まで、冬期（十一月—三月）にはしばしば凍結した。本文にもある通り、その後割れて流れ出した氷が、橋や堤防など川岸の施設に被害をもたらしたという。

「記憶の場」――バーゼル市庁舎正面の市場アーチと 1529/30 年の洪水の銘（右側の柱の下部）

川は「思いもよらぬ大雨のために氾濫し、そのため都市バーゼルと市民たちは大きな損害を被った」。その数十センチ上には、一五三〇年七月四日の洪水を示す二つ目の標が取りつけられている。まさに前の銘文と同様、「ビルズィヒ川が、ある山から他の山へと流れていった〔荒れ狂った、の意か〕」ときのものである。都市はこの災害を克服した。そして、できる限りにおいてだが、治水工事によって安全性を高めることに成功したのだった。銘文の下にかかる三日月と男の横顔は、地上にある物すべての儚さを表している。二つ目の銘文は、慈悲深い父なる神への願いで終えられている。「神がいつもわれわれを悪しきものから守って下さいますように」と。

7 バーゼルとラインとその支流と——洪水と流氷被害

ライン流域やその支流域に居住圏を持つすべての都市や村と同様に、バーゼルもまたライン河とともにあった。この河は「役に立って」いた。人間や動物、あらゆる種類の商品の輸送に使われる、まさに貿易の動脈だった。また、ラインは下水溝としても使われた。汚水は直接に、あるいは支流を通じてライン河に流れ込んでいた。しかし、完全に汚染された汚い河、という陳腐なイメージは捨てなければならない。というのも、漁師たちの存在はラインの漁獲量、とりわけ鮭の豊富さに支えられていたからだ。冬、大西洋から鮭がラインを遡り産卵場まで泳ぐとき、水が沸き立つように見えたのだ。バーゼル市域のほとんど全体からの「汚水」をビルズィヒ川で「処理」するのは災害時のような特別な場合だけだった。その上、ライン河には筏乗りたちが大量の木材を組んでケルンまで運んでいた。そして、河畔では『ニーベルングの歌』に詠まれたラインの黄金を見つける幸運を追い求める者たちもいた。と同時にライン河は住民にとっての脅威の源でもあった。バーゼルではラインは処刑の場であった。自殺者の屍は橋から川に投げ捨てられたし、参事会は女盗人をラインで溺死させた。神への冒瀆や姦通、婦女誘拐はいわゆる水漬けの名誉刑で罰せられた[23]。ラインには自殺志望者が身を投げ、また残酷な運命の悪戯で偶然に溺死する不運な者たちもいた。ヨハネス・ガストは一五二九年よりバーゼルのザンクト・アルバン教会で新教の助祭を務めたが[24]、彼がラテン語で記した日記のごく一部が写しとして残っており、そこには浮世の悲しみが読み取れる。一五四五年一月のガストの記録では、うつ状態のある女性が、悪魔にそそのかされて、夜半にラインに身を投げ、命を失ったという。その年の七月にはまた、ヴォルフェンビュッテル出身の詩人ジークフリートがラインで溺れている。ガストによれば、彼は「泳ぎ方も知らないのに」深い河に敢えて飛び込んだのだという。助けを求めて叫びながら、彼は流れに呑まれていった、とある。また一五四六年一月、ガストは「一隻の無人の船が［……］舳先を上流に向けたままラインを下って」押し流されてくるのを見た。その船は転覆し、「船員たちと船主は」救われ、「一方、一人の女性と二人の子供は流れに呑まれ、溺れ死んだ」のだった[25]。

ビルズィヒ川と同じように、ライン河にも数多くの洪水が起きた。一二二五年ごろ建設された、ラインをまたぐバーゼルの木橋《ホルツブリュッケ》が、「災害の連続」と表現されるのも当然のことなのだ[26]。都市年代記はこの手の恐怖話で一杯なほどである。一二七五年六月の終わり、ライン河の洪水がこの橋の張間二つ分を破壊し、一〇〇人ほどが巻き込まれて溺れ死んだという[27]。『コルマールの大編年誌』には、一三〇二年八月四日のライン河の洪水が記録されている。流れがバーゼルの橋の一部を流し去り、ブライザッハでライン渡河施設を壊したとある。シュトラスブルクでは多くの家の地下室に水が流れ込み、市民の一人が地下室で大きなカワカマスを捕まえたという。一〇〇年後の一四〇七年二月には、流氷被害*によってバーゼルの橋すべてが壊されている。(28) バーゼルを含む上ライン南部地域はしかし、一三四二年の「水の惨事」ではさほど大きな被害は受けなかったようである。この災害は中央ヨーロッパで歴史に残る最大の水害であり、地表の状態にも、深く浸食した河岸にも深刻な影響を残し、今日なお景観に刻まれているのが見られるほどである。(29) とはいえバーゼルとシュトラスブルクの史料にも、たしかに一三四三年、つまりその翌年の「洪水」についての記録が残っている。フリッチェ・クローゼナーのシュトラスブルク年代記によれば、その年は七月と八月に二回非常に大規模な洪水があったのだという。初めの氾濫では、ライン河は七月に八日間も街を悩ませた。(30)

ライン河、ヴィーゼ川、ビルス川およびビルズィヒ川に関する次の観察記録は、おもにバーゼル市参事会で一四四五年から一五四九年まで週ごとにつけられた支出簿の冷静そのものといってよい記載によるものである。一四七五年から九七年の間、そして一五一一年から二〇年の間は非常に積雪が多かったといわれ、この時期は特別に脅威と災害が連続して起こっている。これは、人間が容赦ない自然の猛威に対して常に切実な戦いを強いられていたことを示すものだろう。(31) しかし、一五三〇年以降の例外的に温暖な時期になっても、バーゼルはこの大河と支流の流れの気まぐれに、つまり流氷被害と洪水、「水量豊かな、そして激しい」ラインに翻弄され続けた。ライン橋も、ビルス川、ビルズィヒ川、ヴィーゼ川にかかるそのほかの渡し板もほぼ途切れなく修理が必要であった。こうした労働は都市のお金を呑み込んでゆき、それゆえ市参事会の支出簿には損害の記録が残されている。ライン河の荒々しさはその上流に限らず、はるかに下流でもこの河は住民を不安と恐怖に陥れた。たとえばケルンでも、一三八九年、一四九一年、一四九六年および一五〇三年と息つく暇もなく流氷被害と大洪水に見舞われている。ヒルブラント・ズーダーマンはこの事件を日記に記している。[32] 単調な日常の中で、時折襲う抑えの利かない自然現象は気分転換のよい機会であったようだ。一五六五年、流氷被害がケルンに大きな被害をもたらした際には、ケルンの法律家であるヘルマン・ヴァインスベルクの描写によれば、その一日だけで二〇〇〇人の人びとが物珍しさから市庁舎の塔にのぼった、とある。人びとは氷と水の演じる劇的な場面を見たかったのだ。[33]

ライン河の厳しさのため、多くの船旅が冒険に満ちたつらい旅路となることを余儀なくされた。一四八〇年八月十五日、バーゼルの貴族たちがマインツで行われる馬上槍試合に出るため、船に馬を乗せて出航した。心地よい船旅と楽しい槍試合の時間を過ごすためであったが、彼らは洪水に遭遇することになる。その洪水による「あらゆる村、教会、農地、牧草地、林や森、そして人間と財産への」被害を、貴人たちは船上から見て驚嘆している。この記録、『エプティンゲン領主の家事書』の作者によれば、「本当に恐ろしいのは、それがすべての国で起こっていること」であった。[34] このライン大洪水の描写は決して誇張ではない。たとえば、ライン河畔にあるノイエンブルクでは、一四五一年、一四九六年、一五〇二年二月の洪水の被害の規模についての証拠がある。この小都市ではいくつかの区画が流失し、廃墟と化した。ここで救いの手を差し伸べたのは、ハプスブルク家の都市領主による寛大な課税免除と、隣接する都市フライブルクからの財政支援であった。[35] 中世の都市を絶え間なく悩ませ続けたのは、もちろんライン河だけでなく、その他の河川も同様であった。ヴュルツブルクでは、一三四二年八月のマイン川の氾濫が千年に一度の洪水となって橋を崩壊させた。水害はその後も一四三三年六月、一四四五年三月、一四五一年二月に、そして一四八四年七月および一四八六／八七年と一五一二年に大規模な被害を出している。[36]

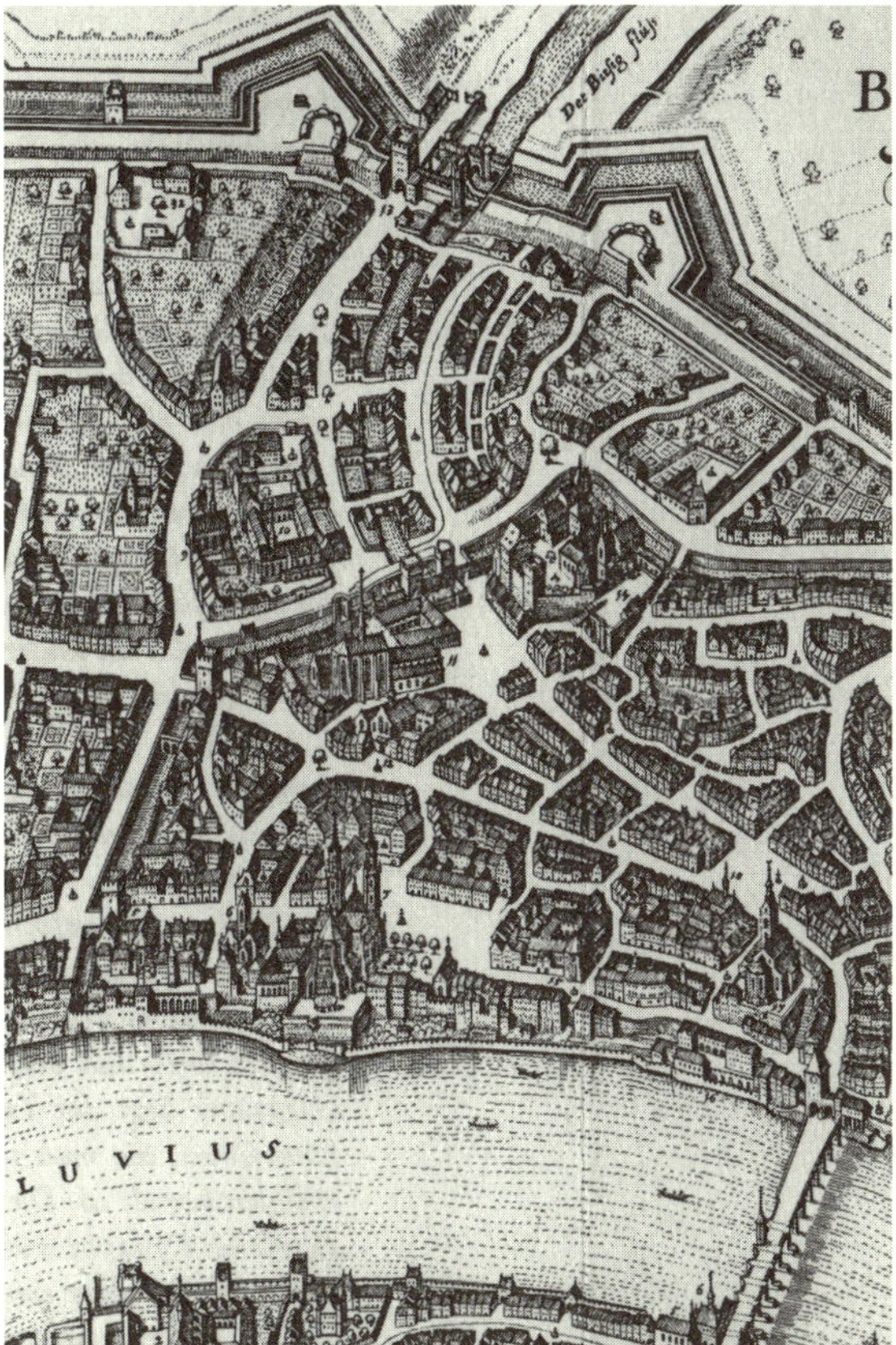

バーゼル市中を貫流してラインに注ぐビルズィヒ川★
中央上端に見える塔がシュタイン門（34頁の地図の部分）

1496年12月17日／1497年1月14日	ライン	洪水（！）
1497年4月8日	ビルス	洪水
1501年8月21日	ライン	洪水
1503年3月24日	（？）	（？）
1506年12月5日	ライン	洪水（？）
1511年6月28日／7月26日-8月9日	ライン	洪水
1511年9月13日	ライン	洪水
1512年6月12日-7月3日	ライン	洪水
1512年11月27日	ライン	洪水（？）
1513年2月5日	ライン	流氷被害（？）
1513年5月21日／6月18-25日／7月23日	ライン	洪水
1514年1月14日-2月4日	ライン	流氷被害
1514年3月11日／4月1日	ライン	洪水（？）
1514年6月10日	ライン	洪水
1514年9月16日	ライン	洪水
1515年6月16日／7月21日-8月18日	ライン	洪水
1516年11月29日	ライン	流氷被害（？）
1518年3月6日	ライン	流氷被害（？）
1518年7月3-10日	ライン	洪水
1519年7月1日-8月20日	ライン	洪水
1519年12月3日	ライン	流氷被害（？）
1520年6月2日／7月7日	ライン	洪水
1526年8月4日	ライン	洪水
1527年6月22日	ビルズィヒ	洪水
1529年6月14日	ビルズィヒ	洪水
1530年6月25日／7月16日	ビルズィヒ	洪水
1531年6月10日	ビルズィヒ	洪水
1533年3月1日	ライン／ビルズィヒ	洪水
1533年4月19日	ライン	洪水
1533年6月14日	ライン	洪水
1541年8月27日	ライン	洪水
1542年8月26日	ライン	洪水

バーゼルにおける洪水と流氷被害の記録（1454年–1542年）[37]

（年月日）	（河川名）	（被害）
1446年12月28日	ビルズィヒ	洪水
1451年8月13日	ライン／ビルス	洪水
1454年6月17日	ライン	洪水
1456年7月10日／8月7日	ライン	洪水
1457年2月19日	ライン	流氷被害
1457年6月11日	ライン／ビルス	洪水
1460年5月24日／7月12日／8月16日	ライン	洪水
1460年11月15日	ライン	流氷被害（？）
1461年1月17日／2月14日	ライン	流氷被害
1462年1月30日／2月6日	ライン	流氷被害
1464年11月24日	ライン／ヴィーゼ	流氷被害
1466年6月14日	ライン	洪水
1469年6月23日／7月1日	ライン	洪水
1475年6月3日／7月1日	ライン	洪水
1477年4月12日	ライン	洪水
1477年6月28日／8月9日	ライン	洪水
1479年6月26日	ライン	洪水
1480年8月5-12日／9月9-23日	ライン	洪水
1481年1月13-20日／2月17-23日	ライン	流氷被害
1481年5月26日／6月2-23日／7月7日	ライン	洪水
1483年11月29日	ライン	流氷被害
1485年6月25日／7月16日	ライン	洪水
1485年9月3日／10月22日	ライン	洪水
1486年8月26日	ライン	洪水（？）
1488年6月28日	ライン	洪水
1489年5月30日-8月1日	ライン	洪水
1489年11月21日	ライン	流氷被害
1490年7月10日／7月31日／8月7日	ライン	洪水
1491年1月1-29日	ライン	洪水
1491年2月5-12日	ライン／ビルズィヒ	洪水
1491年3月12日	ビルズィヒ	洪水
1491年4月4日／7月1日	ライン	洪水
1492年6月23日	ライン	洪水
1493年6月15日	ライン	洪水
1496年5月28日	ライン	洪水
1496年8月6日	ライン	洪水

II

高潮

ルングホルトの神話

Sturmfluten

Mythos Rungholt

1 ルングホルト

ルングホルトの在りし所を今日渡る／五百年も前に沈みし都／未だ波は荒く高く／かつてマルシュを滅ぼせる時の如し／汽船は震え、呻き／水底より不気味な嘲りの声／配置に就け！　白いハンスだ。*

――デトレフ・フォン・リーリエンクローン

当時ペルヴォルムの郡長官であったデトレフ・フォン・リーリエンクローンは、一八八二年に後に有名になる詩を書き、その中で十七世紀より伝わるルングホルトにまつわる大西洋の神話、つまり海に沈んだ島の都の神話に、彼の時代らしい表現、つまり後期ロマン主義的抒情詩の一変種という形を与えた。(1) 今日のハリッヒ**・ズュートファル付近、ペルヴォルム島とノルトシュトラントとの間にあったルングホルト聖堂区は、十四世紀に高潮で沈んだ。(2) この都市が沈んだ場所は、中世以来、北フリースラント人たちにとって、北海に沈んだ集落のすべての犠牲者の象徴となっている。ここは、人間の運命、神の業そして自然の猛威が、何世紀にもわたる北フリースラント人たちの海との戦いという、

*白いハンス（ブランケ・ハンス Blanke Hans）は、荒々しく白波を立てる北海を擬人化した存在という。

**ハリッヒ Hallig とは、ユトランド半島西岸、北海沿岸に拡がる広大な干潟に、堤防などを用いずに自然に形成されている島を指す。現在ドイツ領内に一〇のハリッヒが存在している。

局所的かつ特殊なものと織り合わされている場所なのだ。ルングホルトの水没はそれ自体が神話なのである。[3] 集落と防波堤から出土した明確な考古学的資料がある一方、このルングホルトを襲った高潮*については、後の時代による、矛盾に満ちた記録があるばかりだ。記録簿の写しから見られる、動かし難い事実と、伝説や「虚言《プラエスティギア》」つまり「欺瞞に満ちた像」とがコントラストを示している。こうした記録については、エーフェンスビュルの司祭マティアス・ボエティウスの書いたノルトシュトラントの高潮の歴史の中で、すでに一六二三年にルングホルトについて触れられている。「家々は無傷のまま大地の腹の中にあり、いつもではないが時折は、教会の塔が水の中から、あるいは岸辺から浮かび上がり、それははっきり見て取れるばかりか、過ぎ去った時代の鐘の音すら聞こえると言う」[4]。

2　気候と海と海岸——十三世紀から十四世紀

「一三三八年、神はこのユトラントを大いなる飢餓で苦しめられた」と一五四七年の写しの形で伝わる『アイダーシュテットの人びとの年代記』にはある。[5] 大飢饉、そしてユトラント、つまり低湿地帯《マルシュ》地帯を襲った恐るべき「不作《トイエルング》」を、年代記の逸名の作者は、この時期の大変な長雨の結果と考えているようだ。この北フリースラントの海岸地方に、果てしなく続くとも思えるような降水が襲い、風車の羽にオオムギの束をくくりつけ、「風車を十四日と十四夜ひたすらに」回し続けても、そのオオムギの束が乾かないほどであったという。同年代記によると、三年の間、低湿地帯《マルシュ》の低い部分には水がたまり続けていた。「塩」つまり交易品として知られていた「フリースラント塩」を、[6]湿地帯の泥炭の灰から取ることができず、畑には穀物が実らなかった。「多くの人びとが家畜のように死んで横たわっているのが見られた」と年代記作者は記している。「うじ虫が死体の口から這い出していた」。そしてこれらすべてはこの人びとが「主なる神を信じようとしなかったから」だ、とも。

中世後期の年代記作者たちは、罰する神や四十日間の大洪水（「創世記」七：四）、神の怒りの直喩としての「食い尽くす虫」（「ホセア書」五：一二）などの聖書のイメージ体系にもかかわらず、もはや歴史を救済の歴史としてのみとらえることはない。歴史は、どんどん世俗化し、地域的となっていく人間の行動範囲とも関わるようになっていた。天候の推移や自然災害は、この時代の人びとにとっては、まさにその土地での歴史的経験における重要な基準点であり、不変の存在であった。イングランドはリンカンシャー、ドリビー出身のウィリアム・マーレは、一三三七年から一三四四年まで記録した現存する最古の気象日誌を残している。[7]

今日の気象史の知見からは、ヨーロッパの十三、十四世紀は、およそ四〇〇年から一五〇〇年まで続く一つの気象サイクルの中にあてはめられる。[8]このサイクルはまず、最も温暖な時期を含むことで知られる。この温暖期はおよそ九五〇年あるいは一〇〇〇年ごろから一三〇〇年ごろまで続く。とり

＊冬の北海ではいわゆるアイスランド低気圧が台風並みに発達して東進、沿岸一帯に風害・高潮災害・洪水をもたらすことがあり、ここでいう高潮もこれを指すものと思われる。とりわけ一三六二年、一六三四年、一八二五年、一八八四年、一九〇六年、一九六二年の低気圧が現在のオランダ・ドイツなどに大きな被害をもたらしたとされる（吉野正敏『地球温暖化時代の異常気象』成山堂、二〇一〇年による）。

わけ一二七〇年から一三一一年までの数十年間は、夏の気候が大変温暖で乾燥していた。イングランドではノッティンガムのような高緯度地方までブドウ栽培が行われていた。転換は突然ではなかったものの、しかし非常に劇的にやってきた。気象の悪化は一二九六年に始まった。一三〇三年から一三〇六年まで、そしてさらに一三二三年には、北ヨーロッパを極度に寒い冬が襲い、歴史的な珍事を起こした。バルト海が凍結し、歩いて渡れるほどだったのである。この時、狼がスカゲラク海峡の氷の上を通ってノルウェーからデンマークへ渡って来たと言われる。一三一三年から一三一七年まで、夏には異常に湿度が高く、春と秋にとりわけ雨が多かった。ヨーロッパの多くの場所で飢える人びとが出ていた。この異常な時期の後の数十年間は、長期的に見るとさらなる気候の悪化を示している。夏の数か月がひどく寒く、異常に雨の多い年が一三三八年、そして一三四二年から一三四七年までの間続いた。一三四七年の夏の寒さは、過去七百年にわたってまったく経験のないものであった。

　起伏の少ない北海沿岸では、紀元一〇〇〇年までに高潮の際の水位が上昇していた。海抜は高いが不毛の砂地《ゲースト》の前方に広がる海抜の低い低湿地《マルシュ》帯に住む人びとは、家畜、とりわけ牛と羊、そして自身の居住地に盛り土をすることで守っていた。やがて彼らはこの小高い居住地を拡張して村全体を盛り土で守るようになった。時がたつにつれ、彼らの居住地は高くなっていったが、それは海水面の上昇に合わせたものだった。(9) 十一世紀の終わりから環境条件が劇的に悪化している。農民たちは盛り土の周りに環状堤防を築いた。そこに住む家族によって造られ維持されるような、こうした局地的な堤防は、わずかな考古学的出土物から分かる通り、さほど高いものではなかった。ほんの二メートル程度の中規模の高潮、つまりごく普通の高さの高潮で超えられてしまうようなものだった。しかし、なだらかなスロープの築き方しだいでは、穏やかな夏の北海だけでなく、冬期の激しい高潮に耐えるのにも十分であると考古学的に立証されている。

　農民の経済と居住地を永続的に保護するという目的のためにこのような堤防の発達が見られたが、それに続いて十二、十三世紀には北海沿岸全域に、閉鎖的堤防の建設が行われた。面白いことに、この戦略変更は厳しい自然に対抗して仕方なくされたものではない。というのも、中規模の高潮の水位はこの百年間に上昇してはおらず、むしろやや下降しているからだ。[10] それはむしろ人間の経済活動、人口の増加に伴う、人びとの開墾地への「渇望」によるものであった。ヨーロッパ中でこの時期、農民は領主と共同で、あるいは領主に対抗して仲間団体《ゲノッセンシャフト》を形成していた。自発的な村落共同体がこうした素地から発生し、海岸の人びとは堤防組合を形成したわけである。水門をつけた閉鎖的堤防システムは、そもそもフランドル地方や低地地方で建設されたものだった。水平《ゲノッセンシャフト》的な強制団体とすることで、堤防内《ポルダー》集落形成のための大きな課題が克服された。大土地所有者の後押しにより、こうした工事は堤防業者に委託された。低地地方では、十三、十四世紀のこうした堤防内《ポルダー》集落形成によってその都度三万六〇〇〇ヘクタールほどが海から陸地になった。ホルシュタイン地方、エルベ川河口地帯の低湿地《マルシュ》帯には、およそ一一五〇年ごろにこの土地に移住してきた植民者たちが、すでに堤防建設や排水の技術をもたらしていた。このエルベ低湿地《マルシュ》帯地域では干拓地から干拓地へと次第に堤防が築かれていった。この堤防の存在は、北方の驚異としてイタリアまで知られていた。かのダンテも、この人間の手による成果を書き記している〔『神曲』地獄篇一五歌参照〕。

　中世には、北フリースラントの海岸線はズュルトからアイダーシュテットまでのびていた。この地

17 世紀の北フリースラントの海岸線★
ヨアン・ブラウによる古地図（1665 年）
（四角形の明るい部分が 68 頁の略地図におおよそ相当する）

の堤防は、干潟の中、そして島々の上に今日なお考古学的に確認できる。これらは農民の仲間団体による共同作業により、低湿地帯《マルシュ》の集落に作られていったものだ。もっともこの堤防はルングホルト近くの、後の古《アルト》ノルトシュトラントになる場所の、比較的小さな空間と低湿地帯《マルシュ》のごく一部の地域を高潮から守っていたにすぎない。低湿地帯《マルシュ》の中を水路が走り、湿原の端の部分が高台の砂地《ゲースト》と低湿地帯《マルシュ》を隔てていた。[11] ルングホルト自体とその廃墟、農家のあった敷地《ヴァルフト》〔盛り土をした敷地をヴァルフト、あるいはヴルトと呼ぶ〕、堤防、耕地、道の痕跡、教会のあった敷地《ヴァルフト》。これらは考古学的調査によって今日のハリッヒ・ズュートファルから発見されたものであるが、こうしたものはすべて北フリースラントの一七の裁判所管区の一つであった、いわゆるエドムズ郡《ハルデ》に属していた。その経済的結びつきはハンブルク、そしてハンザ交易を通じてフランドルにまで達していた。[12]

人間は自然に干渉することにより、常に脅威を感じることになる。古くから変わらぬ経験ではあるが、人間の理性はそれを軽視してきたと言えるだろう。つまり、堤防を維持する団体と支配者が安全を手にしようとすればするほど、堤防は閉鎖的な形をとるようになり、またより高く作るようになる。そしてそれによりますます高潮の潮位も本来の海水面と比べて上がっていくのである。というのは、高潮の際に堤防を越えて大地に分散するべきであった水が、堤防が高くなることによって、ますますその前に溜っていくことになるからだ。そして、堤防の比較的低い部分が破れたとき、海水は低湿地《マルシ》帯《ュ》に激しく流れ込み、再び閉じることの困難な入り江が口を開けることになってしまう。さらに、フリースラントの塩が農民の家族の重要な収入源であったという事情が加わることになる。つまり、人びとの経済活動が盛んになり、より広い面積で塩を含む泥炭を採掘するようになれば、彼らの生活する地表面は、高潮時の潮位と比べてますます低くなっていく、ということなのだ。堤防の外側は潮汐力によって運ばれてきた海泥による干潟となり、内側の低くなった平地部分は著しく危険な区域となった。もちろん、堤防が破れた際に水が流れ込むからである。水を再び外にかき出すことはほとんど不可能であり、したがってその場所は沼地となってしまう。そして次の高潮の際には周囲の湿原の泥に洗われることになる。このようにしてますます大きな入り江が形成され、その入り江がさらに大地を不安定にする。

海岸に起きる自然現象と破滅的な高潮、そして人間の自然に対する経済活動のもたらす不幸の連鎖によって、ルングホルトが、そして今日ズュルトとアイダーシュテットの間に確認されているその他のおよそ一一〇もの居住地が、海に沈んでいったのだった。しかし、それはいつ、どのように起こったのだろうか?

3 高潮――終わりなき悲劇

中世のノルトシュトラントの歴史に関しては、エーフェンスビュル出身の学識ある司祭マティアス・ボエティウスが一六二三年に、十の重大な高潮について記している。[13]「記録に残る初めての」高潮は一二〇四年に起きたという。ボエティウスはこの高潮を「ノアの洪水以来、最大の」ものと見なしている。それは、「この洪水で低地地方全体が冠水し、数え切れないほどの生き物が溺れ死んだから」

であった。二回目の高潮は一二一六年のことであったとされる。一万人もの人びとが命を落としたこの出来事の痛ましさについてはボエティウスの記述に誤りはないが、年代が間違っている。最初のマルツェルス高潮は一二一九年一月一六日に北海沿岸全域を襲ったのだ。三回目の高潮は「大変大規模で恐ろしいもの」であり、一三〇〇年に起きた。この高潮の際には、「ノルトシュトラントと近隣の地域で、教会のある村がいくつも海に呑まれた」という。四回目の、「同様に厳しくかつ長く続いた」高潮は一三五四年に、五回目、六回目のものも恐ろしさに劣るところはなく、それぞれ一三八〇年と一四二一年十一月十九日に、海岸地帯を壊滅させた。七回目の冠水について、ボエティウスは一四二六年のこととしている。このクリスマスの高潮（十二月二十六日）、「そしてその際の浸水の影響から、この島（ノルトシュトラント）は二年の間全く脱することができなかった」。ノルトシュトラントに襲いかかった八回目の高潮は一四三六年十一月一日のことで、「九回目は一四七〇年一月六日であった」という。十回目、中世で最後の高潮はボエティウスによれば、一四八三年にこの地を襲った、とある。

しかし、こうした高潮の一覧に歴史的史料としての価値はあるのだろうか？　これらの高潮は、十六世紀半ば以降の、北フリースラントに関する年代記のすべてに見られる。マティアス・ボエティウス自身は、一四八三年の高潮の知らせのみが確かなものだと見なしている。この高潮は「まったく疑いなく信ずるに値する最初の」ものであるという。それは、「その高潮が島を襲った日とその名前を覚えているから、つまり疑いなくその日は聖ガルスの祝日［十月十六日］であったから」である。ボエティウス自身、一四〇年経った後の破壊の残骸を見てみたかったと記している。[14]ノルトシュトラント湿原の説教師アントン・ハイムライヒはボエティウスを支持し、彼が一六六六年に発行した『北フリ

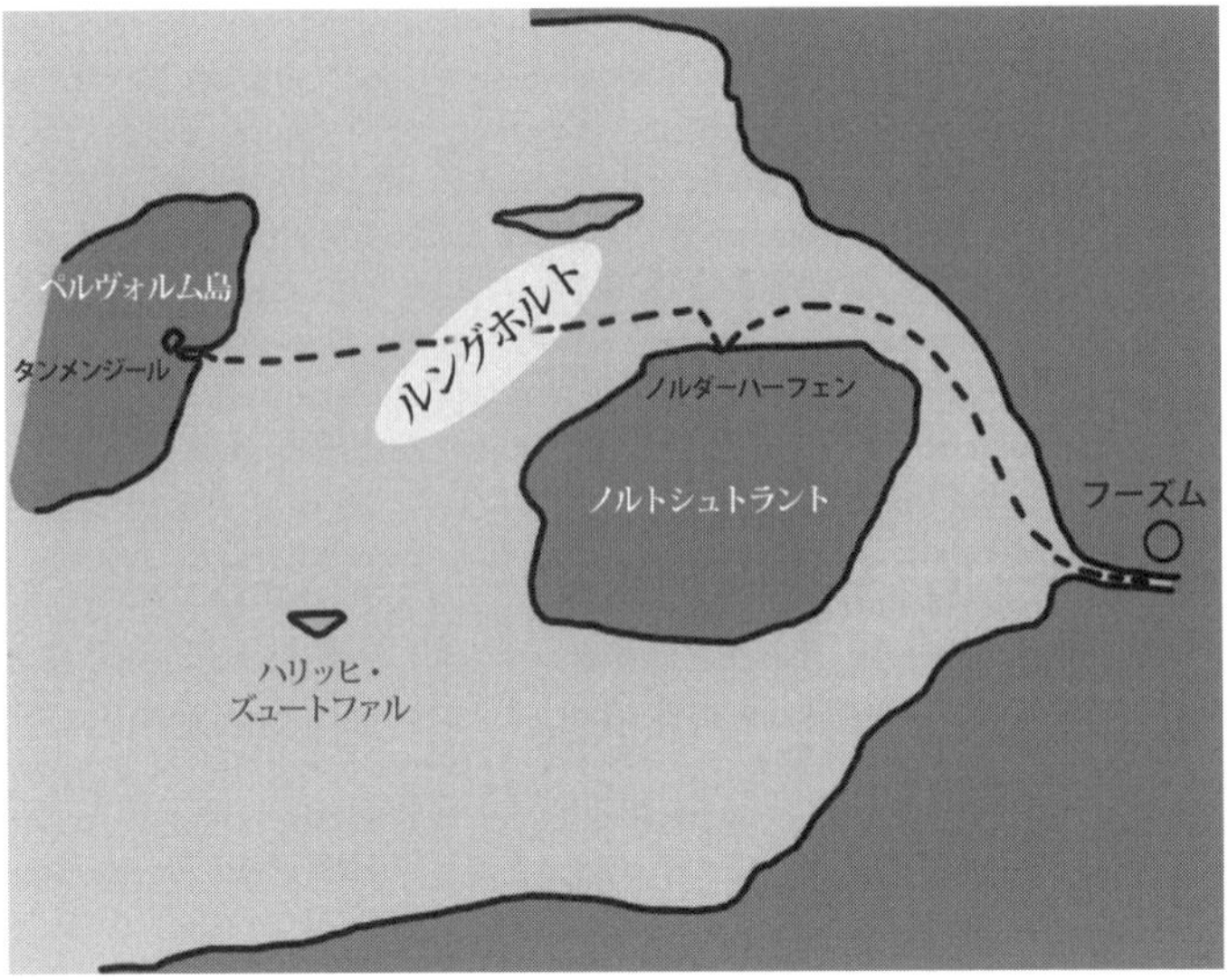

ルングホルトは、現在のノルトシュトラントとペルヴォルム島、
ハリッヒ・ズュートファルが囲む水域にあったと考えられている

ースラント年代記』でボエティウスの考えを補足している。この高潮についての日付、位置、損害の規模が的確かといえば——「確かであるということはできない、なぜならば、記された数字や情報源となるわずかなテキストが、改ざんされたものである可能性が多分にあるからである」という[15]。

　口承での言い伝えほど不確かなものはない。今日ノルトシュトラントとペルヴォルムの間で歴史的な知識を口頭で伝えるガイドたちはこう言う。ルングホルトは一三六二年、「大《グロー》溺死事件《セ・マンドレンケ》」で海に沈みました、と。いわゆる「カタログス・ウェストゥス」つまりシュレスヴィヒ司教の管轄下にあるすべての教会と礼拝堂のリストでは、その年代確定は確かなものだ。このカタログでは、シュトラント司教区のリストの中にルングホルトが挙がっており、他の多くの教会と同じように、欄外の書き込みに「水没」とある。ただし、この一覧の成立年代が司教ニコラウス・ブルン（一三六七没）の時代、つまり一三六二年ごろのことなのか、それとも司教ニコラウス・ヴルフ（一四二九―一四七七）の時代のことであるのか、そしてこの欄外の書き込みがいつ成立したのか、その事情がいかなるものであったか、どれも確かではない。[16]

『アイダーシュテット年代記』は北フリースラントに残る最古の年代記であり、その中には一四六〇年ごろ以降のこの土地の歴史の中のある家族集団の記録が残されている。[17] この年代記で、一三三八年の大飢饉についての記述の後の文章が注目に値する。「そこでユトラントでは神への冒瀆の罪が始まった」。そして実際にこの年代記の逸名の作者は北フリースラントの低湿地帯《マルシュ》に、事故の結果、海水が流入したと説明している。[18] 大規模な高潮、一三五〇年の疫病、家族集団内部の紛争、デンマーク王ヴァルデマール四世による重い課税が相まって、人びとの忍耐の限界をほとんど超えていた。そして住民たちは神の示す予兆によって不安と恐怖に陥った。それは一三九三年のヴァルプルギスの日（五月一日）の皆既日蝕、一四〇〇年の彗星、一四〇二年に西方に見えた新星などであった。この年代記作者の説明では、高潮による「大溺死」は一三四一年には始まっていたという。一三六二年一月十六日には「最大の溺死」が起こり、ユトラントの「ほとんどの民が」これにより溺れ死んだという。そして再び、一三八〇年のヴァルプルギスの日の高潮には予兆として日蝕が起こり、「ユトラントのすべて」が北海の一部となった。

十七世紀の年代記作者であるマティアス・ボエティウス（一六二三年）、ペーター・ザックス（一六三七年）、アントン・ハイムライヒ（一六六六年）は、この『年代記』を直接の先行作品として参照しつつ

1240年頃の北フリースランドの海岸線
17世紀に想像力の助けを借りて作成されたもの
ヨハネス・マイアー（1606-1674）による古地図
（四角形の明るい部分が68頁の略地図におおよそ相当する）

も、それぞれが自分自身の物語を創作している。マティアス・ボエティウスは一六一二年と一六一九年の激しい高潮を自身で体験している。[19] 彼は「ノルトシュトラントの大洪水」についての自分の年代記で、繰り返し襲う水害、戦争や内紛、罪業、殺人に故殺といったノルトシュトラントの厳しい現世の運命、そして住民たちの私欲や公共心も、神の救済の計画に結びつけようと試みている。ボエティウスの記すところによれば、ノルトシュトラントの「民」は、一三〇〇年に「この時、そしてそれまでに」高潮で沈んだ村《バグス》は二八あったと数えており、その中にルングホルトも数えられるという。確かに、「この伝説、そしていくらかの記録が残された時期と事情」は不確かである、と彼は補足している。しかし、引き潮の時にトリンダーマルシュからハリッヒ・ズュートファルまで歩くと、「泉」や「道や堀の跡」を見ることができる。「そう、鍋や釜、鉢やその他の家庭用具を見つけることも珍しくはない」と教養あるこの司祭は続ける。それゆえ、「ほとんどこの海岸全体が、かつては植物が覆い茂り、畑と牧草地からなり、村々が点在し、頑丈な堤防で囲まれていたという報告も」信じるに値するのだ、と。しかし、すべての居住地が「同時に海に沈んだ」と信じる確かな理由はない、とボエティウスはもう一度疑ってかかる。[20] さらに、人びとが伝えるところによると、「一三五四年に大変大規模な高潮が起こり、人溺れ《マンドレンケル》と名づけられた旨、彼らは祖先から伝え聞いていた」という。その高潮は五〇年も繰り返し襲いかかり、海岸地方では二〇万人を超える人びとが亡くなったというのである。ボエティウスは『アイダーシュテット年代記』にある一三三八年ごろに三年間続いた長雨の記述を引用し、一三六〇年以降は高潮の記載がないと主張する。そして彼の結論は、口承で伝わる「反論」と同じく、ルングホルトとその他の村々は一三〇〇年と一三五四年の間に何度も繰り返した高潮によって、突如としてではなく、次第に海の餌食となっていった、というものであった。[21]

ペーター・ザックス（一三六七年）とアントン・ハイムライヒ（一六六六年）の年代記では、この件についてはマティアス・ボエティウスのものをおおむね写している。しかし歴史的な議論については同意していない。この議論は、今日の目から見れば確かに、むしろ一度の決定的な高潮の存在に現実味があると言えるだろう。フリードリヒシュタット近郊、コルデンビュッテルの司祭だったペーター・ザックスにとっては、彼の『ヘルゴラントとアイダーシュテットについての記述』でも、また『アイダーシュテット編年誌』にも書かれているように、ルングホルトと他の居住地が一三〇〇年一月十六日のマルツェルス高潮で沈んだ、という考えは常に変わることがない。「西の海」は「大風で」せり上がり、水位は堤防よりも「四エレも」高くなった。嵐は「不気味に荒れ狂っていた」。すべての低湿地帯《マルシュ》で、「都市や村が投げ倒され、ディトマルシェンとアイダーシュテットとノルトシュトラントはお互いに切り離され」たのだ、という。そしてアントン・ハイムライヒの補足では、その時七六〇〇人が溺死し、二一もの入り江が「ノルトシュトラントにぽっかり穴をあけた」のだった。[22] この二人の年代記作者は、有名な一三六二年九月二日の高潮についても同様に「非常に大規模な高潮」（ザックス）、また「人溺れ《マンドレンケルセ》」と評価している――ルンゲンベルクの町はこの時ノルトシュトラントと分離したのだという。しかし二人ともこの水害をルングホルトに結びつけることはしていない。[23]

最後に、アムルムの司祭ダヴィット・モラント（一六八六―一六九四）が、一三六二年の高潮について残した記録を見てみよう。モラントは一四八六年にシュレスヴィヒで印刷されたミサ典礼書の端に、日々の出来事や普通でない状況、また読書の経験などをメモしていた。彼はハンス・キールホルトによる『ズュルト年代記』の十五世紀半ばの部分から、この時の、古い年と新しい年を分ける「クリスマスの日に、これらの隣接した土地が」水害によって「それぞれに分けられてしまった」という記載を読んだ。それは「主の年一三六二年に」起きたことだとされる。モラントがその典礼書の欄外に記したところによれば、キールホルトはこのことを「善良な年配の方々」から知ったという。そしてこの人びとはさらに、この高潮についてとても世俗的な理由づけも語っている。あるイングランドの女王が「この土地を水の底に沈ませた」のだが、その理由は、その女王が、お互いに約束したにもかかわらず、デンマーク王を夫にすることができなかったから、というものである。一四五〇年ごろにもこうした噂が立っている。こうして特にノルトシュトラントとペルヴォルム、ハリゲン、アムルム、ズュルトなどが島になった一三六二年のクリスマスの高潮のみが、人びとの記憶に残ることとなった。しかしルングホルトについては、少なくともモラント司祭が『ズュルト年代記』の記録から語る限りでは、アムルムをめぐる「伝説」の対象とはなっていなかったのだ。(24)

4　なぜルングホルトは沈んだのか?——伝説と年代記作者たちの認識

あらゆる市場、あらゆる小路に／騒がしき人びと、酔いし群衆／者どもは夜の堤に登り／我らは負けぬぞ。白いハンスよ、北の海よ！／拳を握りて脅すその時／泥の中から物の怪の爪／配置に就け！　白いハンスだ。

——デトレフ・フォン・リーリエンクローン

伝説にある、傲慢で背徳的なルングホルト——ルングホルトの水没について詳しい歴史を書いたのは年代記作者アントン・ハイムライヒが初めてだった。それは「普通の人が今日なお不思議なこととして語り伝えている」ものだという(25)。

ある時、幾人かの客が悪ふざけをして、一頭の雌豚を酒に酔わせてベッドに寝かせ、説教師を呼びに行かせた。説教師は患者に聖餐式を施すよう頼まれ、到着してすぐ、もしその願いが満たされなければ、客たちは自分を水路に落としてもよいと請けあった。しかし〔豚を見た〕説教師が秘蹟をそのように濫用したがらなかったため、誓ったことは果たさなければならないんじゃないのか？　と口々に囃した。説教師は、彼らが自分からなにか良くないことを言わせようとしているとすぐに見抜き、沈黙を通した。説教師が帰ろうとしたとき、酒場で座っていた罰当たりな二人の若者が彼を見て、こっちに来なければぶん殴るぞと言った。彼らは説教師に近寄って、乱暴に家の中に連れ込んだ。そしてどういうつもりかと尋ねた。説教師は男たちに文句を言い、神の名において叱りつけた。すると男たちは説教師に、彼が聖なる秘蹟物を持っているか、もっているなら見せて欲しいと頼んだ。そこで彼が男たちに秘蹟物の入った聖具箱を渡したところ、彼らはそこにビールを一杯に注ぎ、神がここにいると言うなら、自分たちと一緒にこれを飲め、と言って神を冒瀆した。そこで説教師が腰を低くして聖具箱を返してもらい、教会に戻ると神に呼びかけ、この罪深い者たちが罰を受けるようにと祈った。その夜、説教師はそこを去るようにという警告を聞き、起きて出て行った。すると間もなく激しい風と高潮が起こり、ルングホルト全域が（あるいは、その他の史料によれば、ルングホルトを中心とする七つの聖堂区が）海に沈んだ。そしてこの警告を受けた説教師と二人の（あるいは他の史料によれば、説教師の下女と三人の）乙女以外に助かったものはいなかった。彼らはその前日の夜にルングホルトを出てミサを挙げるためボプシュルートに行っていたのだ。その者たちからボプシュルートのボイゼン一族が生まれ、その子孫たちの一部は今日までその地に住んでいるという。

このルングホルトの破壊についての俗に言う「世にも不思議な物語」は今日なお人びとの間で語られている、とマティアス・ボエティウスは判じているが、それはこのアントン・ハイムライヒの「老婆の夢」が書かれる四三年前のことである。ボエティウスによれば、「迷信深い人びとは」この都市ルングホルトが「世の終わりが来る前に、昔あったそのままの姿でまた浮かび上がり、元の場所に戻ると信じている」[26]。この黙示録を思わせるイメージには、十七世紀ではもはや中世的な恐怖や中世の終末思想に基づく社会的、宗教的運動との結びつきはなくなっている。マルティン・ルターはこの伝統的なイメージから離反して、「歓迎すべき最後の審判」と語っている。つまりおそらくこのルングホルトの再浮上の伝説は、キュフホイザーの眠れる皇帝の話と同じように、世の終わりの時に待ち望まれる救済の予兆として、誰もその日時を知らぬまま、語り継がれてきたのだろう[27]。

　しかし十七世紀の年代記作者たちは、このルングホルトの水没についてどのような物語をつむいできたのだろう？　彼らはまさにこの題材に没頭していた。この題材を歴史的な現実性を持たせるための核とみなし、年代について正確には決定できないとした。マティアス・ボエティウス、ペーター・ザックス、アントン・ハイムライヒの三人は、周りの者が話していた荒唐無稽な話は信じず、現実的にあり得る原因を見つける議論をしようとした。すでに見たように、マティアス・ボエティウスは自分の分析を感情を交えることなく紹介している。ルングホルトとその他の居住地が一度の高潮で破壊されたわけではない、と彼は確信していた。一三〇〇年の水害の後、おそらく人びとは丈の低い堤防の改良をしたであろうが、十分な技術は知らないままであったのだろう、とボエティウスは言う。破れてしまった堤防を、もはや再び閉じることはできなかったのだろう。それは彼らが毎年繰り返し氾濫に見舞われていることからも分かる。そうして年ごとに、堤防を維持する団体から一つまた一つと村が放棄されていったという。そして飢饉と不作《トイエルング》が最後の後押しをしたようだ。ボエティウスは、「多くの者が困窮という重圧のために希望を捨てたのだ、と私は思う」と書いている。「そして、苦労に耐えられなくなり本土やその他の土地に逃げて行った者もいただろう」。残された住民たちはその後、一三五四年の高潮で「命を失った」か、あるいは「土地を追われ、すべてを破壊されて散って行き何の痕跡も残さなかった」のだ。(28)

ペーター・ザックスは彼の「記録」の中で三つの原因を仮定している。(29) 一つ目は、堤防が低すぎ、また技術的に未熟すぎたという点である。八〇年前ですら、人びとは堤防を藁で覆うこと、そして乾燥泥炭を敷いて建設することを知らなかったのだから、と一六三六年にザックスは書いている。二つ目には、ルングホルトと他の居住地の住民の隣人たち、危機の時にともにいるべき人びとが去って行ってしまったからだという。状況に応じた堤防関連の法が欠落してしまったことにより、人びとが海側の堤防を修理し、ルングホルトと低湿地《マルシュ》帯を直接海から守ることをしなくなり、内陸の方に位置していた中間堤防の高さを上げるようになった。こうして人びとは「一般法規」にある、「自分の土地を自ら防ぐことができる限りは、できるだけそれをすべし」という規定に反することとなった。十七世紀初めの堤防修理の際の、私欲と公共心の間での同じような重々しい経験をマティアス・ボエティウスも伝えている。(30) 三つ目は、ペーター・ザックスの議論によれば、シュレスヴィヒ公エーリヒと十歳になる後継者ヴァルデマール*による支配権が、貴族たちとの紛争や歳入の不足などから機能しなくなっていたことにある。そのため、低湿地《マルシュ》帯では領主からの「援助が少なく」なってしまったのだった。ザックスがここで示唆しているのは、シュレスヴィヒ公エーリヒ二世の死によって勃発した、シュレスヴィヒ公国の未成年のヴァルデマール五世の後見問題をめぐる対立と、シャウエンブルク家のホルシュタイン＝レンツブルク伯ゲルハルト三世の積極的拡大政策のことである。(31)

*ヴァルデマール――デンマーク王としてヴァルデマール三世、シュレスヴィヒ公としてはヴァルデマール五世となる。

ルングホルト壊滅の四つ目の原因は、アントン・ハイムライヒが自著『北フリースラント年代記』に記している。それは最も伝統的で、中世から伝承された説明でもあり、ルングホルト伝説に直接の繋がりを持っている。つまり、「この不幸の主な原因は、住民の罪業と悪が増したことにあった。神の聖なる言葉や尊ぶべき秘蹟を彼らは軽んじ、神からの借りものである財産を傲慢や贅沢その他の罪に悪用した」というものだ。[32]

町は沈み、助けを呼ぶ間もなし／かくして一万もの者たちが溺れたり／昨日は騒がしくも楽しき食卓／翌日は物言わぬ魚たちの泳ぐ／ルングホルトの在りし所を今日渡る／五百年も前に沈みし都／配置に就け！　あれは白いハンスか？

——デトレフ・フォン・リーリエンクローン

III

難破

地中海で、また北海で

Schiffsuntergänge

Mittelmeer und Nordmeer

そのとき、湖に激しい嵐が起こり、舟は波にのまれそうになった。イエスは眠っておられた。弟子たちは近寄って起こし、「主よ、助けてください。おぼれそうです」と言った。イエスは言われた。「なぜ怖がるのか。信仰の薄い者たちよ。」そして起き上がって風と湖をお叱りになると、すっかり凪になった。

――「マタイによる福音書」(八:二四―二六)

1 危険な航海

暴風雨、難破、沈没、溺死はもちろんのこと、船内感染や海賊、対立する船団との遭遇といった危険の存在もまた、出帆とともに、船上にあるすべての人びとが肌で感じ、あるいは絶えず脳裡をかすめるところであった。こうした事情は今も昔もさほど変わらないのだろうが、船乗りたちの信仰や迷信にも、それらはくっきりと刻され、船員や乗船客の不安や助けを求める声に、すぐさま応じてくれる守護聖人たちがいる。漁師や難破しそうな人びとのためには聖ペテロや聖アンデレ、水夫たちには、聖エラスムス、(バレンシアの)聖ウィンケンティウス、(ミュラの)聖ニコラウスといった面々である。聖書の物語においても、イエスがゲネザレト湖上で嵐をしずめたときのように、船旅はつねに無事に終わるとはかぎらない。使徒パウロのローマへの航海が難破にみまわれるさまは、「使徒言行録」(二七章)に、詳細かつ印象的に語られている。

中世の史料においても、数多くの海難事故が伝えられている。もっともよく知られているものの一つに、一一二〇年十一月末、イングランド王位の継承者たるウィリアム王子の船が沈没した事件がある。父王ヘンリー一世とともにノルマンディに出征し、上々の戦果を得て帰途についたときのことであった。王の艦隊がイングランドに向けて出帆したのち、王子の船「ホワイトシップ」号は、王子の義兄弟(庶子)リチャードをはじめとする多くの貴族たちを乗せたまま、バルフルールの港を出てほどなく海底に沈んだのである。ノルマン人の年代記作者オルデリクス・ヴィタリス(一〇七五―一一四三)によれば、当時この船には三百名近くが同乗していたという。王子は皆にワインをふるまい、夜になってから遅れて船出をして王の乗る旗艦に追いつこうと先を急ぎはじめたときには、水夫たちはすっかり酩酊していた。控えめに言ってもくだけた気分に包まれた一行はいちじるしく注意力を欠き、いまだ湾を出ないうちに岩にぶつかって横腹に穴があいた。流れの速いドーヴァーの海水はみるみる船内に殺到し、船はまたたく間に沈没、王の息子たちを含めたほとんど全員が命を落とした。海岸からさほど離れていなかったにもかかわらず、闇、寒さ、アルコール、冬の厚着といった悪条件が重なって、生き残ったのはわずか二名であったという(1)。そしてこの海上の大惨事は、一一三五年にヘンリー一世が世継ぎのないまま身罷ると、さらなる政治的悲劇を招くことになる。二十年にわたる「無政府状態」もしくは「内乱状態」がつづき、年代記作者たちの筆が競ってその暗鬱な経過を伝えることとなったのである。この間、民衆の間では「キリストも聖人もみな眠ってしまっておられる」との声が聞かれすらしたという。[2]

海上交易に従事する中世の商人たちは、船の沈没によってその積荷を失う危険を、絶えず計算に入れておかなければならなかった。それゆえ中世の海上法ではたいてい、早くも十三世紀西フランスの「オレロン海法」にあるように、難破、沈没、座礁などの場合の所有権の請求や保護義務に関する取り決めが記されている。[3] 海上での事業リスクをいくつかに分散させることが重視され、それが十二世紀以降の海上貿易組合――ヴェネツィアにおけるコレガンツァ、ジェノヴァなどにおけるコンメンダ、バルト海圏におけるヴェッダーレギンゲ――の発展を促した。この点はいくら評価してもしすぎることはないだろう。というのもこの海上保険の仕組みは、中世の盛期から後期にかけて、遠隔地貿易全般における制度化の枠組みを提供することになったからである。[4]

資本が海上保険によって守られるのに対し、船上の人びとの安全は神の手に委ねられるのみであった。そして水夫たちを待ち受ける危険には、みずからを運ぶ乗物が沈没して溺死することのほかに、洋上特有のさまざまな恐ろしい病気があった。そして十五世紀後半以降、港から港へと沿岸をゆく従来通りの航海に加えて、外洋に出て長期間にわたって航行を続けることが求められるようになると、そうした病気の一つとして、新たに壊血病が加わった。とりわけ一五〇〇年頃から、それまでヨーロッパには知られていなかった、喜望峰を経由してインド洋を横断し、香辛料の豊かな南インドに至る新航路を使うようになったポルトガル船の水夫たちが、この病に苦しむようになった。栄養不良（乾パンと塩漬肉のみの食事）と船上の劣悪な衛生状態によるもので、すでにヴァスコ・ダ・ガマの第一回航海（一四九七―九八）の折に発症者がおり、[5] 一五〇二年に別のポルトガル船がインドに向かう航海中にも確認されている。後者の航海に参加したとあるドイツ人が報告するところによると、この「病に冒された人びと」はアンジェディバ島〔北カラナ海岸〔現マラバル海岸北部〕沖の小島〕で下ろされ、「そのうちの多くがこの見知らぬ病で亡くなった」。実際のところ、水夫の三分の一がこの病にかかり、その大半が命を失ったという。入念にまた的確に、このドイツ人の旅行記作者は、それまでまったく出会ったことのないこの疾患の症状を数えあげている。「はじめに〔病人の〕歯肉が腫れあがり、すべての歯がぐらつくようになった。〔病人は〕全身が萎えて、歩けなくなった。脚がひどく腫れ、黒ずんでいった。歯からはひどい悪臭がし、耐えがたいほどだった……」。しかし一方で、実に不思議なことに、壊血病を患って死の床にあった人びとが、突然に快癒することがあるのだと驚きをもって記してもいる。カンナノール〔現カヌール、マラバル海岸に面した港町〕で水夫たちは、毎日のように鶏、魚、果物を砂糖その他と交換して入手することができたのだが、「病人たちは新鮮な食事を口にすると、すぐによくなった」(6)。

壊血病対策の新鮮な食料品、改良された海図、そして以前より発達した航海術——これらはみな、当時の船乗りたちに、すぐさまより確かな安全を約束するものであった。しかし一方では、彼らを守るもう一つの大きな支えとして、港町ごとの船員の兄弟団による鎮魂の祈りがあった。これによって、起きてしまった海難事故を乗り越え、常に隣り合わせの存在である病や死への不安に打ち克とうとしたのである。リューベックの聖マリア教会に、一四八九年の「ハンス・ベン」〔ベルゲンファーラーと呼ばれる、リューベック・ベルゲン間の通商に携わる商人たちの組合の一つ〕一行の難破・沈没を悼む銘板があるが、そこにはこの事故を乗り越えるべく、災難に遭った人びとの表情がつぶさに描き込まれている。

キリストと聖人たち、そして海
ベルゲンファーラー「ハンス・ベン」の難破
1489年の銘板、リューベック、聖マリア教会

2　荒海をわたる巡礼者たち

聖地に向かう巡礼者たちも、その道中で暴風雨や難破にみまわれることがあった。アッシジの聖フランチェスコでさえ、最初の聖地巡礼の折に、ダルマチア海岸で座礁の憂き目にあっている。[7] 中世後期の巡礼記にも、海上での時化やちょっとした事故についての記述は事欠かない[8]が、カッツェンエルボーゲン伯フィリップは、一四三三年から翌三四にかけて聖地に詣でた際、正真正銘の難破を経験した。伯の依頼により、この貴族の敬虔な旅の様子を再現し、できるかぎり多くの聖地に足を踏み入れたことの証とするべく書き残された旅行記は、この災難を他に変わらぬ簡潔な調子で伝えている。ヤッファから帰路についた翌日、「船が壊れ、われわれは大変な思いをして陸地にたどり着いた」。生き延びた者たちは足を引きずりながら近くの村まで歩き、「そこで十分に用心しながら夜を明かした」[9]。おそらくどうにか財布も持ち出せていたのだろう、フィリップ伯一行は、アッコン、ベイルート、ダマスカスを経て再びアッコンへと至り、同地で再度ヴェネツィアに向かうべくガレー船を調達した。航海はロードス島までは早かったが、島を出てすぐまたしてもひどい時化に襲われ、回り道のすえにどうにかクレタ島までたどり着く。あとはダルマチア海岸沿いにヴェネツィアまでの道のりを、順風に恵まれ無事まっとうすることができたのだった。「神に讃えあれ」[10]。

あらゆる嵐の背後には、死神と悪魔が潜んでいる。それゆえしばしば——幸運にもそれを切り抜けることのできた巡礼たちが体験談の中で述懐するように――嵐の中に投げ出され荒波にもまれる小舟の上で、ひざまずいてあらゆる聖人に向けて一心に助けを求め叫ぶだけでよい、そうすれば自然の猛威を和らげることができる、という話になりがちであった。しかしロッテルダムのエラスムスは、こうした態度に諷刺の筆を向ける。また巡礼に詣でますだの、ミサを捧げますだの、祭壇を寄進しますだの誓ったところで、生き延びることができるのはひとえに神の救いの手によってのみ、と。(11)

しかし地中海において、生命を脅かすような極限状況をもたらすべく敬虔な巡礼者たちを待ち受けているのは、暴風雨だけにとどまらなかった。降りかかる災いは他にいくつもあったのである。十五世紀後半の東地中海は、危険にあふれた場所であった。オスマン帝国とヴェネツィアの戦争が続いていた上に海賊船が横行し、いわゆるレヴァント貿易はヨーロッパの商人たちにとって、測りしれないリスクを伴うものであった。(12)とあるドイツの貴族が一四九四年、ヴェネツィアのガレー船に乗って聖地を目指した折のこと、本人が旅行記に記しているところによれば、海賊たちの非道なふるまいについて、初めは人から聞かされるばかりだった。(13)しかし一四九四年の七月十四日、〔キプロス島の〕リマソールの手前で、初めて賊との接触があったようで、船の守護聖人に向かって救いを求める声が投げかけられた。「キプロス島と聖地の間にいる海賊とトルコ人を、大海原でわれわれから遠ざけてください」。そして「銃、弩《いしゆみ》、弓、鎗、そして石と、各々が身の丈にあった得物を持ち出して武装し」、またたく間に敬虔な巡礼の船は洋上の要塞と化す。ドイツ人貴族はこの顛末を、劇的効果を意識しつつ巧みに語る。遠くに帆が見えたかと思うと、こちらを目指して一目散に迫ってくる。騎士同士のような正面切っての攻防かと思いきや――ちなみにこの二年後にルツェルンの市参事会員ハンス・シュルプフは、同じようにガレー船で巡礼のさなかオスマンの軍艦の来襲を受けて数時間に及ぶ弓矢の応酬を経験したが、天から降る敵の矢はさながら吹雪のようだったという[14]――一四九四年われらが貴族とその一行には、そうした劇的な場面はおあずけだった。迫り来るくだんの船の船長が、おもむろに「帆をさかさにして戦意のないことを示した」のである。一同が胸をなでおろしたことに、それはヴェネツィアのガレー船で、一四九四年七月八日に聖ヨハネ騎士修道会の船が海賊船を拿捕し、約二百名の海賊を一掃したとの朗報をヤッファから届けようとしていたのだった[15]。

とはいえ一四九四年のこの船旅の間、巡礼に向かうこの貴族は繰り返し死に向き合い、そのたびに騎士文学風のロマンティックな記述を残しているのだが、その筆には一面、他の多くのエルサレム巡礼のそれに比して正確なところもある。他の同行者と巡礼仲間をあわせて計十四名の死が報告されており、うちフランス人が六名、ドイツ人が四名、ワロン人とミラノ生まれが各一名、水夫が一名、それに帰路キプロスから乗り合わせたドイツ人が一名であった。最後のドイツ人は長くオスマンの捕虜となっており、巡礼仲間ではなかったのでこの者だけは海に葬られた。また巡礼の一行のうちの八名は聖地で、暑さやストレス、劣悪な衛生状態などのせいで、あるいは何らかの病を得て亡くなった[16]。ただしこの一四九四年の旅ではペストの犠牲になった者はいなかった。このあと一五一九年の巡礼の帰路には、船中にこの恐るべき病が蔓延し、「甲板に投げ捨て置かれた死体のせいで、このガレー船はあとに死臭を残しつつ航海を続けた」[17]。

3

「天国の入口」への上陸——北海のヴェネツィア人、一四三一—三二年

ヴェネツィアの都市貴族ピエトロ・クェリーニも、一四三一年から三二年にかけての冬、北海で海難事故に見舞われ、航海の危険を身をもって経験することになった。クェリーニはレヴァント貿易に深く関わる共和国《セレニッシマ》きっての名門家系の出で、当のクェリーニ家もまた、南方のワインや高価な香辛料を、羊毛や毛織物に換えるというおきまりの商いによって、ヴェネツィアないしクレタと、フランドル・ロンドンを結ぶ交易路での活動を主にしていた。そして一四三一年の四月、そうした商用の旅の一つとして、みずから所有のカラック船「クェリーナ号」に乗り、クレタからブルッヘを目指して出帆した。航海がはじまってほどなく遭遇した幾度かの事故、それにつづく一行の大半との死別、そして生き残った者たちの北ノルウェーでの経験をめぐっては、二つの手記が今に伝えられている。一つはクェリーニ自身が筆をとったもの、そしてもう一つはこの旅に同行した舵手にして賢慮の人、クリストファノ・フィオラヴァンテと、クェリーニの書記ニコロ・デ・ミケーレによるもので、こちらは一四三二年の十二月、つまり思いがけず帰還がかなった直後、フィレンツェの人アントニオ・ディ・コラード・デ・カルディーニによって聞き書きされたものである[18]。

以下で主として参照してゆくことになるピエトロ・クェリーニの手記はまず、出帆のわずか五日前に、この旅にも同行するはずだった息子を失ったことから書き起こされ、この旅がさなきだに死の影

に覆われたものであったことをうかがわせる。しかしそれでもクェリーニは一四三一年四月二十五日、ジブラルタルに向け帆を揚げたのだった。ところが六月二日、ワインと糸杉材をたっぷり積んだ商船は、カディスの手前で座礁してしまう。「クェリーナ」号は舵と竜骨を傷めており、修理のため、カディス港に二十五日もの間、留まることを余儀なくされた。するとこの間に故郷ヴェネツィアがジェノヴァと再び戦火を交えることとなり、数名の傭兵を雇い入れたために、一行は六八名にまでふくれあがった。そしてこの先は、敵側の船と遭遇するのをできるだけ避けるという見当違いの理由で、海岸から遠く離れた外洋に航路をとることになった。さらに風に恵まれず、舵の状態も思わしくないとあって、八月の末になってようやくリスボン着、十月末に北西スペインのムーロス港に入った。その後数日は順調に進んだが、やがて北東の風が強くなりすぎ、岸から離れての帆走が難しい状況となった。そして十一月の十日、ブルターニュのウェサン島の北方を航行中に、今度は舵受けを失った。嵐が近づくなか、舵取りの効かなくなった船はどんどん押し流されていったが、船がどれほど航路をはずれているかは、船上の一同には当面伏せられたままだった。[19]

船上で徐々に忍び寄る死への不安や、食糧が底をつきつつあることをはじめとする実際上の苦境の数々。クィリーニはこのときに味わった絶望感――信仰によってかろうじて和らげることができたのだったが――を印象的にこう書き残す。「荒れ狂う広い海原を舵もなく放り出されている、というのが、まさにわれわれの運命だった」。船は明らかに北大西洋へと流されていたが、そこでは秋の嵐が次々と待ちかまえていた。船は文字通りの「くるみの殻」〔ドイツ語では「ちっぽけな小舟」の意にもなる〕のように翻弄されたまま一週間ほどどんどん押し流され、その間にもこの「不幸にあふれた船」からはさまざまな装備が、風に吹きはらわれたり、波にさらわれたりしていった。十一月二十五日、聖カタリナの祝日のこと、一行はたまりかねて、溺れる者が救いを求めるとされるこの聖女に、みずからの運命をゆだねることにした。聖母やさまざまな聖人たちの名が呼ばれ、神と天上の聖人たちに向かって繰り返し、怠りなく祈りを捧げます、巡礼に精を出しますといった約束の言葉が奉られた。すると「不思議な効験があらわれ、われわれは皆、荒れ狂う海の上にいながら、死から守られていると感じることができたのだった」。これは本章で先に触れた巡礼たちと同じような境地に至ったとみてよいのだろうが、実際にいくらか風が弱まりもした。ともあれこの時点で一行は、アイルランドの西方数百海里を漂っているものと思いこんでいたのだった。十二月のはじめに、いよいよ「最後の手段」をとるしかないと決まり、碇を海中に垂らしたがこれはうまくいかず、最後に残っていた帆柱が切られた。激しく吹き流されてつづけている船が転覆するのを避けるためである。しかしその効果もむなしく、結局は小舟を二艘海に下ろし、皆がそのいずれかに分乗することになった。大きいほうの舟にはクェリーニ自身とその書記、舵手を含む四七名が乗り、小さいほうの救命艇には二一名が乗ったが、後者の姿はその後二度と見ることはできなかった。そして操る者なく波と風に身をゆだねる商船もまた、積荷もろとも、そのまま邪《よこしま》な海に引き渡されたのだった[20]。

クェリーニの乗った小舟は皆が交替で櫂を漕ぎ、つつましい可能性を信じて東へと舵をとった。しかし滲み込んでくる海水を絶えずかき出さねばならず、疲労と、日々乏しくなってゆく配給のせいで、多くの水夫が衰弱死していった。「われわれの目の前で力尽きて死んでいったのだ」。十二月二十九日にはワインが底をつき、飲料水もそれほど残ってはいなかったため、生き残った者たちも、いよいよ最後かと覚悟を新たにした。ところが一月の四日、そして五日にも、水平線に思いがけず島影が浮かび、陸地にたどりつけるという希望が萌した。とはいえクェリーニによれば、その影のほうに漕ぎ寄せるのは容易なことではなかった。「なぜなら昼が二時間しか続かなかったからである」。何かが見え始めたと思うと、すぐに冷たい闇がやってきた。それでも翌日つまり主の公現の祝日（一月六日）には、ついに海岸近くにまでたどりついたものの、今度はどこから上陸したらよいかがわからない。潮の流れの速さに加えて海面下の暗礁やそこここに浮かぶ岩礁島《シェーレ》のせいだったが、最終的には、完全に雪で覆われた小さな岩礁島の一つに上陸地点を見出し、見るも無惨な姿の小舟を、この救いの岸辺につけたのだった。北海で嵐に鞭打たれつづけるという、信じがたい二か月を過ごしたヴェネツィア人たちにとって、それは神の手になる奇跡としか思えなかった。「請けあって言うが私はそのとき、両肩に載せても背負いきれないほどの雪を口にしたのだった」。ただし一方では、さなきだに人数の減っていた一行からさらに五名が、上陸後ほどなく衰弱のために息を引き取っている。

そして残った十六名も、いまだ助かったとは言えない状態だった。氷に閉ざされた小島には生命のかけらすらなかった。小舟もその間に浸水して完全に壊れてしまい、もしかすると人が住んでいるかもしれない別の岩礁島《シェーレ》を探しに出ることもできなくなってしまった。一同はよるべなく、乾パンの残りをわずかな貝とともに口にしつつ、櫂とぼろ布で二つのみすぼらしいテントを設営した。再び終わりの時が近づき、新たに三人のスペイン人が亡くなった(21)。

上陸から十一日目に、惨めな時を過ごしていた一行は、浜辺にまだ食べることのできる魚が放り出されているのに気づき、またそればかりかうち捨てられた小さな漁師小屋があるのを発見した。その小屋は北風をしのぐ避難所として役立っただけでなく、近くに人家があるかもしれないという希望をもたらし、苦境の助けとなった。そして、ヴェネツィア人たちは依然として、自分たちがどこにいるのかわかっていなかったのだが、ついにそれが明らかになる日が来たのだった。［ノルウェー北部の］ロフォーテン諸島のさらにその先にあるレスト島のあたりで、とある岩礁《シェーレ》島から煙が立ちのぼっているのに、地元の漁師たちが気づいたのである。早速に舟が出され、難破した一行が発見されたが、これは一行の幸運な帰還を伝える後代の記録では、レスト島の漁師の息子が夢で神のお告げを聞くという、奇跡の救出劇に早変わりした。さらに一行が救出されたサンデ（Sandø）という小島の名は、言葉の壁も手伝って、「聖人たち《ディ・サンティ》の島」（l'ixola di Santi）として伝えられることにもなった。[22]

地元の漁師たちは、痩せこけて蓬髪、異国風の出で立ちで理解できない言葉を話す一行に驚きを隠せなかった。また異国人たちのほうもはじめはつねに不安が先に立った。彼らのうちの二人がまず、レスト島に連れていかれることになったが、一人はフラマン人で、現地に腰を落ち着けた「ドイツ出身」のドミニコ会神父と言葉を交わすことができた。このフラマン人が神父を通して、日曜ごとのミサに一行の残りの面々――ここまで生き残ったのは一一名だった――を呼んでもらうよう話をつけ、一四三二年二月三日、ついに救出された一行は、「地元の村の住人たち」に迎えられ、もてなしを受けたのだった。[23] ピエトロ・クェリーニは、ラテン語にも達者な司祭にみずからが船主であることを明かすと、裕福な漁師の家に案内された。ヴェネツィアの貴族は家に入って挨拶を交わすと、まず土間に座ろうとしたのだが、これを見たこの家のおかみはたいそう恐縮して火の側へ案内し、温かいミルクをふるまった。クェリーニはまた、三か月に及ぶ滞在の間、床の掃除から赤ん坊をあやすことまで、この家の家事をずいぶん手伝ったものだと強調している。おそらくそれは彼にとって、普段から水夫たちに説き、難破したあとも絶えず要求していた謙譲の精神にかなったふるまいだったのだろう。[24]

この船旅、ピエトロ・クェリーニと一〇人の生き残った同行者たちの難破と救出をめぐる二つの手記は、十五世紀の南ヨーロッパ人による北方での生活の魅力的な証言記録ともなっている。というのも、とりわけクェリーニが救出されたあと、その地で過ごした約三か月間の記述は、まさしくこの時代の北ノルウェー海岸地方の「民俗誌」となっているからである。このイタリア人の感覚ではすでに、この地域がラテン的キリスト教圏の可住空間《エクメーネ》に完全に組み入れられている点も、注意しておいてよいだろう。クェリーニによれば、レスト島の人口は約一二〇名で、そのうち「七二名が復活祭の日、敬虔でへりくだったキリスト教徒として祭壇の前に現れた」。これらの信心深い人びとは、日曜のミサにもせっせと顔を出してひざまずき、断食期間のしきたりもしっかりと守り、決して――土地の言葉を解さない異国の者の耳にはそのように聞こえてしまいがちであるけれども――大声で罵ったりはしないのだという。[25]同じ出来事を記録したフィオラヴァンテとデ・ミケーレはこのレスト島での滞在について、ヴェネツィアでの生活風習から遠く離れて「天国の入口」にいる思いであった、とまとめている。[26]この表現には深い感謝の念が込められているのは言うまでもないが、同時にそこには、都会的で洗練された文化の中に暮らすヴェネツィア人たちの眼に、北ノルウェーのホストたちがどのように映っていたかが見え隠れしているようでもある。敬虔なキリスト教徒にして、しかも「天国」にいるがごとくに純朴な人たちでもある、と。

一四三二年の五月、すでに南国育ちには信じがたいほど昼が長くなった頃合に、一行は暇乞いをして、道中の糧に魚を、また貨幣に換えられるようなこまごまとした品々を恵んでもらうと、再び旅の人となった。故郷を目指すにあたって一行はまず、毎年この季節に行商に出る漁師たちに同行して、ベルゲンへと向かうことになった。漁師たちはそこで棒鱈を金や商品に換えるのだが、それは北イタリアで末端消費者として北欧の魚を買う身にとってもなじみの深い経済活動の一環に他ならなかった。ともあれ幸運にも命拾いをした面々はベルゲンを目指して旅立ち、さしあたっては順調な航海が続いた。しかしトロンヘイムで、「ドイツ人たち」とエーリク王〔エーリク・ア・ポンメルン、一三八二―一四五九、一四三二年の時点ではノルウェー、デンマーク、スウェーデン三国の国王を兼ねていた〕との間で新たに戦いの火蓋が切って落とされたとの情報を耳にすると、一行はベルゲンではなくスウェーデン経由で故郷を目指すことにしたのだった。途中五十三日をかけてトロンデラーク地方を横断、スウェーデンの東海岸に至ったが、クェリーニによればこの道中もまた、貧しいが気前のよい人びとに出会い、その助けを得たらしい。ステーボリ城では、ヴェネツィア育ちにとって「同郷人」ともいうべきクロアチアの貴族イヴァン・アンジェ・フランコパンの知遇を得た。イヴァンは当時、エーリク王のもとでステーボリの城代をつとめており、ゆきとどいた心暖まるその歓待ぶりは、ラグーナに浮かぶ故郷に戻る日の近いことを予感させるものだった。そして一行はすでにヴァドステナを後にしていたのだったが、イヴァンはしきりと同地の修道院――イタリアにもなじみの深いスウェーデンの聖女ビルギッタゆかりの地――を再訪するようすすめた。年に一度の巡礼でにぎわっていたからで、クェリーニの筆はその巡礼の様子を楽しげに書き残している。

さて、心ならずも長い冒険の旅に身をやつすことになった面々は、このあとは最短距離をとってわが家へと急いだ。フィオラヴァンテとデ・ミケーレを含む三名はロストック経由で、それ以外はクェリーニとともに、レーデース、ロンドン、バーゼルと回って故郷へと戻った。結局一一名は揃って故郷の土を踏むことができたのである。ピエトロ・クェリーニはその手記を次のような言葉で結んでいるが、そこには確かに、単なる信仰上の常套句以上の何かがこめられているとみなすべきだろう。

無事でわが家に帰れますように、家の者が皆健康でありますように——私は絶えずそう祈ってきたのだが、それらの願いが残らずかなった今、主の栄光がどこまでも、とこしえに讃えられてあらんことを、アーメン。(27)

IV

地震

十四・十五世紀の証言から

Die Erde bebt

Erlebnisse aus dem 14. und 15. Jahrhundert

第七の天使が、その鉢の中身を空中に注ぐと、神殿の玉座から大声が聞こえ、「事は成就した」と言った。そして、稲妻、さまざまな音、雷が起こり、また、大きな地震が起きた。それは、人間が地上に現れて以来、いまだかつてなかったほどの大地震であった。あの大きな都が三つに引き裂かれ、諸国の民の方々の町が倒れた。神は大バビロンを思い出して、御自分の激しい怒りのぶどう酒の杯をこれにお与えになった。

――「ヨハネの黙示録」(一六：一七―一九)

1 クレタ島、一四九四年七月一日
――目撃者たちの体験から

一四九四年七月一日、聖母訪問の祝日を翌日に控えた日の昼頃、クレタ島のカンディア(現イラクリオン)でのことである。前の晩にヴェネツィアのガレー船で着いたばかりのエルサレム巡礼の一行は、宿でくつろいでいた。すると突然、「部屋が揺れ動き、壁が崩れ落ちた」。あらゆる家具調度は倒れ転がって散乱している。巡礼たちは「目を見合わせた」。いったい何が？　ほんの一瞬のことだ――ただ驚くばかり！　外で叫び声が聞こえ、皆も逃げ出す。とにかく外へ、通りへと。しかし外に出たとたんに新たな揺れに襲われ、地面に叩きつけられる。家々が崩れ落ち、巡礼たちは起き上がろうとするが、そこへまた新たな揺れ——つづけざまに、数えてみると計四回——がきて、何度もつまずきよろめく。町中がパニックで、「老若男女の叫び声があふれんばかり」。嘆き悲しむ声また声。つづく数分は茫然自失のまま過ごしたらしく、報告はここで一旦途切れている。(1)

　南ドイツの下級貴族と思しい無名の語り手は、この地震を直接に、肌で経験した者として、「ライブ映像」さながらにそれを描き出してくれている——もちろん実際には、数か月後に、記憶をもとに再現されたものにすぎないのだが。このあと報告は、イラクリオンの住民たちが、この自然災害とそれに伴うさまざまな秩序の喪失に、キリスト教信徒として長年培ってきた規律を機能させることによって、対処し始めるところから再開されている。住民たちは混沌と恐怖とを、儀礼によって抑え手なずけていった、とこの無名の作者の報告は続ける。町の鐘という鐘が鳴らされ、祈願行列が次々と教会から街路へと出て行った。巡礼たちもまた、ローマ・カトリック式の行列を組んで、破壊された町を練り歩いた。ギリシア正教の信徒たちは、イコンを抱え、声高に「主よ憐れみたまえ《キリエ・エレイソン》、キリストよ《キリステ・》憐れみたまえ《エレイソン》」と唱えつつ、イラクリオンの町を巡った。「島全体が沈没して滅びるのではないか」という恐怖が、皆を一つにしたのだった。

　このエルサレム巡礼一行の無名の書き手の場合のように、大災害について、みずからの体験をもとに密度の濃い記述を綴った目撃証言は、中世においてはごくまれである。中世の環境史研究が自然災害の調査に関して向き合う史料は、年代記作者が生まれる前の出来事について、あるいは現場から遠く離れた場所で、歯切れの悪い調子で語っているものがほとんどである。そこからは、もしあったとしても「しぶしぶ残された」かのような情報しか得られず、近代になってからそれをもとに書きなおされたものになる。その実例はすでに見た通りである。(2) そしてその代わりに、そうした情報はたいてい、「神の怒り」という認識のフィルター――たとえば冒頭に引いた「ヨハネの黙示録」の一節に明示されているような――を通過しつつも、しばしば意識して運命という考えに踏みとどまる。たしかに、自然による神罰の遂行が妥当なものかどうか、いったい誰に判断できるだろう?

この巡礼記の著者はこうして、まったく思いがけずに出会った激烈な自然災害を、同じドイツ下級貴族の旅仲間としての連帯とアイデンティティのなかに出来事を秩序づけることで、解釈し克服する。大災害に見舞われたクレタ島の第一日目の記述を、彼はこう締めくくる。「われわれはその日、お互いのことをとてもいたわりあった」(3)。「私」が退き「われわれ」が前に出ているのだ。貴族として団結して事にあたり、感情をコントロールすることを学んだ。生活様式と意味づけをすることによって、未曾有の事態もまた克服可能であったし、これからもそうである。地震を生き延びた貴族として著者は、同じ貴族の読者あるいは聞き手にそう説く。その際に強調されるのは、大災害そのものと並んで、苦境における貴族的な連帯である。

2 大地の揺れを引き起こしたのは誰か？
——下級貴族の語り手が感じとったこと

中世においては、こうした自然災害の原因に関して、「何が？」というよりは「誰が？」という問いが重んじられることのほうが多い。エルサレム巡礼の貴族の目撃証言は、この点で典型的である。というのはまず、クレタ島での地震体験を、一貴族としていかに危険を克服し消化してみせたかという範例が示されているからである。そしてまたこの報告は、同時代において神の自然をいかに感じ取るか、そしてそれを宗教的意識としていかに表現するかの範を示すものでもある。クレタ島の大災害でこの貴族は一刻も気の休まることのない経験をしたが、それについて自分が納得できるような説明を見出そうとした。そこでまず旅をした地中海周辺での、他の地震についての証言を探してみたところ、範囲が広いこともあってごく容易にあたりをつけることができた。近年の研究によれば、とりわけ地震の危険が大きかったイタリアでは、一〇〇〇年から一三五〇年の間だけで二四二回の揺れが確認されているほどだったのである。[4] たとえばロードス島ではこの一年前、一四九三年の十月十八日、聖ルカの祝日のコス島での地震の様子をエルサレム巡礼が問い合わせていた。そして次のような証言を得たのである。[5] 地震の十四日前、コス島に「ある老人」が現れた。「誰もその老人のことを知らなかった」が、二本の蠟燭を掲げ、予言者のごとく警世の辞を口にしつつ歩みを進めていたという。「罪を悔い改めよ！　神の名を呼べ、そしてこれをそなたらの御上に伝えよ！　悔い改めよ、さもなくば聖ルカの日［……］大いなる地震が来て大きな苦しみをもたらすだろう！」しかし誰も——当局も含めて——予言者の言葉に耳を貸そうとはしなかった。それゆえあの結末を避けることができなかったのである。神はコス島の民を、その代弁者を通じて予言した通り、聖ルカの日に地震によって罰したのだった。

巡礼記のこのあたりの記述は、実際のところ、「ルカによる福音書」（二一：一〇—一一）にいう「終末の徴《しるし》」さながらである。「大きな地震」が起こり、コスの町も、いくつかの城や村も、ことごとく破壊されてしまい、生き残った人びとには、もはや家も農場もなかった。そしてさらに「恐ろしいこと」が起こった。「山が割れ」て「二千もの人びと」が「滅んだ」のである。

巡礼記の貴族はここに、みずからの合理的な解釈のための「アルキメデスの点」（思想体系などの要となるアイディア）を見出し、クレタ島の地震を、人間の運命と世俗の歴史とを止揚する救済の歴史という観点において克服したのだった。ロードス島でこのコス島の地震の逸話を聞かされたのは九月二十一日のことだったが、この貴族の巡礼そのものはすでに八月九日、エルサレムでキリストが苦しみ亡くなった地、主の死によって「大きな山や巌が裂け砕けた」[6]地を見出した時点で、そのピークを迎えていたのだ。この貴族にとって、ものごとはここで一つにまとまる。それが彼の理性による、みずからのクレタ島地震の経験の説明であり、解釈であり、克服であった。そして、神の怒りをその原因とみなそうとする、時代に特有の型にはまったこのような解釈とともに、詳細な目撃描写が並存していることで、この作者の実体験の報告が、格別に信憑性のあるものとなっているのである。

3 バーゼル、一三五六年十月十八日

——目撃証言と被害

一三五六年十月十八日、したがってカンディア（イラクリオン）での、あの直接で個人的な震災体験の一三八年前、激烈な地震がアルプスの北を襲ったことが歴史的に裏づけられているが、バーゼルの目撃者たちや年代記の類はこれについて、あまり多くを語ってはいない。「地震（ertpidem）」は、いわゆる『赤の書』——震災で文書庫を失ったバーゼル市参事会が、一三五七年十一月、新たに作成を命じたもので、著者の名は伝えられていない——によれば「聖ガルスの祝日を過ぎた火曜日、すなわち聖ルカの祝日にはじまった」。バーゼルはその揺れによって破壊された[7]。これが直接に震災を体験したバーゼル市民による最古の記録、ということになるが、これよりかなり前、一三五六年十二月に、フランシスコ会士ルペシッサのヨハネスが『苦難の友』なる著作をものしている。当時教皇の命でアヴィニョン近くのバニョール城に囚われていた跣足派の修道士は、この小冊に「近い将来世界中の名高い都市が地震によって破壊される」との予言を記し、その先例としてバーゼル市の惨状に触れているのである。町は「この年［……］前代未聞の地震に襲われ、十時間ものあいだ揺れつづけ灰燼に帰した」と[8]。またフランチェスコ・ペトラルカも、一三五七年頃の著作『宗教的閑暇』*のなかで、「高貴にしてラテン諸都市に比肩すべきかの」バーゼルにあるのは、「今や瓦礫の山と沈黙と驚愕のみで

ある」と語る。(9) しかしペトラルカは、「ラインの膝《ラインクニー》」**に位置するこの町を、地震の少し前に訪ねたことはあったものの、その後は一度も足を踏み入れていない。こうした問題は、この大災害の経過や規模を伝える年代記の類の叙述全般に、多かれ少なかれついてまわることになる。同様に驚くべき規模の災害となった一三四八年一月二十五日の地震――〔オーストリアの〕ケルンテン、〔北イタリアの〕カルニオラ、フリウリに甚大な被害をもたらし、総計で一万に及ぶ死者を出したとされる――についても、同時代の人びとは、ペスト、鞭打苦行者、ユダヤ人虐殺といった類のセンセーショナルな事件の一つとして断片的にこれに触れるのみで、年代記作者たちは一様に黙したままであった。(10)

　そうしたなか、目下話題にしているバーゼルの大災害について、同時代人として証言を記した年代記作者たちのうちでも、傾聴に値する詳細な記述を残したのは、ハインリヒ・フォン・ディーセンホーフェンただ一人である。司教座聖堂参事会員として一三四一年からコンスタンツに居を構えるディーセンホーフェンは、一三三八〔または一三四四〕年から一三六一年まで途切れることなく綴られたその年代記に、しばしばバーゼルで得た確度の高い情報を記しており、くだんの地震に関しても、当時みずからはボーデン湖畔の町にいたにもかかわらず、正確な記録を残すことができたのだった。(11) ディーセンホーフェンは、場所、時刻、そして因果関係に注目する。一三五六年十月十八日の午後、コン

＊ペトラルカの『宗教的閑暇』*De otio religioso* は通例一三四七年頃の成立とされているが、ここでは近年の異説を採って、十年ほど遅れての成立と見ているようである。原註9の Widmer 論文を参照。

＊＊ドイツとスイスの国境に添って東から西へと流れてきたライン河が、バーゼルのあたりでほぼ直角に湾曲して北上してゆくさまを、膝を折った脚に見立ててこう呼ぶ。

揺れる大地―― 1356 年のバーゼル大地震
クリスティアン・ヴルシュティーゼンの年代記（1580 年）挿画

スタンツでは昼食と晩課の間に最初の「大きな揺れ」が来て、晩課までにもう二回、小さめの衝撃を感じた。そして晩課の鐘を鳴らす間にさらに四回、今度はもう少し強い揺れがあった。その後は真夜中までの間に六度、大地が揺れたが、結局のところ一番最初の揺れが他のどれよりも大きかった。翌十月十九日には二度余震があり、最初は正午を過ぎてすぐ、二度目は晩課のあとだったという。

このときバーゼルの市内では何が起こっていたのだろう？　一三八八年頃に編まれた『小バーゼル編年誌』は、地震で崩壊した町の様子を迫真の表現で叙している。「人びとは家の中から逃げ出そうとしたが、そのとき家々はまだ高く聳えていた。そして衝撃が来ると［張り出し部分のある］上方の階が崩れ落ち、下層階のみが通り沿いに残った」[12]。コンスタンツのハインリヒ・フォン・ディーセンホーフェンの記述も胸に響く。「多くの人びとが、その日のうちに続けざまに襲ってきた余震に怯えて野原へと逃げ出し、晩課の時刻を過ぎてもそこで、神の試練の時が終わるのを待った。するとそのとき、すでに崩れ落ちていたザンクト・アルバン修道院から火の手があがり、倒壊した他の家々からも火が出た。逃げ出してきた人びとは、それを目にするや、自分の財産を守ろうとして〔再び市内へと〕駆け戻り、消火の手伝いをしたり、財産を避難させたり、また——これがいちばん多かったが——最初の揺れで下敷きになった人びとを助けたりした。そしてそれぞれに精を出し終え、手を休めて最初の晩を迎えようとした矢先に、再び大きな揺れが襲ってきた。たいていの人びとは最初の時と同じように慌てふためき、かろうじて踏みとどまっていた家々が崩れ落ちた」[13]。

そして、このときにバーゼルを襲った惨禍は、地震と火災にとどまらなかった。バーゼルのドミニコ会士コンラート・フォン・ヴァルテンコーフェンが一三六〇年代のはじめに著した『説話術初歩』なる書の中に、おそらく一三五六年の出来事の目撃談と思しい次のような記載がある。「恐るべき揺れと火災につづいて、〔町を〕第三の災いが襲った。瓦礫に堰き止められたビルズィヒ川から水が出たのである。町中を貫流するこの小さな川の水があふれ出し、シュタイネンフォアシュタット通り沿いの家々の地下室や、地盤の低い区域で路地を浸水させ、火事を逃れた住民たちのなけなしの財産を台なしにした」[14]。一三六八年にペトラルカが記している通り、「自然の猛威を前にして確かなものなど何もない」のである[15]。

4 年代記作者たちの目撃証言
——人間・家畜・「公共財」への被害の実態

「聖なる都市バーゼル」は、十月十八日午後の最初の揺れによってすっかり崩れ落ちてしまった、とハインリヒ・フォン・ディーセンホーフェンは断言する。ドミニコ会修道院教会とヨハネ騎士修道会礼拝堂——いずれも町外れにあった——を除くすべての教会が「十字架にいたるまで」瓦礫の山と化した、と。[16] ただしこの点に関しては、『赤の書』の無名の著者の方が、ディーセンホーフェンよりも近くで観察していたこともあって頼りになりそうで、これを補足する次のような記載が読める。「塔と石造建築は、市内でも郊外でも、〔最初の揺れで〕大半が破壊された」[17]。また下アルザスのアルトドルフ修道院で一三五六年頃に著された『歴史回想録』には、おそらくいくらか誇張されていようが、バーゼルの市壁がすっかり崩れ落ちた、と書かれている。[18] さらに『大バーゼル編年誌』（ただしこれは十六世紀はじめに編まれたものだが）は、このときの揺れはすべての塔や大きめの石造建築に被害を与え、少なくともその壁にひびを入れたと、真に迫る記録を残している。[19] これらすべてが暗に示唆しているのは、市内に多い木組み《ファッハヴェルク》の家々は、その柔軟な構造のゆえに、より大きな耐震性を発揮したらしい、ということだろう。とはいえこれらもまた、市内の他の建物と同様に、結局は最初の揺れのあとに起こった大火の犠牲となってしまったのだが。またほぼすべての年代記が例外なく指摘するのは地震の揺れが激しく顕著であった点で、一四〇〇年頃のマインツの年代記作者も、「これまで目にしたなかで」明らかに最大のものだったと慌ただしく言い添え、多くの先例にならっている。[20]

この地震でどれほどの人命が失われたか、という点について年代記作者たちは、ほとんど何の記述も残していない。現実描写に関して信頼度の高い『赤の書』の著者とハインリヒ・フォン・ディーセンホーフェンも、この話題には黙したままである。ディーセンホーフェンは、先に触れた「下敷きになった人びと」が最終的に一命をとりとめたかどうかにも、やはり関心を示そうとしないが、〔上に引いたドミニコ会士で〕おそらく現場を目撃したはずのヴァルテンコーフェンは、「たくさんの下敷きになった人びと」が亡くなったと伝えている。また普段はもっと能弁なシュトラスブルクの年代記作者フリッチェ・クローゼナーも、この数の話になるとあいまいに、「たくさんの人びととたくさんの家畜」が命を落としたと語るのみである。[21]「たくさんの」というこの漠然とした量概念を示す表現は、他の多くの同時代の年代記にも共通のものである。[22] しかし一方で、もう少し正確を期そうとつとめている例がないわけではない。上でも紹介したマインツの年代記では、「たくさんの」は「一五〇〇名以上」の死者の出た状況を言ったものであり、一方アイヒシュテットの司教座聖堂参事会員で、その領地に安んじて遠方の事件を伝えるハインリヒ・タウベの場合、それは「百万人 mille milia hominum」という数字を下回ることはなかったと述べているが、こちらはバーゼルの地震の非日常性を際立たせる狙いがあってのことだろう。[23] しかし「歴史的国民経済学」の領袖カール・ビューヒャー〔一八四七―一九三〇〕の言うような、[24] 十九世紀以前の「正確な数値に重きをおこうとする感覚」の未発達のなかで、『ザクセン世界年代記』の補遺において、他でもきわめて有益な情報を提供しているバーゼル出身の逸名の作者が、「約三〇〇名」ときわめて控えめな数字をあげている点は注目に値する。一方にはまた犠牲者の数を「五〇〇名」と見積る『小バーゼル編年誌』の数字もある。[25] ちなみに前者のバーゼルの無名の作者は、亡くなった人物の最期を詳細に記してもいる。すぐれた騎士にしてベーレンフェルスで代々市長をつとめる家柄の出の男は、フィッシュマルクト（魚市場）から市壁の門を出てザンクト・ペーター広場へと逃れたが、そこで崩れてきた壁の犠牲となったのだった。他にもさらに二人、司教座聖堂参事会員ヨハネス・クリスティアーニとザンクト・マルティン教会の司祭ペーター・ミュンヒについても、いまわの際の様子が報告されている。[26] ともあれ一三五六年のバーゼル地震について、われわれがこうして知り得たことから総合的に判断すれば、およそ八〇〇〇人規模の人口を有するこの町において、犠牲者の数は三〇〇から五〇〇、つまり総人口の三～六パーセントを失ったものと見積もっておいてよかろう。

5　地震の規模──現代の地震学ならびに考古学の研究成果から

地震の強さそのものについては、上記のような年代記作者たちに、さほど誇張の傾向はみられないようだ。現代の地震学の研究によれば、一三五六年のバーゼル地震の規模はマグニチュード六・五、MSK震度*は〔全一二階級のうち〕九から一〇の間であったという。これはバーゼル地域で一〇二一年以降に発生したあらゆる他の地震を凌駕する数字であり、つまりこの地震は、かねて伝えられる通り、アルプスの北で歴史上知られているなかでもっとも強いものだったのである。この研究はまた震源についても特定に成功しており、ジュラ山地のゲンペン高地やブラウエンケッテ東部から北東に延びてビルス渓谷を横切り、ライナッハを経てバーゼル南方に至る、長さ八キロほどの活断層がそれにあたるとされている。[27] そしてこうした自然科学上の所見は、十四世紀の年代記作者たちの記述と、本質的なところでは一致していると見てよさそうである。ハインリヒ・フォン・ディーセンホーフェンは、被災区域をバーゼル司教区と漠然と捉えつつも、この区域内で四六の城が――一方シュトラスブルクのフリッチェ・クローゼナーは堅固な屋敷が約六〇と数えているが――瓦礫と化した、と具体的な数字をあげている。[28] もう少し正確な広さを伝えているのはバーゼルの『赤の書』の作者で、それによれば周囲四マイル、つまり約三〇キロほどであった。[29]

考古学そして建築学による所見は、地震のもたらした悲劇の驚くべき全容、その実際の規模を明確に示してくれる。[30] 被害が確認された区域は、東西八五キロ、南北四五キロの楕円形で、もっとも被害が集中した中心地は、バーゼル市のすぐ南にあった。この地域の城では今日でも、たいていその被害の爪痕を確認することができる。このとき、いわば自然が、貴族や都市貴族の矜持を凌駕し、「高い城を建てることが死を意味した」のだった。これに対して郊外の住民には明らかに被害が少なかった。

＊メドヴェーデフ・シュポンホイアー・カルニク震度階級。ある地点における地震の程度を表現する指標を世界的に統一するため、一九六四年に提唱された。〇～七の数字を用いる日本の「震度」（気象庁震度階級）と異なり、一二の階級に分かれる。ちなみにMSK震度での「九から一〇」は、日本の震度に直すと「五強から六弱」にあたる。

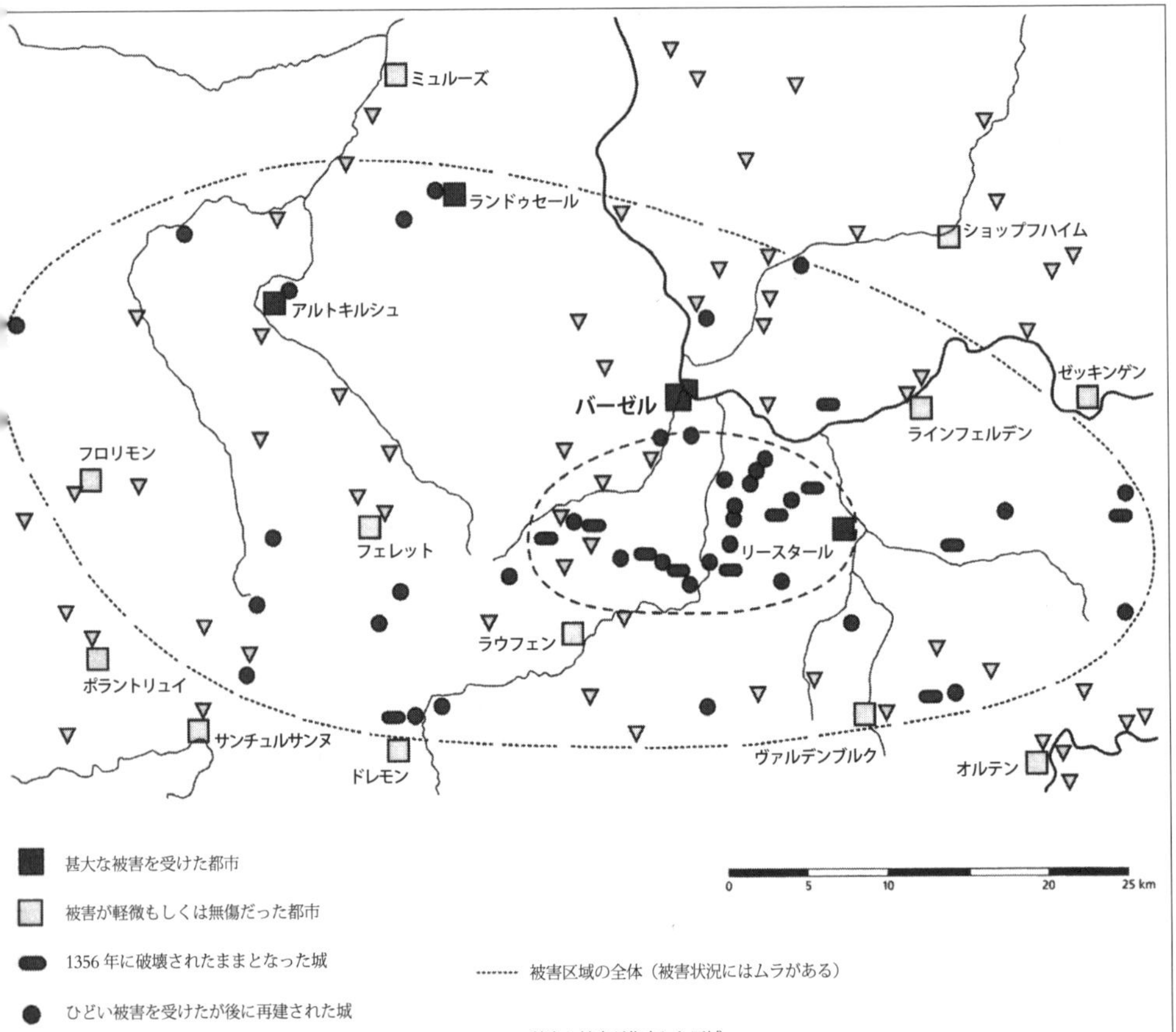

1356 年のバーゼル大地震
考古学的調査により確認された被害の実態

木造あるいは木組み造り《ファッハヴェルク》による二階建ての屋敷は、揺れに対してかなりの耐性があったのである。誇り高いバーゼルの中心部は言うまでもなく石造で、それらの建物が地震の犠牲となった。とりわけ砦の高く聳える塔や門、都市貴族が構える高層の居館、それに教会の被害が大きかった。壮麗なバーゼル大聖堂の内陣穹窿は崩れ落ち、翼廊の穹窿、交叉部や左右の塔もひどく傷んだため、結局すべて取り壊さざるをえなかった。さらに西塔が同じ聖堂の身廊の上に崩れ落ち、二間にわたってそれを破壊している。これらがこの地震による被害の総決算であった。ザンクト・アルバン修道院もやはりひどい被害を受けたが、それ以外の教会はそれほどまでは傷まず、信徒たちに避難所を提供することができた。

地震の揺れ以上にすさまじい被害をもたらしたのはそれにつづく大火で、これは地震が残したものすべてを焼き尽くしたのだった。とりわけ木造建築の多い商業地域がこの火の犠牲になった。そして倒壊した建物や焼け残った瓦礫が、市内のインフラを麻痺させてしまう。狭い小路はほとんど通行不能で、開けた広場に逃げることができない。市壁に囲まれた市内は死の町と化し、かろうじていくつかの屋敷、教会、修道院が、無傷でまたはあまり被害を受けずに残っているのみだった。以上のまとめとして、シュトラスブルクの年代記作者フリッチェ・クローゼナーの記述を借りておこう。「都市バーゼルは崩れ落ちた。教会、家々、囲壁、それに塔も。そのあとに火事が起こり、数日かけてすべてを焼き尽くした」[31]。住民の死亡率に関しては、同時代の疫病のそれに比べるとかなり低いものであったとはいえ、暗い色彩に覆われたこのおぞましい光景は決して誇張されたフィクションではない。

6　地震とは——年代記作者の認識とイメージ

「大地が震え、石も裂ける／その冷たき心よ、泣くがよい／ひそかにその目より涙を流すがよい」[32]。一三五〇年頃の鞭打苦行者たちが口ずさんでいた歌に、教会の権威筋は、また別の意味をもたせるすべを心得ていた。つまりヴュルツブルク司教の教書にあるように、神の罰が下って飢餓、地震、ペスト、そして死というかたちをとって現れるのだ、と[33]。そしてバーゼルの狂信者たちは、繰り返される大災害を前に、俗世に背を向けて悔い改めよ、と人びとに説くのだった[34]。

自然を通して体感しうる神の怒りを前にして、年代記作者たちは、この大災害を意識的に運命と解釈したがっているようだ。『マインツ年代記』はバーゼルの地震を控え目に、一三五六年のブドウの不作、ペストの再流行、早い冬の到来と同列に置いている[35]。自然を通して示されるにすぎない神意を、いったい誰がそれほど正確に知ることができるだろう？　しかし同時代のたいていの年代記作者たちは、バーゼルで悲劇的な大惨事が起きたことには確信を抱いていた。「ラインの膝《ラインクニー》」に位置するかの町は一三五六年十月十八日に滅んだのだ。三度に及ぶ大きな、すさまじい破壊力の揺れ、大火、そしてビルズィヒ川の氾濫は、神の裁きを見せるためささやかな貢献をなしたのだと。一方エネア・シルヴィオ・ピッコローミニ〔一四〇五—一四六四〕は一四三八年、バーゼルの地震についての二度目の言及の中で、それがこの古い町を再生させる、第二の創建の契機になったと指摘する。バーゼルはいたるところ新しく、「古い時代の痕跡」は市中のどこにもない、と。[36] しかし都市称揚の文脈において、現実に目が向けられるケースもある。トーマス・エーベンドルファー〔一三八八―一四六四〕は『オーストリア年代記』のなかで、かの「壮烈な地震」の「しるし」(indicia) は、バーゼル公会議〔一四三一〕の日まで確認できた、と記している。ウィーン大学の使節として一四三二年から三五年までこの町に滞在したエーベンドルファーは、それを実際に目のあたりにしてもいたにちがいない。[37]

エーベンドルファーの目に、救済史の過程でやがて消えゆく「しるし」と映っていたものはしかし、一三五六年前後を生きた人びとにとっては、まさに身をもって体験している辛苦にほかならず、それを神の「しるし」と受けとることはなかった。フランシスコ会士ルペシッサのヨハネスは、地震のあとバーゼルを襲った大火について「大地のはらわた」から流れ出た「地獄の業火を思わせる不思議な火」と述べている。[38] 神の「等しい罰」は、俗人にも聖職者にも、いかがわしい娼家にも信徒の集う教会にも区別なく下った。バーゼルの大災害を実際に目撃したと推定されるコンラート・フォン・ヴァルテンコーフェンは、誰も手を触れていないにもかかわらずドミニコ会修道院の鐘が三度にわたって鳴ったことは「当然」だったと考えている。揺れがそれほど激しかったからである、と書き添えているのを見ても、これはあながちはったりの類でもなさそうである。しかしそのヴァルテンコーフェンもまた、バーゼルの惨状を「思いがけない運命の一撃にして〔……〕運命の女神《フォルトゥナ》のまったくの気まぐれ」と解釈するペトラルカとは異なって、[39] これが、「聖ルカの福音書で主が語っておられるような」終末の時のしるしが神意によって自然の中に刻されたものであるという点は、揺るぎなく確信しているのだった。ちなみに福音書にはこう記されている。「民は民に、国は国に敵対して立ち上がる。そして、大きい地震があり、方々に飢饉や疫病が起こり、恐ろしい現象や著しいしるしが天に現れる」（二一：一〇―一一）。

そしてそれゆえにまた、『ザクセン世界年代記』の補遺にバーゼル出身の無名氏が書きとめているような、慰めになる物語が求められもしたのだろう。それはバーゼル南方、ジュラ山地のプフェッフィンゲン城で、赤ん坊が命拾いをした話である。

ティーアシュタイン伯妃は産褥の床にあったが、地震の夜、その激しい揺れのため、娘たち、揺りかご、侍女とともに城ごと谷へ落ちた。朝になってそこへバーゼル司教ヨハネス・ゼン・フォン・ミュンジンゲンが通りかかり、「私が名づけ親になったあの子も一緒かね」と声をかけたところ、いいえ、との返事だった。そこで司教が崩れはてた城に探しにいかせたところ、何とその赤ん坊は無事に見つかった。二つの大きな石のあいだで泣き声をあげていたのである。ちなみに後日談によれば、この赤ん坊はやがて「良縁に恵まれ多くの子を産んだ」という。年代記の書き手はこれを「本当の話」だと考え、ティーアシュタイン伯妃本人が生存しているのがその証だとする。これは神の尽きせぬ善性のしるしであり、同様に「多くの奇跡」が当時のバーゼルで起きたのだと請けあうのである。[40] そして言うまでもなくここに黙示録の入り込む余地はない。

地震後のバーゼルではしばらくの間、その惨禍の記憶に刺激され、書き言葉でも話し言葉でも、年代表示銘《クロノスティカ》や押印句がさかんに用いられた。たとえばバーゼルの『白の書（小）』には地震の年と日がこう示されている。「ルカの日、クリックムの年［クリックム cliccum は MCCCLVI = 1356 のアナグラム］／

揺れる大地が／汝に警告す」。年代記作者たちは、一三五六年の地震を読者や聞き手の記憶にとどめるべく、もっと謎めいた詩句を紡ぎ出している。「とげのあるバックル〔字形との類似からローマ字のM＝1000〕／三つの蹄鉄選び出す〔同様に蹄鉄からC＝100／これが三つで300〕／手斧が一本に〔同じく手斧の形からL＝50〕／賢い数〔聖書の「賢い乙女」の数＝6〕／そのとき〔＝上記四行より一三五六年〕バーゼルでいたるところ崩落せり」。(41)

7 地震とは──知識人たちの目から

地中にはベヒモス牛〔時に象、鯨なども〕、あるいは〔とぐろを巻いて〕みずからの尾ひれを口にくわえる巨大魚ケレブラントが棲み、その動きが地震を引き起こす──教養豊かなレーゲンスブルクの司教座聖堂参事会員、コンラート・フォン・メーゲンベルクはもはや、この種の荒唐無稽な話にくみしようとはしない。一三五〇年頃に成立し、ドイツ語で書かれていたこともあって多くの読者を得たコンラートの『自然の書』は、独自の観察にもとづいて到達した、自然についての「真実の」認識を伝え、それを伝統的な学識──地震の場合であれば、アルベルトゥス・マグヌスやトマス・アクィナスによるアリストテレス的な説明モデル──と結びつけることをその主たる目的としていた。(42)もちろんここでいう「真実」が、どのようなものであれ中世の枠を出るものではなかったのも確かなところである。コンラート・フォン・メーゲンベルクは、星辰が人間の運命に影響を及ぼし、宝石には魔術的な効力があると考えていたし、また海中に棲む怪物や驚異《ヴンダーメンシュ》の人間の存在を信じてもいた。しかし一方で彼は地震の原因について、合理的な法則にもとづく説明が可能であり、神は被造物にそれを授けておられるはずだとも考えていたのである。すでにボーヴェのウィンケンティウスも、中世におけるもっとも包括的な百科全書である『大きな鏡』(一二五六—一二五九)においてこう明言している。自然の記述や自然誌の課題は、「感覚で捉えることのできるものごとの、目に見えない原因」を探求することのうちにある。根本的には、自然についての経験的認識から出発するのではなく、自然それ自体の意志を探求することにあるという。トマス・アクィナスもかの『神学大全』(一二六六—一二七三)において、そうした行為を「空虚ではかない知識欲」と呼んでいる。そうではなく「不死の存在、持続的な存在への接近」をこそ追求するべきものだ。自然誌の記述によって神の被造物についてよく知り、それを実用に活かして、その宗教上の経験や救いの探求に利用することこそが肝要である、と。

そしてそもそも自然は、それ自体のために存在しているわけではない、とも考えられていた。というのも、この時代の宗教的形而上学においては、人間こそが創造の始まりにして終わりでもあったからである。神の造った世界においてその中心を占めるのは人間のみである。かたちあるこの世界、目に見えるもののすべては、人間のためだけに造られた。それゆえ中世の自然学の課題とはもっぱら、自然を神の記号として読み解き、理解することにほかならなかった。したがって、十七世紀半ばの最初の科学革命以降に見られるように、不変の自然法則の働きを観察し、数学を援用してそれを解明したり、物理学というしかるべき分析のための体系、つまり数学を自然に向けて利用するための体系を通して探求したりすることが目指されることはなかった。中世においてはむしろ、自然界において神の秘密を究明することこそが課題とされていたのである。それゆえ中世の自然学は、経験的知識と魔術の、あるいはきわめて正確な自然誌とキリスト教信仰の混合物であった。

コンラート・フォン・メーゲンベルク、ならびにその学識を受け継ぐ一派においては、地震は、地中の空洞にたまった靄《もや》が濃縮されかつ膨張することによって引き起こされる、というのが定説となっていた。そして星辰が、この地中にある靄の状態に影響を及ぼしているとされた。つまりその靄は、火星、「支えの父」なる木星、それに土星が、それぞれみずからの「宿《ハウス》」に入るたびに発生する。そしてそのために地中の圧力が大きくなりすぎるとやがて靄が暴発し、地震を引き起こすと考えられたのである。またメーゲンベルクは地震について、二つの種類があると述べている。一つは、舟が柔らかく波に運ばれるときのようなゆっくりとした揺れで、これはごくわずかな被害しかもたらさない。もう一つは、すばやく立てつづけに襲ってくる揺れで、「次々と握手を求められるときのような感じがするが」これは靄があちこち暴れまわることで引き起こされる。[43] そしてこの種の揺れは甚大な被害をもたらすのだという。

そしてメーゲンベルクは、この点ではアルベルトゥス・マグヌスに依りつつ、この地中の靄が活性化して暴発する前の、三つの「しるし」あるいは随伴現象があるという。一つめは、「何百何千の蛇のごとくにうごめきざわつく」音、あるいは「恐ろしげな雄牛のごとくに吼《ほ》えうなる」声。二つめは、太陽が目立って暗くなるか、または赤くなるかすること。そして最後の三つめとして、地中より、長期間とどまりすぎたために腐ってしまった有毒の靄が立ちのぼり、「そのために多くの人びとが死ぬこと」[44]。こうした有毒の「靄」という考え方は、十九世紀に入ってもなお、医学や衛生学の分野において、病因としての「瘴気《ミアズマ》」というかたちで受け継がれていたが、その発生や効力については、深い井戸においてこれを観察できるとメーゲンベルクはいう。長らく放置されていた井戸の場合、「手入れをしようと下りた掃除人のうち」最初の者が死んでしまうことがある、と。(45) また鉱夫に関してもメーゲンベルクは、有毒な瘴気の影響について、坑内ガスとは認識できていないにもかかわらず、経験的に得た所見を記している——彼らは頻繁に死に見舞われたり、酩酊したように振る舞ったりする、と。

こうしたみずからの観察と受け継がれてきた知識とを、メーゲンベルクは、一三四八年一月二十五日のフィラッハの地震に際し、その同時代人として実地で検証する運びとなった。同地では強烈な揺れのあと四十日にわたって余震が続き、そのために付近の山中では翌年にかけて、ひときわ大きな靄の塊が集まった。そしてこの有害な靄が、すさまじい揺れとともに解き放たれると、当時ヨーロッパを荒廃させつつあったかの疫病、ペストをこの一帯にもたらし、多くの犠牲者を出したという。十四世紀の人メーゲンベルクは、十九世紀の医師たちも同じ見解を示したことだろうが、「これらの死者が出た原因はすべて有害な空気にある」と断定している。(46) それはたとえば、ペスト患者の腋の下にできる腫脹を見ても明らかである、とメーゲンベルクは続ける。なぜならこの腫脹は「靄」で満たされているからで、それはまた、この疫病の大流行がはじめは港町から広がったことからもわかる。海は地中から流れ出た靄を「重く」また「湿った」状態して腐敗を進行させ、さらに毒性を強くする。ひどいときになると海水を有毒にしてしまうことすらある、というのである。フィレンツェのジョヴァンニ・ヴィラーニ〔一三四八没〕もまた、おそらくは一三四八年の初頭のことだろうが、同様の懸念をその筆ににじませている。その年代記にヴィラーニは、一三四七年にイタリアで起きた地震のこと、そしてごく最近に耳にしたフィラッハでの惨禍について記し、最後をこうしめくくる。「これを目にされている読者には、今ここで触れた地震にともなう大惨事と危機とて、神がその御心に決意されたさらなる出来事の重要な前触れにすぎぬことが、すでにはっきりとわかっておられることだろう」。しかしジョヴァンニにとってはまだ「世の終わりに現れる神のしるしと奇跡」としか見えていなかったものを、年代記を引き継いだ弟のマッテオ・ヴィラーニは、ペストの原因としてはっきりと名指している。そしてジョヴァンニ・ヴィラーニ自身も一三四八年のおそらく四月に、この病で息を引き取ったのである。[47]

さて、このように自身の観察にもとづいて「真実」とみなしうる自然の記述を営々と書き記す[48]メーゲンベルクにとって、ペストの原因はユダヤ人が井戸に毒を入れたことにある、などという、ヘテロ・ステレオタイプ〔型にはまった認知としての他者イメージ〕の風説は、とうてい受け容れられるものではなかった。ウィーンでは、ユダヤ人もキリスト教徒も同じように、多くがペストで命を落としており、ユダヤ人墓地を拡張しなければならなかったほどだったのだ、と彼はいう。司教座聖堂参事会員という身分上は、いうまでもなくユダヤ人とは敵対関係にあるが、だからといってかような「妄説」に耳を貸すことはできかねる、と。[49]またペストの原因を「靄」に求める点について、ウンブリアの医師ジェンティーレ・ダ・フォリーニョは、一三四五年三月二十日、火星、木星、土星が不吉な星位をとったことにより、病をもたらす「靄」が海や陸地から空気中へと吸いあげられ、それが「腐った風」として再び地上に吹きおろされたのだと説明するが、メーゲンベルクはこれも否定する。もしそうなら不吉な星位が去れば、疫病も消えるはずだからである。さらにこの司教座聖堂参事会員は、「神罰」という紋切型の考え方にも違和感を隠さない。もし神がこの世を、その罪のゆえに罰されるのであれば、いつそれを望まれるにせよ、「一瞬の出来事」として終わるはずで、このようにいつ果てるとも知れず「疫病の日々」が続くのはおかしい、とメーゲンベルクはいう。ハンガリー王ラヨシュ一世は一三四八年から四九年にかけて、〔弟の〕敵討ちのためにナポリ王国に遠征し〔ペストに遭遇し〕たが、飲み食いの足りたその騎士たちは「生気にあふれた」ままである一方で、巡礼たちをその筆頭に、空腹をかこつ者たちが「悪い空気」にあたって死んでゆく。「神罰」ならばこうしたことも起こらないはずではないか、と。

最後に、地震に関してもう一つ、メーゲンベルクが伝えているところを紹介すると、腐敗した靄とそれのもたらす揺れによって、「不思議な作品」が生み出されたことがあるという。すべてを呑み込む火の海、息ができなくなるほど降り注ぎ流れる灰、そしてとりわけ石になった人間や動物、といった類のこれに似た逸話は、おそらく火山の噴火にまつわる伝説から派生したものが多いと思われる。しかしメーゲンベルクは、実際に目撃された出来事として、少なくとも証人を引き合いに出しつつ次のように伝えている。オーストリア公フリードリヒの官房長が信に足る様子で語ったところでは、ケルンテン地方のアルプス高山地帯のとある牧草地で、「おそらくあわせて五十ほどの人と牛が〔……〕石になっていた。そのうちの一人の女牧者は、片手に手袋をして牛の下にしゃがんでおり、これは両者が石になった瞬間の姿勢がそのまま残ったものだろう」と。[50]

8 地震のあと——その翌日、救助と生存者、そして教訓は？

「その日のあと」の様子はどうだったのだろう？　一三五六年十月十八日の大災害のあと、バーゼルでは人びとの日常はどのように営まれていたのだろう？　生き延びた人びとは、どのようにふるまっていたのだろう？

地震のあとのバーゼルの運命について、その後の数日間、もしくは数週間の様子を伝えている年代記はほとんどない。ハインリヒ・フォン・ディーセンホーフェンがかろうじてその後の状況に関心を向けている程度であり、それによれば十月十八日から十九日にかけてのおぞましい時間帯のあと、十日間にわたって大火が猛威をふるいつづけたという。そして災厄を引き延ばすかのように、一三五六年の十二月二十八日、またしても地震が襲い、かろうじて残っていた多くの外壁を崩落させた[51]。余震については、コンラート・フォン・ヴァルテンコーフェンをはじめとする幾人かの年代記作者たちも伝えており、結局その年の終わりまで人びとに息つく暇も与えなかったようである。「それは時に大きく、時に小さかった」[52]。またシュトラスブルクのフリッチェ・クローゼナーによれば、当初バーゼル市民は誰も市内に入ることができず、庭園や畑に天幕を張って野営し、飢えと闘っていたという[53]。

だかそうした避難所暮らしは、いったいいつまで続いたのだろう？ 市参事会は一三五七年六月、ペーター広場ならびにフォアシュタット地区各所の小屋を、八月十五日までに取り壊すことを決議し、人びとは市内に移り住むことを余儀なくされているが、はたしてこれほど早い時期にもう転居が可能だったのだろうか？(54)

別の年代記やその他の史料を見ても、一三五六年に起きた惨禍の克服に関して、その状況に光をあてるというよりは、むしろヴェールで覆うような印象を受ける。大災害の後、シュトラスブルク、フライブルク（イム・ブライスガウ）、コルマール、シュレットシュタット、ミュールハウゼン、ノイエンブルク、ラインフェルデンといった町々が速やかに救援活動に入ったことは明らかだが、その記録となると一四二五年、コンラート・ユスティンガーによって記された『ベルン年代記』まで待たねばならない。とはいえこうした町々からの救援はバーゼルの人びとが「路地を片づける」助けとなったのだった。(55) また、すでに一三五六年十一月にはコンスタンツ司教区で震災救援の呼びかけがはじまっているし、オーストリア公アルプレヒトは、四百名の屈強な男たちを、シュヴァルツヴァルトからバーゼルに派遣したという。一方、震災後にバーゼルの市参事会は、いわゆる「五人衆」からなる建築監視委員会を設置し、また建築職人の賃金の上限を定めるなどの施策を緊急に講じている。なにしろ、ラインの両岸にまたがるバーゼルの市域全体で、一三五〇年頃だけでも補修または再建を希望する私的不動産が約一〇〇〇件にものぼっていたのだから、震災後ならなおさらであろう。市参事会はさらに木材の売買と仮設市場での取引を規制したが、これは一三五七年の初夏に廃止されている。また市内のいわゆるローンホフ・エックトゥルム地区における近年の建築調査では、家々の屋根の木組みを年輪年代法によって測定したところ、地震による建て替えを示唆する一三五七年という数字が何件かはじき出されたという。さらにこの時期のものとして、略奪者への市参事会の判決や、家の売買、借用書の紛失、市参事会による森の購入などに関する古文書が残る。そして一三六一―六二年分以降は、ついに市の会計帳簿も復活し、これは市の防備関係の設備の補修ならびに新設計画（一三六一―一四〇二）――このために一三四九年のユダヤ人大虐殺の犠牲となった人びとの墓石が何百も再利用された――などを伝える一方、そうしたきわめて重い負担を背負いつつも、市参事会の融資政策にはそれなりの余裕がうかがえ、いくぶん日常が戻りつつあることを感じさせもするのだった。[56]

V

飢餓

慈悲なき自然のみでなく……

Nicht nur eine ungnädige Natur : Hunger

1 貧しき人びとと飢え——乞食稼業とその実態

貧乏は盗賊のように
欠乏は盾を持つ者のように襲う。
——「箴言」（六：一一）

貧困と飢餓は、中世後期ヨーロッパの比較的大きな都市が例外なく抱える、もっとも重要な社会問題の一つであった。[1] そしてこの重苦しい現象に、税関係史料の助けを借りて取り組むにせよ、都市の古文書や法令を繙き、法的分類と規格化を視野に収めた上でのぞむにせよ、あるいはまた何人かの年代記作者たちに目を向けるにせよ、この問題が依然として重い意味をもつことに変わりはない。たとえば、ザンクト・ガレン修道院が一二二八年に「誰のものでもない子どもたち」と簡にして要を得た表現で名指ししているような、[2] 飢えに苦しむ子どもの乞食たちの数は驚くほど多く、クリンゲンベルクの年代記が一四三八年の大飢饉に際して書きとめているように、上ライン地方の大都市の路地を「頑丈な」若者たちが空腹を抱えて歩き回ったが、食べるための仕事にありつくことはできないままだったという。[3] 乞食たちは早くから、生活必需品を呼ぶ符牒を習っていた。lem といえばパン、

boszhart は魚、leberte は卵、wenderich はチーズといったぐあいである。バーゼルの市参事会は十五世紀の半ばに、「良きポリツァイ」を目的としてこうしたぺてん師（giler）と放浪の乞食（lamen）の「隠語」（Rotwelschen）の語彙集をまとめさせている。(4) しかしその言葉を話す（barlen）者たちがその頃、日々のパンにありつけていたかどうかはまた別の問題である。

そうした路上生活のくさぐさについて聞き知るべく、またしてもかのブルカルト・ツィンクに、今回はみずからの人生の語り部《クロニカー》として語ってもらうことにしよう。若いブルカルトにとって、貧困は「運命にして生活環境そのもの」であったが、しかしそれが「神が望まれ、よしとされている状態」――中世後期の慈善団体の設立などの折に散見する表現――などでないことは、骨身に染みて確信していた。(5) 定住地をもたない遍歴の学徒として、ツィンクは長年にわたり、故郷のメミンゲン周辺の南ドイツ諸都市を放浪した。(6) それはパンを求めての放浪であった。というのも教養は、ツィンクを含む多くの者にとって「飢えの代わりに手に入れる」ものだったからである。(7) そして貧窮ゆえに多くの者が物乞いをせざるをえなかったが、いうまでもなくそれとて「学び身につける」必要があるのだった。(8) 乞食の変種ともいうべきこうした学生は、生き延びるための小さな、しかしきわめて重要な方便を手にしている分、十五世紀においては、他の浮浪人に比べて格別に有利な立場にあった。(9) しかし、財をなした帝国都市の年代記作者であるブルカルト・ツィンクにとって、若い頃の物乞い生活は、とてつもない社会的転落にほかならず、困窮のあまり「学び身につけた」こととはいえ、思い出すだに耐えがたいほどの恥辱の念に襲われる、という以上のことを意味するものであった。

貧困については、社会現象としてじかに捉えうるだけでなく、貧しからざる人びととの間での捉え方からもその輪郭を浮き彫りにすることができる、という指摘が正しいとすれば、[10] 貧困や窮乏の対極に位置する概念である市民にとっての名誉は、何よりもまず、その人物が近隣において、小教区において、また都市全体において、どのような評価を得ているか、という点に左右されるところが大きいのであった。それはウィーンでもロンドンでもバルセロナでもニュルンベルクでも、そしてまたメミンゲンでも同じであり、「自由な」乞食は、遅かれ早かれ、社会の「周縁領域」へと追いやられることになった。[11] 一個人にまつわる噂、評判は、その者を受け容れるか排除するかの判断と密接にかかわるものであった。ブルカルト・ツィンクはその点、かつてみずからが手を染めた物乞いという行為が、社会的に見て排除に値しており、市民の血縁関係や社会集団から締め出されかねないものであることをよくわきまえて述懐する。「物乞い(perlen)に身をやつしたことは恥じ入るばかりである」と。一文無しになるまで、ツィンクはむしろ空腹に耐えるほうを選んでいだという。粗末なパンを一つ買ってさらに細かい「かけら」に切り、日に一度の食事にそれを一つずつ口にした。ビーベラハでは宿泊先の「羽振りのよい」靴屋に勧められもしたが、それにも耳を貸さなかった。「名誉ある男」であるその靴屋は「ここの人びとは貧しい学生には気前がいいぞ」と請けあったのだったが、それでもツィンクは「決して物乞いはしなかった」。[12] しかしエーインゲンで学校に通ったことで、はじめて彼は宗旨替えをしたのだった。同じ境遇の仲間の徒党に加わると、[13] 年上の遍歴学生を範と仰ぎ、この町のあちこちでパンのために歌いはじめた。つまり、遍歴学生の生存のための集団が支えとなり、受け容れられることで連帯感が生まれたのだ。ツィンクは年かさの学生たちと行動をともにし、「気にいられた」。「歌いながら喜捨を求めるドイツの乞食[14]」となったわけだが、そうした最下層の、しかも学生たちが非公式につくったその場限りの集団であったにもかかわらず、そこには稼ぎによるヒエラルキーが存在し、ツィンクはまずまずの地位を占めることができた。「私は物乞いで四人分以上の働きをした」――つまりは抜け目なさが物を言ったのであり、これはのちに年代記作者が商人としてまた市民としての地歩を固めてゆく上でも、決定的な役割を果たしものにほかならなかった[15]。それゆえ、歌う物乞いとして「食べていくに十分な稼ぎを得ていたのだから、以後もはや恥じる」気持ちはなかった[16]と彼はいう。それこそは宿無しと貧困の定めにあって日々の糧を得るための頼みの綱だったのだ。

バーゼルで印刷業者と教師を兼ねたトマス・プラッターは、物乞いに関してこれとはかなり異なった見解を示している。一四九九年二月、〔スイスの〕ヴァリス地方の農家の子として生まれたプラッターは、七歳にして父を亡くし、八歳のときにいわゆる里子として他の農家に預けられ、高原の牧草地でヤギや牛の番をして細々と生計を得ていた。九歳になると修業のためある司祭に預けられたが、その後一五一三年頃に、親類の遍歴学生パウルス・ズンマーマッターの一団と行動をともにするようになった。そして幼いトマスはこのあと長年にわたり、いわば乞食奴隷さながらに、この学生を「養って」ゆかねばならなくなる[17]。パンに乏しく、それ以上に学問と縁のなかったその放浪の旅で、最初に立ち寄ったのはルツェルンだった。この町で「私は物乞いをし、パウルスを十分に食わせることができた」とプラッターはその回想録に綴っている。「というのもとある居酒屋に顔を出すと、そこの客たちは私がヴァリス方言を話すのを聞きたがり、心づけをはずんでくれたからである」[18]。トマス・プラッターの場合、これを恥じている様子は微塵もない。しかしパンや肉やワインがふんだんにある愉しい日々はまれにしかなかった。十年にも及ぶ長い遍歴学生としての旅の間、次々と落ち着きなく居場所を変える一行に絶えずつき従う道連れは「空腹」であり、それどころか「空腹が料理長」つまり食いっぱぐれることもしばしばだった。プラッターはそうした苦境について饒舌に語っている。ドレスデンからブレスラウに向かう遍歴の間、この一団は「何日間か塩をかけた生のタマネギしか口にしないこともあれば、煎ったドングリ、鬆《す》の入ったリンゴやナシ〔だけ〕を食べ続けたこともあった」。また数年後のウルムでは、空腹のあまり「路地をうろついていた犬から骨をかすめとってそれを齧ったこともあれば、学校で床板の隙間にたまったパンくずをかき集めて食べたこともある」――乞食稼業で日常的に空腹と戦い、浮いたり沈んだりの悲惨な境遇であった[19]。

2　生活保障の崩壊と「公益」
——一四三七年から四〇年にかけての大飢饉

彼らは飢えてやせ衰え
熱病と激しい病魔のために弱る。
わたしは野獣の牙を。
地を這う者の猛毒と共に彼らに送る。
——「申命記」(三二：二四)

それゆえ、一日のうちに、さまざまの災いが、
死と悲しみと飢えとが彼女を襲う。
また、彼女は火で焼かれる。
彼女を裁く神は、
力ある主だからである。
——「ヨハネの黙示録」(一八：八)

飢饉、あるいは同時代の人びとの表現でいう「不作《トイエルング》」は、疫病——飢饉と同時に襲うこともある——とともに、とりわけ近代以前のヨーロッパ史を、「戦争と平和」以上に特徴づける要素となってきた。[20] 中世初期以来、飢饉の年は無数に近くあり、恐怖の念をともなった深い爪痕をヨーロッパに残

してきた。そうした「旧型」の食糧危機（エルネスト・ラブルース〔一八九五―一九八八〕）は、一八一六年から一七年にかけて、また一八四六年から四七年にかけて起こったものが最後だろう。これらの危機は「原因、経過、影響」というそれぞれの局面において、その根本原因を「産業化以前の生産形態や経済形態」に見出すことができる。つまり穀物栽培において単式農業が圧倒的であることや、輸送手段の未発達によるところが大きいのである。食糧生産の多様化があまりに不十分で弾力性がなく、危機に際して簡単に供給が止まってしまう。またいわゆるインフラの不備は、凶作の際のすみやかな超地域的措置を妨げる。それゆえ不作の年には、主たる食糧にしてカロリー供給源である穀類の値段がごく簡単にはねあがることになった。貧困層の属する社会集団においては、肉などの需要の多い食糧を買い求めるということもできなくなってしまうからである。[21]中世後期の都市においては、全納税人口の五〇から六〇パーセントを、こうした無産またはごくわずかな財産しかもたない階層が占めていた。[22]一方、十五世紀の中央ヨーロッパを襲った重大な食糧危機、大飢饉を数え上げてみると、一四〇〇年、一四一五年、一四三七―三九／四〇年、一四六〇年前後、一四八〇―八三年、一四九〇―九一年、そして一五〇〇年前後となる。つまりこの時代にはあらゆる世代が少なくとも一度は、社会全体が飢えに怯える時期を経験していたのである。

とりわけ一四三〇年代は、短期間に次々と食糧難が押し寄せた深刻な危機の時代であり、そのピークとなったのが一四三七年から四〇年であった。一四三一年以降、本格的な寒冷期が到来した。[23]ひどい寒さ、冬から早春にかけての大雪、それに遅霜といったその徴候は、年代記作者たちの記述からもうかがうことができる。エバーハルト・ヴィンデッケは一四三六年から三七年にかけての冬がことの

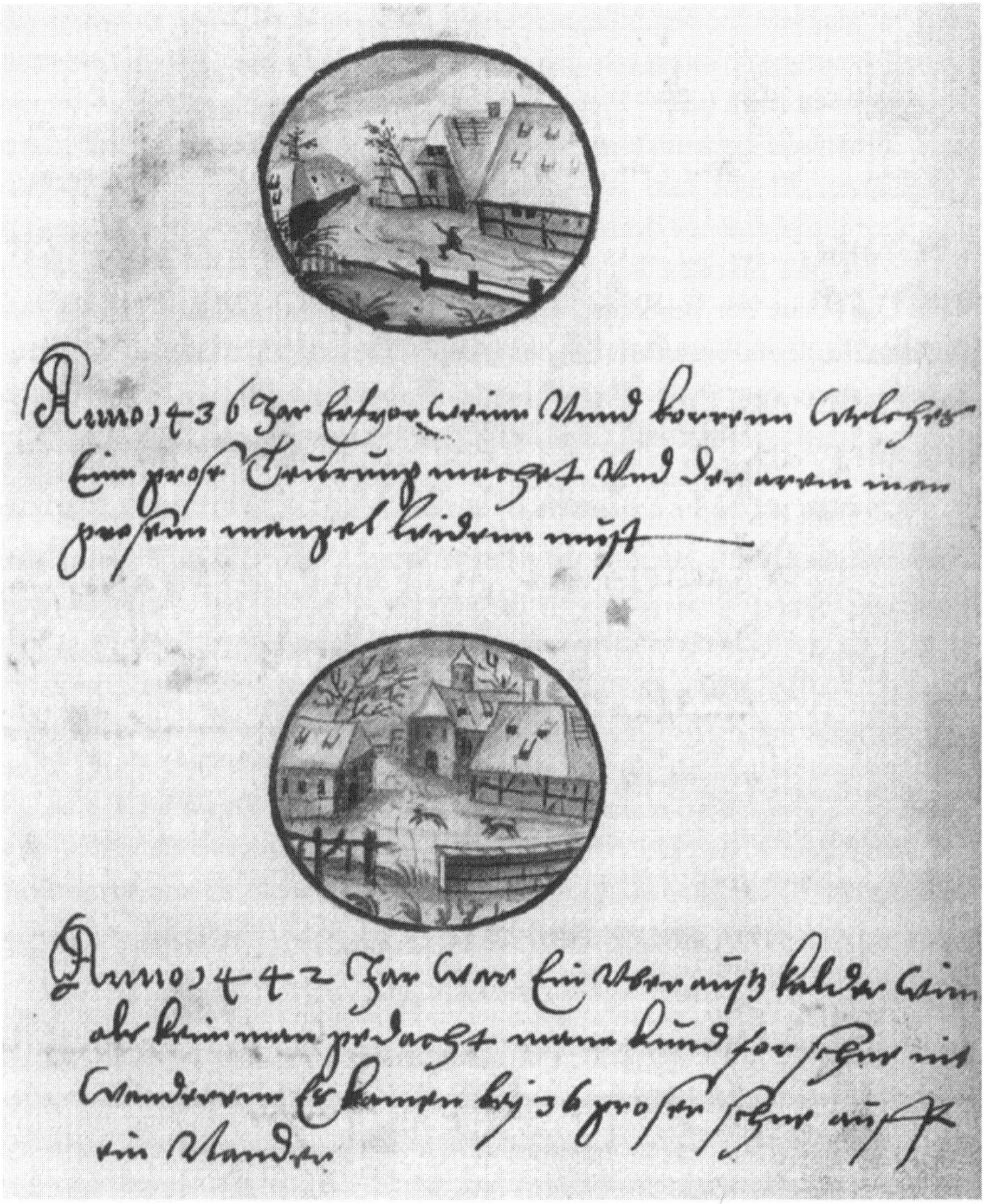

寒冷期を伝える素描
ニュルンベルクでは 1436 年、ぶどうと穀物が冷害にあい、
1442 年はひときわ厳しい寒さの冬となった。
（Christian Jörk, *Teure, Hunger Größes Sterben*. Stuttgart 2008 より）

ほか寒かったと記しているし[24]、パリの一市民の日記によれば、一四三〇年代には冬の寒さのせいで、腹をすかせた狼たちがこのセーヌ河畔の町の北のはずれに姿を見せるようになった。そして一四三九年十二月十六日には、パリの女性四名と、付近一帯に住む女性一七名が狼の群れに襲われ、瀕死の重傷を負ったという[25]。パリの状況はこの間、イル・ド・フランスをめぐるフランス王家とイングランドの戦闘のゆえに、いっそう切迫したものとなった。一四三八年のはじめ、パリではパンとワインの値段がいよいよ高騰し、先の日記によれば「パンをたっぷり食べることができるのはほんの一握りで、貧しい人びとはそもそも、恵んでもらいでもしない限りはワインも肉も口にできなかった。彼らはパンを焼くこともかなわず、白カブやキャベツの芯ばかりを食べていた。毎日毎晩、小さな子ども、それどころか男も女もまた、口々に叫んでいだ――死んでしまう、ああ恵みぶかい神さま、ひもじさと寒さで死んでしまいます！」[26]。

　世界のたががはずれ、ありとあらゆる矛盾であふれかえっていた。疫病の場合はまだ、生き延びた者にとっては、つかの間幸運なひとときを過ごすことができた。ペスト禍をやりすごした一四二〇年の秋、ブルカルト・ツィンクは「何もかもが安くなった」と書いている。一シェッフェルあるいは約一五〇キログラムの穀類（パン小麦）が七五プフェニヒ、一プフントあるいは四七二グラムの肉が質の悪い貨幣で一プフェニヒ、一マースあるいは約一リットルのコッハータール産の安ワインが三ヘラー、よいワインになると一リットルあたり三から四プフェニヒ。また荷馬車一台分の薪が二七から三六プフェニヒで、ペストの年は貧乏人向きともいえた、とツィンクはいう。「生き延びることのできた者は皆豊かになった。あまりに多くの者が命を落としたからである」[27]。これに対して凶作の年には、限られた入荷経路しかもたない都市の市場における穀類の値段は猛烈な勢いで高騰した。そうなると住民の大半は雑穀を使ったパンやプディングの類しか口にすることができなくなる。穀類、エンドウ豆、その他の豆類を使って、今日のウガンダで食されている「ポショ」（トウモロコシのプディング）や「マトケ」（バナナの煮物）によく似た食べ物「キュッヘンシュパイゼ」（Küchenspeise）をつくり、飢えをしのいだのである。一四三〇年代のすさまじい価格騰貴の波はアウクスブルクにも及び、ブルカルト・ツィンクはそれを詳細に書きとめている。一四三三年、一シェッフェルのライ麦（約一五〇キログラム）はまだ一三六プフェニヒだったが、七年後にはこれが一二〇〇から一三二〇プフェニヒにはねあがった。[28]比較のために同じツィンクの記述から引いておくと、アウクスブルクの「貧しい民」の日雇い賃金は、一〇から一二プフェニヒだったという。[29]

中世後期のドイツ諸都市における栄養摂取の状態に関する研究によれば、「ある程度安定した生活環境にある」成人は一年間に、平均して一人あたりパン用の穀類二〇〇キログラムに肉類五〇キログラム、またワインは一人一日あたり一・三リットルを消費していたという。[30]ここから仮説的に導き出される一人一週間あたりの消費量は、穀類三・五キログラム、肉類九五二グラム、ワイン九・一リットルで、一四三九年にはこれらの基礎的な栄養のうち穀類のみに限っても、二八から三一プフェニヒが必要だった。一方、ツィンクのいう「貧しい民」が日雇い労働者として週に五日——聖人の祝日が多いこともあって、これが中世後期の平均的な数字だった——仕事に出ていたとして、その稼ぎは週に五〇から六〇プフェニヒ。[31]しかも、毎日もしくは年間を通じて仕事にありつけるのは当たり前のことではなかった。大災害に見舞われた年に、ただ生活を維持するだけのことがどれほど難しく、また

アウクスブルク大聖堂の聖クリストフォルス像
聖人の衣装の縁には、大飢饉と疫病の年である 1491 年の穀物の値段が書き込まれている。
(Christian Jörk, *Teure, Hunger Größes Sterben*. Stuttgart 2008 より)

その生活がどれほど直接の脅威にあふれたものであったかは、この数字の著しい不均衡をみても一目瞭然であろう——その賃金と物価の鋏状価格差は破滅的というほかはない。

さて、ではそうした危機に対する備えはどうだったのだろうか？　人びとはなにがしかの蓄えができていたのだろうか？　またはたして都市はパンや小麦をもって、救いの手をさしのべたのだろうか？

トマス・プラッターは、バーゼルにどっしりと腰を落ち着ける前の一五二九年頃、ワインを小樽ごと買い求めたことを誇らしげに書きとめ、今となっては私も妻も想像もできないが、私たちはなんと貧しかったことだろう、何しろパンもワインも抜きの食事をしていたのだ、と述懐している。[32]しかしプラッターはその当時ですら、いくらか上の階層に属していたのだった。十五世紀の上部ドイツの諸都市では、二五から四〇パーセント超の住民が、食糧の蓄えをまったくもっていなかった。また一四〇八年のアウクスブルクでは、全世帯のうち約三四パーセントが財産税の課税を免れていたが、一四七五年にはこの数字が六六パーセントに跳ねあがる。[33]こうした人びとは、文字通り「手から口へ」のその日暮らしであった。十五世紀のニュルンベルクでは、都市の建築職人や日雇い労働者たちに、土曜日の昼前に、その週の賃金が支払われたが、これはその妻や子が、週末の市に早めに出向いて、生活必需品を安く確保できるようにと配慮したものであった。[34]

これに対して裕福で権勢を誇る人びとは、領地で農奴から受領した現物貢租のいくらかを都市内に移し、みずからの邸宅の屋根裏にうず高い穀物の山をつくって保管していた。フランクフルトの都市貴族アルノルト・フォン・ホルツハウゼンは一四八八年、その屋敷に二五〇から二六六トンのパン用の穀類を積みあげさせていたという。このようにあからさまな格差が目立つ一方で、それなりの規模の都市においては、「少なくとも例外的な事態に備えて」人びとの間で「すべての住民が次の収穫の時期の先まで養えることが確実なだけの」穀類を保管しようとする動きを見てとることもできる。[35] とはいえもし出来るならば、飢饉の折にはともにある他の住民を助けていかねばならない、という見解で「権勢を誇る」都市の指導層が一枚岩であるとは限らなかった。われらが目撃証人たるブルカルト・ツィンクは、その年代記において絶えずみずからの飢えや物乞いの経験を話題にし、また穀類不足の危機、肉類の高騰、果物の不足などをくまなく伝えてくれてもいるが、話がヘルバルト・フィデラーなる人物に及ぶと、とたんに口調が険しいものとなる。というのもこの男は、一四三八年から三九年にかけての飢饉の折、みずからの倉庫にうなっていた穀類を、私利私欲にかられて——つまりまだまだ値が上がると踏んで——一粒たりともアウクスブルクの市参事会に売ろうとしなかったのだ。[36]

　また大都市になるとみずからも穀物倉庫を準備しており、たとえばニュルンベルクでは最大で「四か月分余り」の蓄えを確保していたという。[37] とはいえこうした公《おおやけ》の備蓄制度はいまだまったく体系化されておらず、個人の備えに比べるとはるかに遅れをとっていた。加えて資金不足や社会政策の必要性についての理解不足が、市参事会の判断を大きく左右する面もあった。それはたとえば、一四四五年バーゼルの市参事会において、穀類の大量購入の財源とするための財産税の導入が、次のような理由で見送られた一件などを見ても明らかだろう。「本件はひとえに貧しき民のため、彼らに穀類を与えようとするものだが、かたや富裕層の側ではこれは自力で解決可能なところかと思われる」[38]——

十五世紀においては「われわれ市民は、貧しき者も富める者も」というかの定型句もすっかり忘れ去られようとしていた。
しかし一方、アウクスブルクの市参事会は、一四三八年から三九年にかけての飢饉に際してすばらしい対策を講じており、ブルカルト・ツィンクもこれを高く評価する。ここでは「お偉方」も参事会室にぬくぬくと腰を落ち着けているばかりではなく、市内で騒擾が起き治安が乱れることへの恐れから、公益に資するべく早くに次のような決定がなされたのである。「貧しい民が穀類を手に入れ、飢えによって命を落とさずにすむように」穀類の調達を行う、と。市場に公的に介入することで、価格の抑制がはかろうとしたもので、ブルカルト・ツィンクはこの当時、この帝国直属都市の穀物政策——公的な倉庫の設置、私的な備蓄を含めての在庫調査、実際の売買の判断——を監視する立場にあり、市参事会員たちの活動をつぶさに目のあたりにしていた者として、この「オーストリアからもたらされた穀類」について詳細に顛末を語っている。[39]
まずアウクスブルクに、オーストリアならびにモラヴィアでは穀類がだぶつき気味との情報が入る。加えてウィーンの穀物市場では扱い高が多く、値段も安いと伝えられたこともあり、市参事会はすぐさま二名の使節をウィーンに送る。するとたちまち、一四三八年から三九年にかけての冬までに、約二〇〇〇桶、あるいは三〇〇トンのライ麦と小麦、それにムース（粥）にするエンドウ豆を三〇シェッフェル分（四・五トン）の買い付けが決まる。そして荷は船でドナウ川からイーザル川を経てランツフートまで運ばれたが、ここで思わぬ邪魔が入ることになる。バイエルン・インゴルシュタット公ルートヴィヒ七世（髭公）〔一三六八頃—一四四七〕が、アウクスブルクの荷が領地内を通過することを拒否したのである。このバイエルンの領主はすでに一四三八年の初頭、ネルトリンゲンに対しても同様の厳しい通商政策を遂行しており[40]、ブルカルト・ツィンクは、この「不実な領主」への怒り、封建君主の我欲への怒り、そして一〇〇〇グルデン（！）にものぼる追加の出費への怒りに――書き下ろしているのはずいぶん後のことであるにもかかわらず――身を震わせている。追加の出費は、ランツフートにおける穀類の保管費用と、小分けにしてバイエルン・インゴルシュタット公領を迂回する輸送費がかさんだものであったが、ともあれこうしてゆゆしき遅延の果てに、一四三九年五月、ようやく使命が果たされたのだった。「領主たる者がかかる所業に及んだことは末永く記憶にとどめ、領主の名もまた決して忘れてはなるまい。以上！」[41]。

こうしてアウクスブルクの人びとのもとに届けられた穀類の原価を、ツィンクは輸送費込みでシェッフェルあたり九プフントと見積もっている。一方、当時のアウクスブルクの実際の市場価格は一〇から一一プフント、時に一二プフントになることもあった。そして市参事会はそこへ、今回の穀類を九プフントあるいは一〇八〇プフェニヒのままで提供したのだった。これは市場価格をかなり下回る上に、ツィンクが請けあうところでは、その一シェッフェルをすりきり一杯（約一五〇キログラム）で計ってのものだけにいっそう破格といえた。ツィンクは満足そうにこう断言している。「これは貧しい人びとの役に立ち、また助けとなった」。この穀類は聖ヤコブの日、つまり「新しい穀類が届けられた」一四三九年六月二十五日まで売られた。そしてツィンクがいうには、農民たちはこの新たに収穫した分にもシェッフェルあたり九プフントの値がつくことを望んだのだったが、アウクスブルクの市参事会はツィンクに、前年の残り――約二八トンのライ麦および小麦――をシェッフェルあたり六プフントで市場に放出するよう命じた。そしてツィンクが賞賛してやまないこの介入によって、その幸福な夏の間、穀類はシェッフェルあたり三プフントまで値を下げたのだった。「神に感謝」――最後にこう年代記作者は書き添えている。(42)

大災害の続いた一四三〇年代の終わり、それまで市参事会の重鎮に一貫して批判的な目を向け、一市民の立場で年代記を綴ってきたブルカルト・ツィンクは、その記事をこう締めくくっている。「このことは誠意をもって書きとどめておかねばならない。もしかの栄誉ある都市アウクスブルクが用意した穀物なかりせば、貧しい人びとの間に餓死する者が多く出たことだろう。というのも私の見るところ、かの介入がなかったならば、ライ麦の値はシェッフェルあたり二〇プフントもしくはそれ以上にまで跳ねあがっていたにちがいないから」(43)。しばしば興の向くまま、日々の天候やら私闘《フェーデ》やらその年の収穫やらと書き散らす癖のあるこの年代記は、一方でかように筋の通った背景をもつゆえに、中世後期における都市の窮乏の、信頼すべきバロメーターとみなすことができるのである。

VI

火災

燃える都市
救命と消火

Das Menschen und das Feuer:

Brennende Städte – helfen, Löschen

プロメテウスは水と土から人間を象り、ゼウスに秘して巨茴香《おおういきょう》の茎の中に火を隠して彼らに与えた。

——アポロドロス『ギリシア神話』（一：七：一、高津春繁訳、一部表記を改変）

第一の天使がラッパを吹いた。すると、血の混じった雹と火とが生じ、地上に投げ入れられた。地上の三分の一が焼け、木々の三分の一が焼け、すべての青草も焼けてしまった。

——「ヨハネの黙示録」（八：七）

1 燃える都市

——一四七六年五月九日、フランケンベルクの大火

「一時の鐘が鳴った頃あいに」ウンターマルクトに面した、スレート葺きの立派な角屋敷から火が出て、またたく間に旧市街全域を呑み込んだ。一四七六年五月九日、北ヘッセンの小都市フランケンベルクでのことである。そしてこの火災を、ヴィーガント・ゲルステンベルクが目撃、みずからの都市年代記にその一部始終を書きとめた。ゲルステンベルクは一四五七年フランケンベルクに生まれ、エアフルトで自由七学芸、ことにラテン語を修めると、祭壇付司祭として故郷の聖母《リーブフラウエン》教会に着任

した。一四九四年から一五〇六年までの間、断続的にヘッセン＝マールブルク方伯の宮廷に礼拝堂付司祭として出向いたが、それ以外は終生、同教会の聖職禄にあずかった(1)。都市年代記を書き終えたのは一五〇六年、最後に方伯の宮廷を辞し、エーダー川のほとりの生まれ故郷に戻った頃のことである。とりわけその一四七六年の大火についてのくだりは、十五世紀にドイツ語で書かれたルポルタージュの白眉といえよう(2)。

ゲルステンベルクの観察は正確で、出火、およびそれが燃えひろがった原因として、四つの点をあげている。それまで何週間も暑い日が続いて、すべてが乾燥していたこと。加えて市中には水がなく――エーダー川から水が引かれたのは一五〇二年のことである――消火のしようがなかったこと。三つめは出火当時、市中に人がほとんどいなかったこと。それは家の中も路地もちょうど空っぽになってしまう時間帯で、農業がさかんでまたそれへの依存度が高い中世後期の小都市にありがちなように、ほとんどの人が市の外に出て、畑や牧草地で精を出していたのである。そして最後に、出火直後に突風が吹き、火を市中にまんべんなく拡げていったこと。ここで注目しておきたいのは、ゲルステンベルクが、火の回りが早かった理由として、木組み造り《ファッハベルク》の家が目立ったことや藁葺き屋根の多さをあげていないことである(3)。

ともあれ、火はまたたく間にフランケンベルクの市中をくまなく焼き尽くした。市中に残っていたわずかな人びとは、抗う手だてもなくただ火と向き合っていた。女たちや子どもたちはエーダー川から手桶で水を運んだが、まったくの徒労に終わった。屋根に登って「水をかけ、叩き、火を消そう」

とする者もいたが、これも無駄だった。市外に出て畑で働いていた者たちは慌てて駆け戻り、また近隣の村々からも人びとが駆けつけたが、いずれも役には立てず、救援はすべて遅きに失した。一三五六年の〔大地震の折の〕バーゼルと同様に、倒壊した家々の瓦礫で路地は通行不能となっていたのである。やがて市庁舎が火に包まれ、弾をこめたままそこに据えられていた大砲から爆音が轟くのを、あるいはまた庁舎の一角を占める文書庫に収められた、共同体の記憶の数々や証書類、特権状などがすべて灰燼に帰すのを、人びとはなすすべもなく眺めていた。火はさらに午後四時頃、つまり出火から三時間後には、教区教会へと燃え移り、内陣の塔の鉛瓦は灼熱の炎に溶かされ、屋根の雨樋の吐水口からは、雨水のように溶けた金属が流れ落ちた。そして火はさらに新市街へと移っていった。

残った人びとも最後には町から逃げ出した。幾人かの老人や子どもたちが、城跡の広場に一旦助け出されたが、今度はそこで熱と煙にやられ、塗炭の苦しみを味わうことになった。一方、家畜だけは揃って無事だった。「馬、雌牛、豚、ヤギ、ガチョウなどの面々」が、午後遅くにいつものように放牧地から戻ってみると、門という門が閉ざされてしまっていたのである。

自然の猛威をいきなり目の前に突きつけられ、ゲルステンベルクは、大災害の爪痕を前に立ちつくす他の年代記作者たちと同様に、人間の営為のはかなさを痛感する。フランケンベルクではようやく午後六時頃になって、いまだあちこちで残り火がくすぶるなか、焦土の点検がはじまった。「二つの街区で、三つの教会、そして家々がその財産ごとすっかり」焼失した。焼けずに残った建物や路地は──ゲルステンベルクはそれを詳細に記録しているが──数えるほどだった。(4)

2 目撃者としてのヴィーガント・ゲルステンベルク
――その見聞と記述のあいだ

ヴィーガント・ゲルステンベルクの叙するフランケンベルク焼失の情景は、一見したところ臨場感にあふれた現場報告と読めるが、しかし実際には、これは決して被害の調査報告書として書かれたものではない。年代記作者がこだわるのはまず第一にみずからの語る「歴史」のリアリティであって、その意味で「損害」は「甚大」、それどころか「壊滅的」でなければならない、という一面もある。とはいえたしかに、それが現実のままであるにせよ、あるいは何らかの脚色を含むにせよ、驚くべき光景を物語るにあたって、ゲルステンベルクが犠牲者について比較的詳細に書きとめていることは特筆しておかなければならない。(5) しかし一方でそうした描写の背後に、中世後期から近世初期にかけての大災害の記述におなじみの調子が見え隠れする。それは未曾有の惨禍を神の怒りのしるしと見る、あの発想なのだろうか?――一見したところそう見えなくもない。というのもゲルステンベルクは、一四七六年に起きた惨禍の連鎖という以上の意味を込めて、町に「次々と降りかかった災厄」に触れているからである。(6) ゲルステンベルクは、六世紀の神話的な闇から語り起こして、フランケンベルクの「歴史」の全体像を、息もつかせぬ「災厄」の連続として描き出す。搾取に余念のない小貴族や盗賊まがいの領主による悪質な私闘《フェーデ》の数々、貴族にたいする都市フランケンベルクのみじめな敗北、そして大火災、ペストの蔓延、飢饉がつづく。そして、このように構成しなおされ、「歴史」として語りなおされた大災害の「因果律の鎖」[7]の、形式上構成上の劇的効果を集中させた頂点に置かれているのが、一四七六年の大火と、もう一つ、一四八三年から一四九九年にかけての領主の悪政――ゲルステンベルクの描くところでは無法そのものであった――によってフランケンベルクの町が蒙った、とてつもない、言語道断の損害の数々なのであった。ゲルステンベルクがかつて、その領主たるヘッセン＝マールブルク方伯ヴィルヘルム三世の宮廷に聖職者として仕えていたことを考えあわせると、これは実に興味深い総括であるといえよう[8]。

フランケンベルクの歴史における災厄の数々は、この年代記作者にとっては、驚くべきことに、第一義的には神意のしるしや黙示録的予兆――これまでも何度か出てきたように、中世の人びとのイメージ世界に浸透し、その根源的な不安の源になっていたとされるもの――ではなかった[9]。ゲルステンベルクの「歴史」は、別の見取図にしたがって書かれており、フランケンベルクの歴史における惨禍を、むしろ歴史的なもの、ほぼ世俗的な世界にのみかかわるもの、少なくとも因果律によって、あるいは同時代の政治的規範という文脈において説明しうるものと捉えていたのだった。こうした悲惨きわまる事態において人びとに庇護の手を差しのべうるのは、旧に変わらぬ共同体の秩序のみである、とこの聖職者はいう。「平和」と「協調」、地に足のついた穏やかな共同生活と一枚岩の連帯、市民にして同志という規範的文化的なイメージをもってあらゆる災厄に立ち向かうこと――これこそ彼が信条とするところであった。ゲルステンベルクはその年代記を、その冒頭に言挙げされているとおり、ある明確な目的のための「記憶として」[10]記そうとしたのであった。すなわち「町にとっての公益のために生きること、それを改善し、養成すること、そしてそれをよき統治として、調和のうちに実現させること」[11]のための記憶として。

「公益」(Gemeine Nutzen)[12]——中世において広く「政治的行動の正当性を担保する包括的な概念」ともみなされ、いわば共同体という存在が「具現化された形態」[13]ともいうべきこの観念は、ゲルステンベルクにとっては、共同体に「神とこの世界」に背を向ける腐敗をもたらす「私益」(eigin nottz)に、持続的に対抗するための明確な武器だった。彼にとってそれは、相互補完的な概念である「生活上の必需」(Hausnotdurft)ともども、共同体ならびに都市住民が、自然の猛威や貴族・諸侯の「領主の利益」——に対抗して、その「自由」と「財産」が脅かされることのないよう、みずからを主張してゆくことに他ならないのであった。福利と平和は、ゲルステンベルクによれば、すべての市民の助け合いのうちに、共同体の連帯のうちに実現される。[14]そしてこの瓦礫と災厄の町の歴史は、「来し方」の具体例を示すことで、フランケンベルクの町が現在をいかに克服すべきかを指し示し、根拠づけ、正当化する。[15]この正当化によって都市の共同体はその未来を得る、ゲルステンベルクはそう考えたのである。ちなみにブルカルト・ツィンクはこれと似た意味で、そのアウクスブルク年代記において、チロルのハルでの大火災——五〇名以上の死者を出したという——に触れつつ、これを、連帯の欠如と「公益」の軽視が招いた結果と断じている。ハルの町は火災によって壊滅したが、それは「市民が[……]互いに反目しあい、しばしば騒動を起こしていた」からである。「そのために彼らは、それぞれ小銃と火薬を家に装備していたのだから」[16]。またベルンの年代記作者コンラート・ユスティンガーは、甚大な被害をもたらした一四〇五年のベルンの大火を、市民の平等という観念――「公益」と補完的な関係にある――と結びつけようとする。この基本原則が遵守されなかったゆえに、神はこの都市共同体に裁きを下したのだ、と。(17) つまりこの場合「公益」の概念は、世俗の政治的枠組みというよりは、神の世界に引き寄せて考えられている。神はみずから定めた規則が守られているかどうかを見張り、それに従わない者を罰する、というわけである。

3 フランケンベルク、恐怖の日の夜、そしてその翌日

ヴィーガント・ゲルステンベルクは、当事者かつ目撃者として、出火後の様子と同様、都市フランケンベルクが復興への歩みをはじめた数か月間についても書き綴っており、それは全体として、ひとつの「家なき家計《オイコノミア》」(18)、崖っぷちの生活、むきだしの避難生活についてのまとまった報告となっている。一四七六年五月九日の午後遅く、フランケンベルクの市民たちは「異教徒かジプシーのように」市門の前にへたりこんでいた。いたるところに無秩序、それどころかカオスが拡がっていた。食べるものは何一つなく、飲み物も見あたらなかった。「素っ裸で」腹を空かせた子どもたちが金切り声をあげるかと思うと、「被害の大きさを歎く老人の叫び声が聞こえた」。主のない馬が野を駆けまわっていた。

しかし翌日になると人びとは早くも腰をあげ、後片づけをはじめた。地下室にまで火が回らずにすんだ家々では、どうにかそこが使えるように整えられた。聖職者と老婦人は、焼け残った校舎に落ち

着いた。それ以外の市民や住民は、五、六世帯ごとにまとまって、焼けずにすんだ屋敷あるいは納屋に避難しようとした。多くの人びと、とりわけ未婚の若者たちはフランケンベルクを後にして近隣の町や村に移り住み、そのまま二度と戻らなかった。仮設の宿泊所や仮小屋、掘っ立て小屋をしつらえて住みはじめる者たちもいた。食事の準備は隣どうしが「八軒、一〇軒、あるいは一二軒ごとに」まとまって設けた共同の炊事場で行われた。やがてこうした避難民たちに、トライザの町から緊急の救援物資が届く。フランケンベルクの南東四〇キロ、同じヘッセン方伯領内にある町で、同地の市参事会がパンと衣類をぎっしり積んだ荷馬車三台を送り出してくれたのである。ゲルステンベルクはこれを、町どうしの連帯を誇示するものとして高く評価している。「トライザの人びとよりこのような格別の厚誼を受けたことを、フランケンベルクの者は、当然ながら、決して忘れることはあるまい」。また方伯ハインリヒ三世も、「敬虔な君主として」フランケンベルクに穀物と薪をふんだんに届け、「慈悲深い領主」としてゲルステンベルクの信頼を取り戻している。[19]

フランケンベルクでは、ただちに教会や家々の再建にも着手された。こうした市民たちの意地の記憶は、ゲルステンベルクの年代記にある、素描による挿画に見ることができる。しかし冬の到来が近づいても、まだ完成にはほど遠い状態だった。そしてその年の冬は、一四七六年十一月十八日に降りはじめた大雪を皮切りに、大変「厳しく」、またことのほか長く続いた。一四七七年の四月はじめになっても、まだ雪が残っていたほどである。人びとが空腹を抱えてうずくまっていた地下室の穴蔵や納屋の中は、凍りつくように寒かった。そして冬までに屋根のある居場所を用意してもらえなかった家畜たちは、凍死するか、もしくは餌が手に入らず衰弱死していった。屋根を葺くのに藁を使ったの

再建のすすむフランケンベルクの町
木材が組みあげられ、屋根が葺かれ、木組みが粘土で塗り固められてゆく。
カッセル大学図書館蔵（Signatur 4° Ms. Has S.26, fol. 34r）

で、飼料分が不足してしまったのである。また生き残った家畜たちは、建築職人への支払いのために売りに出された。こうして荷を曳く動物がいなくなると、畑を耕したり、家畜の糞を運んで肥やしとして撒く、といった作業ができなくなり、その結果「わずかな実りしかもたらさなかった」――飢餓の悪循環である。さらに、こうした飢餓、寒さ、貧窮に加えて、「奇妙な病」（おそらくコレラ、チフス、赤痢、発疹チフスあたりかと思われる。いずれも栄養不良と劣悪な衛生状態を温床にはびこる典型的な疫病である）の流行があり、「多くの人びとが」亡くなったという。[20]

4　都市の火災――バーゼルの火災年表

本書においてしばしばとりあげている都市バーゼルもまた、上で紹介したフランケンベルクをはじめとする多くの都市と同様に、大火災と無縁ではなく、同地の年代記もやはり、恐るべき大火の被害に関する記事にあふれている。十三世紀から十四世紀にかけてのこの都市は、いまだほとんどが木造建築で、一二五八年の火災では、ドミニコ会修道院と「町の大半」が焼失した。[21]一二九四年九月十三日には、六〇〇件以上の家が倒壊したというが、この数字にはおそらく誇張があろう。とはいえこのとき、『コルマールの大編年誌』が伝えるところでは、バーゼルのゲルバー小路にある同市の屋敷だけで、二〇名もの焼死者を出したという。[22]四年後の一二九八年四月には、フランシスコ会跣足派の修道院が焼け落ちた。[23]また〔ライン右岸の〕小バーゼル地区は、一三二七年六月[24]と一三五四年の五月一日[25]

の二度、火災旋風によって大きな被害を受けている。しかしこうした災害も、一三五六年の大地震とそれに続く大火の前には霞んで見えるのだ。これについてはすでに触れたとおりである。

こうして都市全体が壊滅的被害をこうむった二十一年後の一三七一年二月二十六日、バーゼルのマルクト広場が燃え落ち、二日後にはシュパーレンベルクが焼けた[26]〔地名はいずれも旧市街の中心部〕。そして年代記の類が熱心に筆を向けている、中世のバーゼル最後の大火は、その四十年後、一四一七年七月五日に起こった。シュトライトガッセの「樅の木亭《ツア・タンネ》」から出火すると、またたく間に宿屋を全焼させ、最終的にはザンクト・アルバン・フォアシュタットまで燃えひろがった。この間、およそ二五〇件の「屋敷」が炎に包まれ[27]、ラインフェルデン、ミュールハウゼン、ラウフェンブルク、ノイエンブルク、ゾロトゥルン、フライブルク・イム・ブライスガウをはじめとして、いたるところから火事見舞が届けられた。バーゼル司教領に属するデルスブルクなどは、再建のために森林をまるまる一つ差し出したほどであった[28]。それは相互扶助の精神と、スイスおよび上ラインの諸都市で気づかい合う関係がかたちをとってあらわれたものである。そういった関係は十四世紀以来、さまざまな過程を経て(たとえば一三五六年のバーゼル大地震もその一つである)つくりあげられ、それぞれの市政の担い手たちによって慎重に育てられてきたものにほかならなかった[29]。

さて、こうした例外的な大火災――バーゼルではさらに一四九五年四月にも起こっている――は、中世後期の都市においては、相当に人目を引く出来事であった。それは明らかに、誕生と死、病気と悪疫、仕事と子育てといった、人間の日常に連なるあれこれとは一線を画していた。すでに紹介したとおり、それは人びとの心を大きく揺さぶり、震えあがらせる前代未聞の出来事で、十四世紀から十六世紀にかけての都市住民たちにとっては、一生のうちに一度遭遇するかどうかの大事件だったのである。そして同時代の年代記は、こうした驚くべき——時に誇張の混じった——出来事に満ちているが、それらはゆがめられた、あまりに一面的なイメージであることが多く、話題性を追うあまり、現実とかけ離れた、永遠に続く地獄のようなものにすりかえられてしまうことも少なくない。しかし都市の現実はこれに反して古くから、むしろ「小さな」火事、個人的な惨禍にあふれているのだった。こちらで家が一軒燃え、あちらでは納屋が焼け落ちて、というふうに。年代記の類は、この程度の出来事にはめったに関心を向けたりはしない。しかしこの時代の事務的な会計記録を見ると、これらについておびただしい情報を得ることができる。バーゼル市の週ごとの会計簿もまた、市内で起きたこの手の小さな火事をかなり克明に記録してくれている。次にあげる例は、同業組合、個人、警備隊などへの火事見舞金の支払記録と、早鐘を鳴らしたことへの礼金の支出の記載とにもとづいて作成したものである。この一覧によってわれわれは、ひとつの都市の消火活動の措置の全容を、一望のもとに見渡すことができる。それは都市の日常について、いささか斬新な眺めをもたらしてくれることだろう。(30)

バーゼル市の火災統計（一四四五—一五四九年）

（年月日）	（火災現場）
一四四五年九月十日	不明
一四四五年十二月十八日	不明

一四四六年三月五日	不明
一四四八年三月九日	不明
一四五〇年一月十日	不明
一四五五年四月十二日	ヴェルクホーフ
一四五五年十月二十五日	ザンクト・アルバンのシンデルホーフ
一四五五年十二月二十七日	ザンクト・アルバン・フォアシュタット
一四五八年一月十四日	不明
一四五八年十一月二十五日	不明
一四六〇年八月二日	不明
一四六一年四月二十五日	「城砦館《ウフ・ブルク》」、管理人の屋敷
一四六一年十月十七日	不明
一四六三年十一月十九日	不明
一四六五年六月二十九日	不明
一四六六年四月一／二日	小バーゼル（クライネス・クリンゲンタール）
一四六八年一月三十日	不明
一四六八年七月十六日	小バーゼル
一四六八年十二月三十一日	「青男亭《ツム・ブラウエン・マン》」
一四七一年九月二十八日	クッテルガッセ

一四七三年十二月四日	「菩提樹の泉亭《アウフ・デム・リンデンブルンネン》」
一四七五年十月十八／二十七日	小バーゼル
一四七八年十月三日	小バーゼル
一四八二年一月五日	小バーゼル（ザンクト・クララ修道院付近）
一四八二年十一月九日	印刷工ミヒェルの家
一四八三年三月二十一日	施療院付近
一四八五年十月一日	跣足派修道院付近
一四八六年二月十八日	小バーゼル（レムリスの家付近）
一四八七年九月十五日	小バーゼル
一四八九年一月三十一日	ザンクト・アルバン・フォアシュタット
一四八九年四月四日	フートガッセ
一四八九年十二月十二日	ザンクト・ペーター付近
一四九〇年十二月十一日	小バーゼル（製材所？）
一四九二年十一月十七日	ヴァイセンガッセ
一四九三年一月五日	リンデン（ブルンネン）塔
一四九三年十一月九日	ヴァイセンガッセ
一四九三年十二月七日	シュルトハイス館
一四九五年三月二十一日	ルメリンの製粉所

一四九五年四月二十五日	ホイベルク
一四九九年二月一日	ローティン館
一五〇二年五月二十八日	不明
一五一一年十二月十三日	コルンマルクト（穀物市場）
一五一二年五月十四日	フィッシュマルクト（魚市場）
一五一四年七月八日	小バーゼル
一五一六年二月二十三日	ザンクト・マルティン教会の塔
一五一六年五月十日	袋物師ガリの家
一五一八年二月二十七日	小バーゼル（リーエン門付近）
一五一九年一月二十二日	ザンクト・エリーザベト礼拝堂付近
一五二〇年四月二十八日	ハンス・ガリツィアンの家
一五二四年十月十五日	エッシェンフォアシュタット（陶工の家）
一五二八年四月十九日―七月十一日	火災三件あり
一五三〇年十二月三日	跣足派教会付近
一五三三年三月二十八日	水夫組合の館
一五三五年一月二十三日	「腰掛亭《ハウス・ツム・ゼッセル》」（トーテンゲスライン）
一五三五年一月三十日	小バーゼル（ボンドルフの家）
一五三六年三月十一日	ザンクト・アルバン・フォアシュタット

一五三七年十二月八日　不明
一五三九年九月二十七日　小バーゼル
一五三九年十二月二十七日　居酒屋「天使亭《ツム・エンゲル》」（シュパーレンフォアシュタット）
一五四〇年七月十日　仕立屋ヨルクの家
一五四五年六月二十五日　火薬工房
一五四九年十月二十六日　不明

右の一覧から、一四四五年から一五四九年にいたる一〇四年のあいだに、バーゼルでは計六三回、火事を知らせる早鐘や角笛の音が響いたことがわかる。したがって平均すると、二〇か月に一度は市域のどこかで火事が起こっていたことになる。しかし一方では、一年に複数回の火事があることも少なくない。二度または三度の火災が記録されているのは、一四四五年、一四五五年、一四五八年、一四六一年、一四六八年、一四八二年、一四八九年、一四九三年、一四九五年、一五二八年、一五三五年、そして一五三九年である。逆に異例と思われるのは、一五〇二年五月から一五一一年十二月にかけての期間で、バーゼルではこの間、一件の火事も起こっていない(31)。

またこのように週ごとの会計記録をもとに消火活動の日付を絞りこんでゆくことによって、もう一つ、一年単位での火災発生のサイクルについて、おおよその分布イメージをつかむことができる。日常的なレベルの火災は、夏場にはほとんど起きておらず——七月・八月の火災は全部で四件しかない——冬をはさんだ半年間に集中している。十月から五月の間に、計四二件もの火災への対応を強いられており、これは全体の約六七パーセントに相当する。つまり、屋内の暖房設備——手入れの悪い暖炉、掃除を怠った（または足りない）煙突、その他火の不始末——と、闇に包まれる時間が長いため出番の多くなる灯火——松明《たいまつ》、ろうそく、獣脂ろうそく、オイルランプ——とが、中世後期のバーゼルにおける出火の主たる原因に数えられるのである。

最後に、さらに二点、一覧から読みとれるところをつけ加えておこう。まず火元については、明確に特定できない場合が少なくないこともあって、決定的な意味をもつ情報を引き出すことはむずかしいが、バーゼルにおいては総じて、造りのあまりしっかりしていない住居、地域でいえば、古くからの市の中心部よりも、小バーゼルや郊外での火事が多いようである。またもともと火事を出す危険があると考えられている職業の者が、実際に火元責任者として逮捕された例は、観察された期間内では、わずか四例しかない。一四七五年十月と一五二八年四月のパン焼き職人宅の火事、一四九〇年十二月の製材所らしき場所からの火事、さらに一四九五年五月の製粉所からの火事である。また一四九五年四月と一五二八年五月には、干草小屋が火元になっており、とくに後者の火事は、「刈ったばかりでまだ緑のままの干草」を保管していたことによるもので、これをきっかけにバーゼルの市参事会は、翌一五二九年の条令において、自然発火により「火事などの災厄を引き起こす危険が大きい」として、この行為を禁じている。すぐに使う分だけを市内に持ち込み、残りは聖マルティヌスの祝日〔十一月十一日〕まで、牧草地の小屋に保管すべし、というのであった。これについてはヘッセン方伯フィリップもすでに一五二四年、領内の都市に、火災の危険があるゆえ干草小屋はできるだけ市内から遠ざけるよう——もっとも「それが容易でない場合はその限りでない」との但し書きではあるが——

命じているところである。(32)

5　人命救助と消火――中世における火災との闘い（その1）

カスティーリャの人ペロ・タフール〔一四一〇頃―一四八四頃〕は、一四三八年の夏の終わり、ヨーロッパを巡る旅の途中でシュトラスブルクを訪れ、ほとんど真っ暗闇の路地での不気味な火事の夜――この町では珍しくなかったが――に遭遇している。タフールはいくらかの驚きをもって、上ラインのこの都市の消火活動がよく組織化されたものであること、その動きが秩序を重んじる軍隊式の訓練を感じさせること、そして目の前の救援活動が実に迅速にすすめられたことを伝えている。シュトラスブルクでは、地区ごとに消火のための組分けがなされ、組頭が任命されていたという。そしてひとたび火災発生の警報が発せられるや、自分はどの目印のもとに馳せ参じればよいかを、皆がよく心得ていた。そして、いわば隊列を組んで現場へと向かったのである。藁ぼうきと水桶を手にする者が多かったが、つるはしをもつ者や「鉤つきの竿」を掲げる者もいた。(33)

十五世紀初頭以降、比較的大きな都市では――この時代特有の動きといえようが――かなり有能な「消防隊」を自前で抱えるようになっていた。それは、非公式に近隣で編成されるそれまでの火消しとは一線を画し、少なくとも市壁内部の局所的な火災であれば、効果的かつ迅速に消火するだけの実力を備えていた。(34)また中規模以上のたいていの都市では、公の建築役（Bauämter）が、多かれ少なかれ共同体の消火活動にかかわっていた。実際のところ建築局は、専門の職員に加えて道具類や運搬具も豊富で、出火現場に着くための情報と手段をもっともよく備えていることが多かった。これはシュトラスブルクのみならず、ニュルンベルクやバーゼルでもそうだった。ヘッセンのフランケンベルクのような比較的小規模の都市においては、共同体の行政組織がさほど発達していないこともあり、火災対応は積極的な防災にせよ受け身の消火にせよ。直接に市長の管轄下に置かれた。

火災が発生したら、直ちにそれを知らせなければならない。当然のようではあるが、効果的な消火を行うための一番の前提が迅速な情報にあるのは、今も昔も変わらない。中世後期の多くの都市ではしかし、こうした周知義務はまず第一に被災者にあるとされ、加えて出火の責任についても、原則的にはまずその家の所有者にあるとみなされた。すでに一二二一年のウィーンの条令がこれを明記している[35]。義務に反する態度をとった場合は重い罰金刑が科され、財産の乏しい者や奉公人の場合、バーゼルやケルンでは投獄されることとすらあった。

火災を知らせる警報の形式は千差万別で、それを受けての火災対策の組織のありようもまたさまざまだった。ニュルンベルクの『警報規則（Alarmordnung）』の指示は具体的で、警報を発する際は「ただちに角笛を吹くか叫ぶか」して、見張り塔に、火元の方向に向けて旗を立てるべしという。シュトラスブルクではこれに対して、大聖堂の塔から「火事だ《フォイリオ》！」と叫び、「恐怖の角笛《グリューゼルホルン》」（Grüselhorn）と呼ばれる、真鍮製の夜警用の警笛を吹き鳴らしたのち、現場へと急行した。消防隊に関しては、ブラウンシュヴァイク、ケルン、バンベルク、アウクスブルク、ニュルンベルク、コンスタンツ、それにシュトラスブルクでは、各都市の建設監督局のもとで、幾人かの建築職人のほかに、大工、石工、風呂屋、桶職人からなる専門性の高い公的な消防組織が編成されていた。また警報に関してニュルンベルクでは、総監督たる建築役の助手としてまず「先乗り」(Anschicker)がただちに現場に急行した。[36] 先乗りは現場で「火との攻防」の指揮をとり、市参事会の消火担当役と協力して消火活動にあたった。本隊として出動するのは主として、市と誓約を交わし、特別の報酬を受ける大工の親方たちで、一四三一年から一四四〇年の間、その数は一〇名であった。彼らはそれぞれの職人をしたがえ、斧や手斧を携えてすぐさま火災現場へと向かわねばならなかった。このニュルンベルクの消防隊は、年に一度、点呼式で公衆に紹介されたが、そうした折には石工や風呂屋が、仕事場から追加の水桶や大盥《たらい》をもって加わるのだった。

フランクフルトでは一四三五年頃、同じように大工や瓦職人が、共同体の消火隊の尖兵となるべく、その仕事道具とともに集められている。また風呂屋は男女を問わず、「手桶をもってすぐさま」火災現場に駆けつけている。しかしフランクフルトの場合——バーゼル、ミュンヘン、ウィーン、ライプツィヒ、ハンブルク、そしてキールなどと同じく——消火活動の負担を担っていたのは、もっぱらツンフトであった。ワイン運搬人や荷車曳きなどの運送業に携わる者たち、それに庭師は、大盥《たらい》や樽をもって駆けつけ、消火用の水を確保することがその任務であった。かつぎ人夫、帽子職人、ブドウ摘み、それに都市の墓掘り人夫は、さまざまな能力の者たちを、しかるべき頭数を揃えて現場へ送り込むのが役目で、彼らはみな「漁師用の革ズボン」を着用することになっていた。さらに織工、肉屋、鍛冶屋、パン焼き職人、靴屋、そして仕立屋の組合には、消火用の装備一式——革製の手桶二五個、梯子六脚、火掻き棒二本——をただちに現場に届けることが義務づけられていた。これ以外の各同業

1405年のベルンの大火
手桶での消火活動、救助、そして避難する人びと。
ベルン市立図書館蔵（Mss.h.h.I.1, p.289）

組合にも、それぞれにこまごまとした備品の用意が割りあてられた。一方マイン河畔のこの都市では〔商人たちの〕「組合」も、火桶の用意を命じられ、それぞれの商館にこれを保管していた。さらにはユダヤ人の共同体も、五〇の火桶を購入するよう強いられ、これは市庁舎に保管されていたが、いざというときにはユダヤ人たちの手で現場に届けるよう命じられていたのだった[37]。

また市民たちは基本的に、ニュルンベルクであれミュンヘンであれ、ハンブルクであれリューネブルクであれ、火事の際には助力を惜しまぬよう義務づけられていた。ニュルンベルク、バンベルク、マインツでは、娼婦もまた火元へ駆けつけて水をかけねばならず、シュトラスブルクでは同様に――ヒエロニュムス・ゲープヴィーラーの年代記の一五二一年の記載にあるとおり――修道士、ベギン、それに女たちまでもが水を火災現場へと運んでいた[38]。

「公益」はその際、多くの都市において、人間の本性のうちに内在する、目をそらしたり、遠巻きに手をこまねいていたりしがちな傾向への歯止めとして金銭的な刺激を用いて「運用」されることになる。バーゼルでは、各同業組合から強制的に召集した助っ人全員――一四二二年には一五〇名にのぼった――が、出動のたびに市参事会からなにがしかの支払いを受けた。その際、バーゼルだけでなく他の諸都市においても最優先の原則とされたのは、出動の折の迅速さをひときわ評価するということであった。火災発生時に救助ができる限り速やかにかつ効果的に進められるよう、その刺激剤となるのを期待されてのことのである。一五一六年に、この「警報後の現場急行《グロッケンシュトゥルム》」の勝者、つまりもっとも早く火元に水入りの樽を荷車で届けた者は、それぞれバーゼル貨で一〇シリングにありつくことができた。これは親方二人分の夏季の日当に相当する額である。また後につづく者たちには、その半額が支払われた。

出動の際の有志による加勢も常に歓迎されており、参加を促すべくこちらにも多少の礼金が用意されていた。とりわけ力自慢の助っ人として、下水溝清掃人や建築補助労働者、荷造り人、ワイン運搬人、塩運搬人、かつぎ人夫、その他運送業にかかわる下層民たちが、荒っぽい仕事が必要となる場面ではとりわけ頼りにされていた。周縁集団に属する「かつぎ人夫」(Freiheitsträger)の一人で、バーゼルのコーレンベルクをねぐらにしていたハンス・レバーヴルストなる人物は、救助にことのほか熱心で、一五二八年、ヴァイセン小路のパン焼き職人の家が焼けた際にも、あかあかと燃えるその家に敢然と飛び込んでいくほどだった。しかしこのときばかりは、その行き過ぎた大胆さの代償をみずからの命をもって支払うことになったのだった。(39)

役立たずの野次馬が首を伸ばしたり、物見高い群集が火災現場に押し寄せて消火の邪魔になったり、といった光景はすでにこの当時からあった。こうした厄介者たちを、シュトラスブルクやブレスラウでは、禁固刑に処すと脅している。また同様にバーゼル市のお歴々は、火災現場をうろつく無為の徒を登録簿に載せ、好奇心に駆られるまま注目の集まる場所へ次から次へと——当時の文面から引けば「路地を抜け、ライン橋とコルンマルクト(穀物市場)を越え、〈城〉とフィッシュマルクト(魚市場)へと」——走りまわる連中を、罰金刑の導入によって減らそうとした。(40) またミュンヘンの市参事会は一三七二年、——いかなる理由によるものかは定かでないが——「今後の大火災の折に女たちは、これまでしてきたように走ってはならない」と定めている。[41] マールブルクでは一五二四年頃、「消火にあたる者、水・梯子等を届けようとしている者」以外は火災現場に急いではならないとはっきり記されている。[42]

消火用具に関しては、バーゼルでは一四二二年から二四年にかけて――つまり上で触れた大火で、町の中心のかなりの部分を焼失してから五年を経て――「革製の水桶」六〇個が、それなりの出費と引き換えに購入された。この活動はバーゼルの産業を支援することになったのだが、ただしこれはいささか図々しい技術導入によって果たされたものだった。市参事会はまず水桶を二つ、フランクフルトから取り寄せると、それを手本にして、残りは全部バーゼルで製作されたのである――中世におけるハイテク産業スパイといえようか。とはいえ市参事会はこの件で、八〇ライングルデン、つまり手工業の親方の年収以上の出費に踏み切ったのだった。ミュンヘンの市参事会もまた一四一八年の大火のあと、ようやく思い切った防火対策を講じている。一四二〇年に大桶と樽、一四七七年には一〇三個の革製の水桶を調達したのである。ブラウンシュヴァイクは一四六六年、ウィーンは一四七八年、バンベルクは一四八〇年に、それぞれ革製の水桶を導入している。[43]

革製の水桶はこれ以外にも多くの都市で続々とその財産目録に載せられていったが、これに較べると、携帯消火ポンプ(Handfeuerspitzen)は中世後期のドイツではまだ見かけることは少なかった。主として真鍮製のこの器具はニュルンベルクを中心に生産されていたようで、フランクフルトには一四三九年、アウクスブルクには一四四〇年、ミュンヘンには一四八九年に、それぞれこの消火用具がこの町から導入されている。しかしお膝元のニュルンベルク市でこのポンプの採用を確認できるのは、ルッツ・シュタインリンガーによる『建築師の親方覚書』（Baumeisterbuch）の一四五二年の記事が最初である。[44]

こうして苦労して整えられた消火用具は、市内の広い範囲に分散して保管された。バーゼルでは一四二二年以来、同業組合の会館はそれぞれ四つの革製水桶、二脚の消火用梯子、それに梯子を支える三叉を同じだけ、備えていなければならなかった。ただし消火用梯子は街区ごとに特定の場所に吊されていた。ニュルンベルクでは一四五二年、各街区長、六名の防火役（Feuermeister）、製粉所の所有者、司祭などに、計四四個の消火ポンプと三〇〇の革製水桶が、火を食いとめるべく託されていた。またこの時期にはほかにも、六か所のしかるべき広場に小屋をしつらえ二台の荷車を収納、荷車にはそれぞれ二五個の水を張った木桶が載っていた。同様に市の建設監督局でも、水桶を載せた荷車を四―五台所有していた。そのうえ市参事会は、市内の四九か所に、梯子と鉤竿を二組ずつ掛けさせた。さらにニュルンベルクの粉屋は皆、携帯ポンプ二台に桶、木桶などの用具を常備していたが、これらはすべて市の費用でまかなわれ、それゆえ四半期ごとに点検が行われたのだった。[45]

中世の都市の夜は真っ暗であった。それゆえ夜間にどこかの路地で火事が起こるや、カオスの状態に陥ることのないよう、迅速に照明を用意する必要があった。フランクフルトでもアウクスブルクでもコンスタンツでも、家のなかでランタンや火鉢を持っている住民には、「もし夜であれば」、消火活動を促進し町の安全を確保するために、それらを家の外に掛け火を灯すよう求められた。[46]

6 安全と秩序——中世における火災との闘い（その2）

「安全第一」——都市での火災に際して、火の回りを食いとめることと並んで、市参事会がもっとも腐心する重要な課題は、市壁の内側の秩序を維持すること、そして共同体《コムーネ》の対外的な防御能力を確保することであった。バーゼル、ニュルンベルク、フランクフルト、そしてケルンではそれぞれ、コルンマルクト（穀物市場）、〔中央市場の〕シェーナー・ブルンネンのほとり、レーマー広場、ノイマルクトのシュッツェンホーフといった場所に、騎馬の傭兵を集合させ、市参事会からの指示があればすぐに動けるよう待機させていた。しかし多くの都市では、安寧と秩序の確保は、むしろ市民の動員頼みであった。そして召集された者たちは、火事の混乱に乗じて狼藉をはたらく輩に目を光らせるとともに、共同体がみずからの内に大きな苦境を抱えつつも、その防衛能力を失っていないことを誇示するために、待機しているのだった。[47] フリッチェ・クローゼナーによれば、シュトラスブルクでは一三三三年の火事の折、手工業組合の者たちが武装して大聖堂の前に集まったという。そして事実、一三四九年の同市の『誓約の書（Schwörbrief）』には、油屋、粉屋、仕立屋の組合にこの任務を義務づける旨が明記されてもいる。またほかに夜警たちも、焼けずに救い出された家財などの安全確保につとめた。[48] バーゼルでも市参事会は、火災を迎え撃つにあたり、まずは剣と矛槍をもってした。はじめに十四歳以上の武装した市民全員に召集がかけられ、しかる後に水桶と火掻きの登場となったのである。

もっともこれは、ヨーロッパに限った現象ではなかった。ハンス・デルンシュヴァムはその旅日記（一五五三年）に、コンスタンティノポリスでは火災との戦いはもっぱら親衛隊《イエニツェリ》に委ねられ、彼らは「あたかも戦場にいるかのように行動しまた指示を飛ばしていた」と記している[49]。またエラスムスは一五二六年、バーゼルの火薬庫が落雷によって爆発した際、皮肉たっぷりにこう忠告している。こうした勇ましい活劇、色とりどりの軍旗はためく見せ物を前にして、うっかり武器をもった男に出会わぬがよろしい。鉄は精神を勇敢にする、とりわけ差し迫った危険がないときには——と[50]。

火災に見舞われた都市が、さらに外敵から狙われるというのは、決して臆病きわまる都市の政治家たちの妄想ではなく、またノイローゼや過剰な補償行為によるものでもなかった。中世の都市はまず第一に要塞であり、中規模の都市であっても、軍事行動、こぜりあい、強盗、略奪、焼き討ちといった次にとるべき行動の選択肢をあれこれ秤にかけつつ外交政策を展開していた。多くのうちの一例に過ぎないが、一四五六年の年頭および夏に、マインツ司教領をめぐる私闘《フェーデ》にからんでヘッセン方伯家の両分家間*で武力衝突があり、これがマールブルクの町にも影を落としたことがあった。町に火を放たんとする輩が送り込まれたとの警告や噂が、四月七日と六月三十日の二度にわたり、市参事会の耳に飛び込んできたのである。マールブルクの市当局は慎重に対策を講じ、町中に警吏を配して巡回させ、市民に「各家庭が消防用水を備えておくよう」徹底させた。加えて居酒屋の主人には、見かけ

*ヘッセン方伯ルートヴィヒ一世（一四〇二—一四五八）の二人の息子、ルートヴィヒ二世（一四三八—一四七一）とハインリヒ三世（一四四〇—一四八三）は、互いに反目し、父の歿後、領地を二分してヘッセン＝カッセル方伯家（上ヘッセン家）と、ヘッセン＝マールブルク方伯家（下ヘッセン家）とに分かれた。

ぬ客に注意を払わせもしたのだったが、結局市内に放火され、火事になってしまった。(51)

さて、ここで中世における〔火災関連の〕都市の規約、つまり建築規約と防火規約に目を向けておこう。中世の都市は、木材、粘土、葦、そして藁でできていた。こうした素材はいたるところにあり、切石、煉瓦、スレートに較べ、本質的に割安だった。それゆえ、経済的な余裕のない社会集団のもとでは、家屋の建築によく用いられていた。それは都市についての描写——市中心部の上層階級や都市貴族の豪華なしつらえの屋敷が話題になることが多い——が一般にイメージさせるよりも、ずっと多く使われていたのである。(52)

この〔都市における建築材料の〕領域では、中世後期から近代初期にかけての期間、緩慢で、とても決定的とはいいがたい発展しか認められない。たとえばレムゴーでは、十五世紀に一旦石造建築の波を受けたあと、一五五五年頃から再び木材を使って建てようとする傾向が顕著になった。また基本的に都市化が早くまた力強く進んでいたフランドルの、ヘント、アントウェルペン、ブルッヘといった都市でも、「石造化の過程」が緒についたのは十六世紀の半ばのことであった——一方フィレンツェでは、一四〇〇年頃には木造建築を石造に置き換える動きがすでにはじまっていたのだが。(53)ゴスラーのように、自然の石とりわけスレート〔粘板岩〕が近隣の採石場で産する土地柄を別にすれば、少なくとも上部ドイツでは十四世紀から十七世紀にかけて、比較的大きな都市であっても、郊外や周縁民の住む地域のみならず中心部でもまた、その建築上の景観の基調をなしているのは、こけら葺きの屋根であり、木造または木枠内を編み細工で埋めた簡素な木組み造り《ファッハベルク》であった。これより小規模な都市や村についてはいわずもがな、である。バーゼルのトマス・プラッターは、アルプス山麓ヴァリス（ヴァレー）地方の寒村に育ち、十四歳の遍歴学生として一五一三年頃にルツェルンの町に入ったとき「はじめて瓦屋根を見た。赤い屋根に覆われているのが不思議な感じがした」と、若い頃を回想しつつ記している。[54] 一三七四年のシュレットシュタット（セレスタ）でも一三八六年のフランクフルトでも、言うまでもなく無数の藁葺き屋根を見ることができた。またエネア・シルヴィオ・ピッコローミニ〔一四〇五—一四六四〕は一四五五年頃、ウィーンの家々の屋根が板葺きで景観を損ねているのを歎いているが、その数十年後の都市ウィーンについての記述（一四九二年）を見てもなお次のように記されている。市民の屋敷の「優美な」姿、堂々たる建築はすばらしいが、「しかし多くの家々がこけら葺きで、瓦葺きがほとんどない点だけは趣を損ねている」と。[55]

この木材と藁による建築という形式での長きにわたる停滞に、各地の市参事会は、改修をすすめる方向で介入しようとした。ヒルデスハイム、フランクフルト、マールブルク、バーゼル、ベルン、ルツェルン、それにブルッヘでも、市参事会は、とりわけ先立つものの乏しい世帯に公的な助成金を用意することで、藁葺きから瓦葺きへの改修を促す刺激にしようとした。しかしこれは、もとからある屋根の木組みが瓦の重みに耐えきれず、失敗に終わることも少なくなかった。[56] ブリュッセルやフランクフルトですら、一三四〇年代になってようやく、藁葺き屋根の禁止を布告するのに踏み切った。[57] ましてやもっと小規模の都市となれば、同様の公布は一世紀から二世紀も遅れる始末だった——この紙上での命令が十五世紀から十六世紀にかけての経過のなかで実際にどの程度実を結んだかは、ここでは問わないとしても。というのも司教ウルリヒ・プッチュは一四三六年、ブリクセン（ブレッサノーネ）

にあるみずからの居城の塔の屋根を高価な瓦屋根で覆ったが、これをはっきり「装飾」と表現しているからである。[58] 誰もがこんなことを出来たわけでもなく、欲していたわけでもない。強欲なケルン市民のヘルマン・ヴァインスベルクなどは、むしろその真逆を行った口であろう。この男は一五八二年、みずからの貸家の屋根を改修するにあたり、通りに面した側はスレートで、しかし中庭側は以前と同様に藁で覆ったのだった。[59] さらにもう一例紹介しておけば、バーゼルのルートヴィヒ・フォン・エプティンゲンは一四八七年、雹の被害を受けた折、みずからの屋敷の屋根の修理その他だけで瓦五千枚を要し、屋根葺き職人はその仕事に三十六日間を要したという――補強工事としては実に高くついてしまったことになる。[60] そうしたわけで、ダニエル・シュペックル〔一五三六―一五八九〕が十六世紀の半ば、その理想の都市計画において、防火面での安全性を重視して、建物全体もしくは少なくとも一階部分はすべて石造とし、屋根に瓦を配したのも、偶然ではないとわかる。[61]

上階の張り出しや、張り出し窓、アーケード、バルコニーなどの設置を、防災上の観点から禁止しようとする市当局の何世紀にもわたる挑戦もまた、あまり効果をあげてこなかったように見える。一つだけ例をあげれば、シュトラスブルクでは一二九八年、大火のあとで、上階の張り出しを禁止している。[62] しかし市参事会のこうした防火上の施策がどういった結果になったかを、文書のかたちで確認することはできない。ウルムの市参事会の例などは典型的だが、確かに一三九九年、張り出した上階を設けることが禁止された――建物からはその装飾を排すべしと謳われていた――ものの、この規定は一四二〇年に撤回された。[63] 何かと規制をかけることの多いニュルンベルクの市参事会でさえ、エンドレス・トゥーハーがその『建築役の書』に伝えるところによれば、一四六二年以降、張り出しの増築を許された例が何件かあったという。[64] また一三八五年にヴォルムスで聖職者に対する暴動が起こった際、聖職者の家のすべての張り出し部分が切り落とされたという『マインツ年代記』の記事もこれを裏づける。[65] そして最後にもう一例、コンスタンツでは一五四〇年以降、家と家の間に三々五々防護壁が設けられていったが、これは防火面での安全というよりも、〔煙突の〕煙に悩まされてのことであったらしい。同様の問題は、バーゼル、ウィーン、ニュルンベルク、コンスタンツ、リンブルク〔アン・デア・ラーン〕、マールブルク、ジーゲン、そしてドゥイスブルクにもあり、それぞれの市参事会は、個人宅の煙突、暖炉、かまどの視察を徹底している。[66]

さて、この時代の火災の予防ならびに消火のためのさまざまな措置全般に関していえば、まず、現代の視点から安易な判断を下すことは控えるべきであろう。中央および西ヨーロッパの中規模以上の都市では、市政による建築行政上の、あるいは財政面での措置は、さまざまな矛盾、齟齬、不徹底にもかかわらず、十六世紀には、かなりの水準で防火面での安全を確保することに成功していた。とはいえ、こうした都市内部における近代化という重要な局面での進歩にもかかわらず、すさまじい大火を完全に食いとめることはできなかった。これについては一五四〇年のアインベックの大火、一六六六年のロンドンの大火、そして一八四二年、ハンブルクの市内全域を焼き尽くした大火の例をあげるだけで十分だろうが、一方でその頻度は、十三世紀十四世紀に較べると、確実に少なくなってもいたのである。もちろん大災害には、大規模な再開発、都市の模様替えの契機となるという一面もある。たとえばゲッピンゲンの町は二度にわたって「ほとんど余すところなく」焼き尽くされたが、その、一四二五年の復活祭の翌月曜日と一七八二年の八月二十五日の大火のあと、「擬古典主義的な理想的都市計画」にもとづいてみごとに生まれ変わったのだった。[67]

VII 疫病

果てしなき災厄

Epidemien – und kein Ende

主なる神はこう言われる。わたしもお前に立ち向かい、国々の目の前でお前の中で裁きを行う。［……］わたしは憐れみの目をかけず、同情もしない。お前の中で三分の一は疫病で死んだり、飢えで息絶えたりし、三分の一は都の周りで剣にかけられて倒れ、残る三分の一は、わたしがあらゆる方向に散らし、剣を抜いてその後を追う。わたしは彼らに向かって怒れるだけ怒り、憤りに身をまかせて、恨みを晴らす。そのとき、主であるわたしが憤れるだけ憤り、熱情をもって語ったということを彼らは知るようになる。

——「エゼキエル書」（五：八—一三）

1　とある死の場面

ある朝早くにサン・ヴィジーリオ〔大聖堂〕の聖具室の窓辺に立つと——他の聖職者たちはいなかった——一人の女性が、その前日に亡くなった夫の墓所へと歩みを進めるのが目に入った。彼女は、祈りながらみずからも事切れ、その遺体は夫の傍らに埋葬された。羊のように棺もなく横たえられ、歌う者もいなかった。こうしたできごとはまぎれもなく住民たちをパニックに陥れ、多くの裕福な者たちは家族ごと村を出、みずからの家をうち捨てていった。そしてキリスト教徒たちはお互いを、兎がライオンを避けるように、あるいは健常者が癩病患者を避けるように避け

たのだった。(1)

一三四八年六月二日、とある疫病がトリエントの町を襲い、数か月にわたって猛威をふるった。この疫病はペストであったと見てまず間違いなかろう。このおぞましい時代を生き延びた司教座聖堂参事会員のジョヴァンニ・ダ・パルマは、ペストについての数少ない詳細な証言を残しており、この病の恐ろしさを次のように数え上げてゆく。身内や友人に見守られることもなく、臨終の秘蹟という教会の与える慰めもなく、人間を生のさなかから引きはがす「突然の死」。埋葬の儀式もなく動物のそれのように――あらゆる社会の絆が、宗教上の組織の紐帯ともども失われてしまったことによる――共同の大きな墓穴へと投げ込まれる亡骸。家々や路地や広場に満ちる恐れとパニック。人間どうしが不信に陥ったがゆえの、富裕層の逃亡。ジョヴァンニ・ダ・パルマは、みずからの時代の恐慌状態での人間不信とその孤立化を、すでに乗り越えられた古い病である癩病、そしてその病に冒された者の社会的死と較べている――彼にはまだ新しい疫病であるペストについて、何ら明確なイメージをもててはいなかったのである。(2)

聖書の例にならって――〔本章冒頭に掲げた〕「エゼキエル書」の一節は、たくさんある恐ろしげな例のうちの一つにすぎない――同時代の人びとは、当時のヨーロッパにはまだまったく知られていなかったこの病を悪疫《ペスティス》（pestis）と呼んだ。しかし一方で人びとはこの概念を、すでにさまざまな伝染病を指して用いていたのだった。一三〇〇年頃に成立した当時の俚諺にも、「悪疫《ペスト》の熱、結核、疥癬、癲癇、炭疽、トラホーム、癩病はうつる」とうたわれている。(3) ここに名があがっているのはいずれも、

悪疫に苦しむ２人の錬金術師
ダンテ『神曲』地獄篇（29 歌）、地獄の第８巣窟、第10の洞穴
14世紀の写本、ヴェネツィア、マルチアーナ国立図書館蔵

この前後数世紀の間、〔薬効のある〕薬草が見出されないままの病であり、現代のわれわれにとっては、それらの名とともにアフリカ大陸やアジア大陸の悲惨な光景が脳裡に浮かぶところである。伝染性の眼病であるトラホーム（トラコーマ）には、世界保健機構（WHO）の試算によれば、今なお約五億もの人びとが苦しみ、日々失明の危険と戦っている。教会の門前や、眼病の守護聖人である聖女ルチアの祭壇――一面が奉納物で覆われている――の前に集まる、すさまじい数の盲目の乞食たち。彼らの苦境はそのまま、中世ヨーロッパの人びとのものでもあった。農民については、「不潔」で「大食い」という誇張された紋切型の戯画像が定着している一方で、聖堂参事会員フェリクス・ヘマーリン〔一三八八頃―一四五八頃〕の『貴族についての書』（一四四四/五一年）では、田舎で病に苦しむ人びとの姿が前面に出され、リアリティのあるイメージが示されている。「固くもつれた髪〔＝糾髪症〔シラミや病気のために毛髪がひどくもつれる状態〕〕、ただれた目〔＝トラホーム〕、不格好なかさぶただらけの身体〔＝膿痂疹〕」(4)。

レプラあるいは癩病は、いくつかの皮膚疾患の総称で、とりわけ中世ヨーロッパの盛期に猛威をふるった。十三・十四世紀にはすでに盛りを過ぎていたが、近世に入ってもなお風土病としてくすぶりつづけた。そしてその間、伝染の恐怖によって絶え間なく人びとを脅かしたのだった。ジーゲンの市参事会は十六世紀に入ってもなお、癩病に感染した疑いのある者を、ケルンの癩救護院「大メラーテン」送りこんでいた。一五〇二年から一五七四年にかけて、二五名ほどのジーゲン市民が癩病の疑いありと診断され、ジーゲンの老人施療院で隔離されている。「疑い」だけで十分だったのである。ヨハン・ダイエスの息子にふりかかったのも、まさにこうした事態だったが、ダイエスはこれに抵抗を試み、みごとに成功した。息子をケルンにやって改めて診断を乞うたところ、医師から、癩病については「潔白にして自由」とのお墨付きを得たのである。[5]

中世においてマラリアは、疫学の観点からは、人口増を抑制する要因として、ペストよりも強いものであったと見なされている。耐寒性のハマダラカがこの病をスカンジナヴィアにまで運び、また地中海沿岸では古代後期以来、より致死性の高いマラリアが熱帯性のハマダラカによって媒介され、沿岸部を中心に流行が繰り返された。沼沢熱とも呼ばれるマラリアがとりわけ猛威をふるったのは、イタリアのカンパーニャ地方――悪名高いポンティノ湿地帯がある――やピサ市で、皇帝ハインリヒ七世は一三一三年八月、この地で熱病に冒されそのまま没したのだった。結核もまた風土病として蔓延しており、中世後期にはとりわけ、多かれ少なかれ栄養不足に陥っていた社会集団で繰り返し流行をみた。[6]

2 一三四七―五二年のペスト大流行――死また死！

中世後期のヨーロッパを襲ったペストの大流行によって、どれほどの人が命を落としたのだろうか？

「主よ、ペストと飢餓と戦火より救い給え」（A peste, fame et bello, libera nos Domine）。十四世紀の末頃、ペストの時代の目撃者によって書きとめられた危急時の祈りのことばは、約八〇〇年を経て――六世紀

草刈鎌をかついで馬上高く駆け抜ける死神
ペストによる大量死のイメージ
ボッカッチョ『デカメロン』1427 年版の挿画、パリ国立図書館蔵

にいわゆる「ユスティニアヌスのペスト」が大陸を蹂躙している――一三四七年にヨーロッパを襲ったペストが、この時代の人びとの理解では、神が人間の罪を罰するべくふるった「鞭」の一つにすぎなかったことをうかがわせる。(7) しかしながら、一三四七年から五二年にかけてのペストと、そのあと一四〇〇年頃まで断続的に続いたペスト禍――「黒死病」という呼び名は、十六世紀のデンマークおよびスウェーデンの史料にはじめて現われる――は、ヨーロッパの歴史におけるもっとも悲惨な災害の一つであった。近代以降の悪疫や戦火は、一九一七年から二一年にかけて世界的規模で流行し、発病者二五〇〇万人、死者三〇〇万人を数えた発疹チフスでさえ、十四世紀の狂気じみた恐るべき事態――しかもそのあと数世紀にわたり、一七五〇年頃まで発生を繰り返した――に較べると、その深刻さは色あせたものに映る。

一三五〇年前後のペスト大流行の間、イタリアでは人口の七〇―八〇パーセントが失われ、カタルーニャでは五五パーセント、イングランドでは四〇―五〇パーセントを減らしたという。便覧の類に紹介されているこうした数字はしかし、鵜呑みにするにはいささか勇気が必要である。というのもそれらはしばしば、多めに見積もられた都市の人口減少率にもとづいて高めにはじき出された数字であったり、同時代の年代記作者が書きとめる並外れて大きい数字をそのまま引いたりしているからである。せいぜい運がよければ、伝達状況のよいいくつかの地域で史料が残っていることがある、という程度である。

フランスは一三四八年から五〇年の間に――地方や地域によって差があるが――ペストによって人口の二五から五〇パーセントを失った。フランスではさらに一四〇〇年頃にかけて、疫病による人口の落ち込みが見られたが、これにはとりわけ百年戦争の影響も大きかった。たとえば東ノルマンディでは一三一四年から八〇年までの間に、人口が五三パーセント減っている。ただしこうした「フランスへの鞭〔神罰〕」（ジャック・エール）にもかかわらず、一三八八年から一四一一年ないし一五年にかけては、戦争も疫病も一段落して、全般に回復基調にある時期となった。このようなリズムは、人口の歴史から見てこの時期が「停滞期」であったにもかかわらず、プロヴァンス、ラングドック、パリ盆地でも同様に見てとることができる。

デンマーク、スウェーデン、ノルウェーにペストが広まったのは比較的遅く、一三五〇年頃からであった。集落がまばらで、都市の人口密度が低かったこともあり、拡散のスピードもゆるやかだったが、しかしその分だけ病の流行が後々まで長く続いたようにも見える。最終的にノルウェーでの死亡率は七〇パーセントにものぼったという。

ドイツでは、「大いなる死」の規模をはかるに有効な数字を伝える同時代の証言が、例外的に多く残っている。たとえば一三四九―五〇年に、マインツでは六〇〇〇、ミュンスターでは一万一〇〇〇、エアフルトでは一万二〇〇〇、シュトラスブルクでは一万六〇〇〇名が亡くなったという。しかし少なくともミュンスターについていうなら、当時の住民の数は一万六〇〇〇ほどであったと思われるから、さすがにこの数字にはかなりの誇張があるだろう。またリューベックの年代記を見ると、一日あたり一五〇〇名の死者、と書かれていたりするが、これでは、住民一〇〇〇名あたり一〇名も生き残れないことになってしまう。しかし一方では、同時代の書き手によって正確に伝えられたはずの数字にもまた、方法論的な問題がひそんでいる。たとえばブレーメンでは（一三六四年のある覚書によれば）、一三五一年のペストによる死者の数は、市参事会による調査の結果、六九六六名にのぼった。しかしこの場合、さらに――数に入っていない――いわゆる下層民の死者が七〇〇〇名ほどいたと想定できる。それは貧者、乞食、放浪学生といった人びとであり、これをあわせると失われた人口は約一万四〇〇〇名ということになる。そしてこの数字を受け入れたとしても、今度は総人口（これも不明である）との関係が宙に浮いたままである。ドイツ最大の都市ケルンの一三五〇年頃の人口は、およそ三万五〇〇〇、多く見積もっても四万、というところであった。ブレーメンはこれに較べるとかなり小さな都市であるのは間違いないとして、その総人口を一万から一万二〇〇〇と見積もるか、二万と見積もるかは、各々の判断に委ねられる。こうして、ブレーメンにおけるペストでの死者の割合を示す数字は、文献によって三五―四〇パーセントとも六〇―八〇パーセントとも紹介されるが、そのいずれもが推定の域を出ていないのである。

以上のような事細かな数字の記録と、さまざまに矛盾をはらんだ混乱要因との双方を視野に入れ総合的に判断するなら、ドイツの諸都市においては――中欧の他の地域と同様に――一三四七年から五二年にかけてのペスト大流行を生き延びることができなかったのは、全住民の三分の一程度、と考えてよさそうである。したがってたとえば、北部沿岸地方で住民の九〇から九五パーセントが失われた、という数字を前にした場合、まず、少なくともドイツ語圏においては、かなり想定しづらい事態と見なすことができるだろう。

3 一三四七―五一年、ペスト大流行への道

一三五〇年頃にペストは、どのようにヨーロッパにやってきて、またどのように拡がっていったのだろうか？　ペストは元来、中央アジアの乾燥した高原地帯――シルクロードが横切る、現在トルキスタンと呼ばれる地域――に住む齧歯類の間で流行する、動物の風土病であった。一三四〇年が過ぎてほどなく、この悪疫は、シルクロードに沿って西へとすすみ、ヴォルガ川下流に面したサライを都とするキプチャク＝ハン国（金帳汗国）へと入る。そしてヨーロッパ人と直接に接触したのは、さらに西、黒海に面したクリミア半島のカッファ（現フェオドシア）でのことだった。ジェノヴァの人びとが入植していたこの地で、ペストは、フランスの社会史家エマニュエル・ル＝ロワ＝ラデュリがいみじくも名づけたごとくに、「細菌による世界統一」を果たすべく、いよいよヨーロッパへの第一歩を踏み出したのである。(8)カッファの町は一三四三年、そして一三四五―四六年にも再び、ジャニベク＝ハン率いるタタール人たちに包囲されたが、一三四六年にこの軍隊のなかで突然にペストが発症する。ピアツェンツァの出身で、当時クリミア半島に居を構えていたガブリエーレ・デ・ムッスィは次のように伝えている。

タタール人たちは、戦いと悪疫とに憔悴しつつ、味方の数がどんどん減ってゆき、もはや救いの

希望もなく死んでゆくほかないことに気づくと、慌てふためいて度を失った。そして味方の死体を投石機で、カッファの町へと投げ込みはじめた。耐えがたい悪臭で敵を滅ぼそうとしたのである。死体が降りそそぎ、山となってゆく。キリスト教徒たちはそれを片づけることも避けることもできず、落ちてくるもの［＝死体］から身を守るには、できるだけでも海に沈めるしかなさそうであった。ほどなく町の空気は完全に汚染され、水も腐敗して有毒になった。悪臭があまりにひどいので、何千もの軍勢のなかから逃げ出すことができたのはわずか一人だけだった。しかしこの者もまた病に冒されており、いたるところで毒を他の人びとに向かってまき散らした。この者に見られただけで、場所も人間も、この病に感染してしまうのだった。誰も助かる方法を知らず、その道筋を示すことのできる者すらいなかった。(9)

タタール人の「生物兵器」は、どう見ても疑わしい成果しかもたらさず、感染をみずからの内部に恐るべきスピードで進行させてしまう結果となった。そして疫病のほうはこのあと、ジェノヴァ商人の広くはりめぐらされた通商網へと潜りこんだ。一三四七年、カッファを出てコンスタンティノポリス、そしてカイロを襲うと、さらにジェノヴァのガレー船でメッシーナへと運ばれた。ちなみにこの悪疫はすでに五四一年、さきに触れた「ユスティニアヌスのペスト」の折にも、似たような経路を辿ってエジプトから東地中海沿岸の港町を転々としたのち、五四三年の冬に中央ヨーロッパに到り着いたのだった。

一三四六年から四七年にかけてのペストの拡がりの過程は典型的で、その後のさらなる伝播の雛型を見てとることができる。この悪疫はある港町を襲って汚染しつくすと次の町へと移るが、その際、しばしの休眠期間を経ておもむろに、港の背後に控える内陸の町を蹂躙しはじめ、同時に隣の港町へと飛び火するのである。こうして一三四八年のはじめには、メッシーナからピサ、ジェノヴァ、ヴェネツィア、マルセイユ、そしてバルセロナといった港町が次々と病に襲われていった。一三四八年四月には、ペストはフィレンツェに到達し、マルキオンネ・ディ・コッポ・ステーファニ〔一三三六―一三八五〕の年代記はこれを次のように伝えている。疫病は「たちが悪くかつ猛烈で、この病がいったん家にあがりこむと、もはや誰も病人を看護することはできない。看病しようとした者自身もすぐに病気になってしまうからである。感染した者はほとんどが三日と生きながらえることができない。医師も薬もこの病には役立たない。このような病はこれまで全く知られておらず、医師たちにもなすすべがなかったからである。治療法もまた見当がつかぬままで、皆どうしてよいかわからず、すさまじい不安だけが残った」(10)。

一三四七年のヨーロッパで、遠いインドの出来事として語られていたもろもろ――空から雨のように毒をもつさまざまな動物が降ってきたかと思うと、雲間からは火の玉が落ちてきて、いずれも不気味な死をもたらすという――が、今やヨーロッパでも起こりはじめているのだった。海路を経てペストはガスコーニュの港町、当時イングランドの支配下にあったボルドーとバイヨンヌへと到る。そして一三四八年六月、そこからヨーロッパの北への進撃をはじめる。南西イングランド、ドーセット州の港町ウェイマスが、ブリテン諸島における最初の犠牲となった。そして冬場に一呼吸入れたのち、一三四九年のはじめにイングランドとスコットランドを蹂躙し、アイルランドの東半分も荒らした。

海路とハンザの通商路を辿って、ペストはさらに、カレーからベルゲン、オスロへ、ケルンからコペンハーゲンへ、ハンブルク、リューベック、そしてノヴゴロドへと進出した。一三五二年にはモスクワを襲い、そこから再び南へ転じると、ヨーロッパの通商路の前哨地であるキエフを陥れる。こうしてヨーロッパに張りめぐらされた海路水路の上に、閉じた「死の環」が完成をみたのである。

4 人びとの絶望と医者の技術

十四世紀・十五世紀の人びとは、この恐るべき病をどのように理解していたのだろうか？　薬効のある植物を栽培したり、発見したりできたのだろうか？　世俗の出来事であるペストを救済史のなかに位置づけようとする場合には、いうまでもなくそれは「神の怒り」と見なされた。そして当時の人びとが用いた呪詛の言葉のなかにも、この新しい病への不安が刻されている。「ペストでくたばっちまえ」(Daß dir die Pestilenz ankom)[11]。

同時代の医学は、この新しい病について何も答えることができなかった。医師ギー・ド・ショーリアック〔一二九八―一三六八〕やコンラート・フォン・メーゲンベルクのような学者は、みずからの的確な観察を、古代の体液理論の権威であるヒポクラテスとガレノスの見解を混ぜあわせた「体液病理学」へと落としこんだ。この古典的な体液・気質理論によれば、ペストとは、「湿」にして「温」である血の過剰がもたらす内臓の腐敗であった。そしてこのような内部の腐敗は、外部の腐敗によって

施療院の混雑と医師の治療術
ドメニコ・ディ・バルトロ画、1440年頃

引き起こされるとされた。このイメージは十九世紀まで受け継がれ、伝染性の病気は腐敗した食物や空気の汚染によって媒介されるといい、そうした「悪い空気」は、発散された物質、いわゆる「瘴気《ミアズマ》」によって生み出されるとされた。これについてはすでに「地震」の章において、同時代の証言に見えるイメージを紹介しておいたところであるが、[12]古代の権威筋も早くから、湿った蒸し暑い空気と南風に警告を発している。一方で十九世紀後半、産業化のすすんだ都市において西側を居住区として高く評価するのも、この要因を意識してのことだったという。

古典的な「瘴気《ミアズマ》」理論とならんで、ウンブリアの医師ジェンティーレ・ダ・フォリーニョによって、ペスト害気理論、コンタギオン説が展開された。フォリーニョはペストの原因を、一三四五年三月二十日、火星、木星、土星という三つの惑星が不吉な星位をとったことに求めている。これによって毒を含んだ靄《もや》が海と大地から発せられ、空気に混ざって熱を帯びる。その結果「腐敗した空気」(aer corruptus) つまり病を引き起こす靄となって、これが再び地上に降りてくる。フォリーニョによれば、このペスト害気を吸い込むと、それらは体内で心臓と肺に集まり、今度は「毒素」へと変成する。そしてまた患者が吐き出した害気によって、この病は伝染するのだという。

ミアズマ説ならびにコンタギオン説が流布するにあたって決定的だったのは、一三四八年の晩夏にパリで編まれ、広く受け入れられたペストへの意見書が、その解説の基盤としてこれらの説を採用していたことであった。しかし同書がそこから引き出した治療上の結論は、他の多くのペスト意見書と同様に、同時代の医学では太刀打ちできない、というものであった。それゆえパリの意見書は、古代の医師ガレノスの箴言を行動の規範とするように勧めている——「すばやく遠くに逃れ、遅く戻れ」(Cito longe fugas et tarde redeas)。それは十四世紀、アヴィニョンの教皇たちも、また三〇〇年後ケルンのヴァインスベルク家の人びとも等しく頼りにした、生きるための知恵であった。それ以外の助言としては、「瘴気《ミアズマ》」を吸い込むのを避けるために、身体を疲労させないようにすること。音楽に触れたり楽しく快活にしているようにつとめ、四気質の平衡を保つこと。悪臭を放つ物質、とりわけ有名なテリアク〔万能薬として知られた〕を鼻の前に掲げ、「瘴気」やペストの害気を吸いこむのを避ける予防薬とすること。そして最後に、腐敗を進行させるような成分を含む食事を控え、対ペストの食養生につとめること——以上であった。(13)

5 〈ペスト〉と呼ばれた悪疫——その正体は？

同時代の人びとが悪疫《ペスティス》（pestis）と呼びならわした病は、果たしてペストだったのだろうか？——それはほんとうに、スイス出身の医師で、熱帯の細菌学者として活躍したアレクサンドル・イェルサンが発見し、エルシニア・ペスティス *Yersinia pestis* と名づけた細菌によって引き起こされる、あの伝染病と同じものだったのだろうか？　フィレンツェのマッテオ・ヴィラーニ〔一二八三—一三六三〕あるいはリンブルクの市参事会書記ティレマン・エルヘン・フォン・ヴォルフハーゲンといった同時代人たちの書きとめている症状は、鼠蹊部（足のつけ根）や腋窩部（わきの下）にこぶないしはリンパ腫ができる、というものであった。これはまぎれもなく、今日まで知られ、時折たとえばアメリカなどで発生が伝えられる腺ペストの徴候を示している。一方、この病気の感染経路については、歴史とりわけ医学史研究の立場から長く検討が続けられてきた。その経過を見渡して今なおとりわけ興味深いのは、一九七〇年代の、いわゆる「ネズミ派」と「ノミ派」の学者たちの間でたたかわされた熱い論争であろう。というのも近年の研究で、ペストはまず何種類かの齧歯類の動物の間で拡がる動物原性感染症であることが知られるようになっていたからである。一九七〇年には、ヨーロッパ以外の二六の国でそうした地域限定型の感染巣が確認されている。[14] 一三四七年のペストは、すでに触れたように、内陸アジアの齧歯類の間での感染に端を発した動物原性感染症であった。しかしそれ以外に念頭に置いておかなければならないのは、しばしば引きあいに出されるクマネズミのほかに、実は〔ペスト菌を媒介するノミの〕宿主となる動物が約三七〇も――家でおなじみの猫や犬も含まれる――いるということである。衛生状態に問題のある環境下において、これらの宿主およびノミは理想的な媒介者となる。そしてさらには、同種間の感染の可能性、とりわけヒトからヒトへと感染する可能性もあり、そうしたかたちでこの病気の感染にかかわるノミについては、ヒトノミをはじめとして約三〇種が知られている。

ペストには、広く蔓延した腺ペストのほかに、二種の病型が存在した。二次的な、あるいは原発性の肺ペスト〔と、皮膚ペストの二つ〕である。[15] そして腺ペストにも、常にこれらの他の病型へと移る可能性があり、中世後期のペスト大流行に際しては、多かれ少なかれこうした過程を辿った跡をうかがうことができる。すでに一三六五年、医師のギー・ド・ショーリアックは、もっぱらその経験を通して、腺ペストの症状として熱、譫妄状態、嘔吐、それに特徴的な腫脹の肥大化をあげ、それらがしばしば二次的に皮膚ペストを引き起こすことを書きとめている。皮膚ペストは、発疹、膿疱、癰《カルブンケル》などの症状を呈し、しばしば皮膚や粘膜の出血をともない、これらは、腺ペストによる壊死や部分的な皮下出血と並んで、「黒死病」という呼び名の由来ともなった。列聖審査やその他の同時代の文献では、こうした「レンズ状」の斑、もしくは「ペスト斑」は、まぎれもない死の徴候と見なされている。[16]

病気の最終段階になると、リンパ腫が破れて病原菌が外に出、これが二次的に肺ペストを引き起こす可能性がある。同時代の人びとが書き残している肺ペストの主な症状は、咳と血のまじった痰——病原菌を多く含む——で、この状態の患者はきわめて伝染性が高かったという。すなわち人間から人間へと伝染し、原発性の肺ペストを引き起こしたのである。しかしながら、肺ペストがこの病気の代表的な症例と見なされることはそれほど多くはなかったようである。それぞれの流行に際しての二つの主たる病型——腺ペストと肺ペスト——の割合には、不明なところが多いが、確かなところとして二点あげておこう。一つめに、どちらかの病型のみしか現れなかったのは一例もないこと。二つめは、腺ペストの場合、発病した患者の二〇から四〇パーセントが生き残るが、化学療法なき時代、つまり一九五〇年代以前の肺ペストは、実質的にはほぼ確実に死にいたる病だった、ということ。しかも感染して数日後には亡くなることが多かったのである。

ペストの歴史学的な分析を行なう上では、一般的な環境要因や衛生状態も考慮に入れる必要がある。つまり、住居、年齢、健康状態、免疫力といった個人的な要素と、それに関連する客観的な指標——社会的地位、一般的な衛生条件、都市部か田舎かの違い、それに気象条件——とが、疫病がむかう方向や、その流行の経過を規定したのである。

6 北ドイツにおける〈大いなる死〉——その伝播と経過

「[ペストは]この年[一三四八年]、アルプスを越える一方で、プロヴァンス、サヴォワ、ドーフィネ、ブルゴーニュ、それにマルセイユの海岸沿い〔……〕に蔓延した」[17]。フィレンツェのマッテオ・ヴィラーニが一定の距離と時間を隔ててこう報告している現場を、当時アヴィニョンの教皇宮廷に滞在していたハンザ都市ハンブルクの使節は、より直接に目のあたりにしたことだろう。「お伝えしておくべきニュースがあります」――このうえなく不穏な噂に動揺しつつ、ハンブルクにいる市参事会の同志たちに向けて使節はこう書き送っている。「マルセイユの町が面している地中海は、この町のあたりがとりわけひどく汚染されています。そのためこの町の海沿いに住む人びとはみな死んでしまい、町の住民のほぼ半分が亡くなりました。多くの城はこのため無人のままとなっています。また聞くところでは〔一三四七年の〕クリスマス前後に入荷した香辛料もすべて、汚染されているそうです」[18]。

こうして一三四八年の春と夏に、遠方からの耳寄りな「最新情報」としてエルベ川下流の町へとその流行が伝えられた悪疫は、恐れた通り、その二年後の一三五〇年六月、今度は実際にハンブルク、リューベック、そしてシュレスヴィヒ＝ホルシュタインの町や村を、巨大な炎が舐め尽くすかのような勢いで襲いはじめたのだった[19]。リューベックのフランシスコ会修道院ザンクト・カタリーネンで神学教師をつとめたデトマーはその年代記に、このペスト伝播の経過をこう書きとどめている。まず一三四六年、当時の地理的な世界像における宗教的な中心点というべきエルサレムにおける「大いなる死」(grot sterven) が伝えられ、その後さまざまな回り道を経つつ、〔イタリア南東部の〕アプーリア、フランス、イングランド、フランドル、ノルウェー、スウェーデン、そして〔デンマークの〕ユトランド半島北部やシェラン島へといたる。そしてそこからさらに、バルト海南岸の一帯へと拡がり、一三五〇年の聖霊降臨祭、つまり五月十六日には、すでにペストはリューベックに蔓延していたという。

「人びとはただ死んでいった」とデトマーは記している。「そして多くの人びとは、みずからの土地に誰も住民がいなくなることを想像して恐れと不安にかられた」[20]。実際にキールでは、一三五〇年六月二十日、ブレーメン大司教が、市がシューマッハー門のはずれのブルンスヴィック地区に買い求めていた地所に、新たな墓地を設けることを許可している。ペストによる死者が多すぎ、これを処理するための空間が緊急に必要とされたのである。同じようなことはハンブルクにも起こっており、後のザンクト・ゲルトルーデン教会墓地はじめ、この時代のペストによる死者のために用意されたものだった[21]。

片田舎にもやはりペストによる死者専用の墓所が設けられたが、それらが今に残っていることはまれである。レンズベルク〔キールの東約三五キロにある小都市〕近くのレームベック村では、集落の東三〇〇メートルほどのところに、そうした当時のペスト患者の墓所が今も残っている。一三五〇年の犠牲者――この当時、村全体が完全に死に絶えたとの伝説も残っているが、これは信を置くに足りない――と、一六二九年の犠牲者とが、ここに葬られている。一三五〇年の死者たちは、平らな野の石の上に置かれ、石灰を撒いたあとに土をかぶせられた。こうした点はおそらく、一八九九年の発掘作業の際に詳細に観察されたと思われるが、報告書の類は伝わっていない。ともあれレームベックの墓地は、一三五〇年と一六二九年のペストによる死者、あるいはそれ以外に、別の悪疫による死者も加わっているかもしれないが、いずれにしても、まわりを囲む石壁と、力強いオークの木立によって、一帯のランドマークの役割をつとめると同時に、近代以前における「黒死病」の歴史的な記念碑ともなっているのである[22]。

犠牲者の数はうず高く積みあがってゆく。しかし果たしてそれらを鵜呑みにしてよいものだろうか？　リューベックでは一三五〇年の七月から八月にかけて、家の所有者の二八パーセント、市参事会員の三五パーセントが亡くなった。そしてこの恐怖の年の七月から十月の間に、市参事会のもとで作成された市民の遺言書の数は、一二九件もの数にのぼった。このような行動には、怖れと苦難が色濃く滲んでいる。というのも、それまで長年にわたり、市参事会のもとでの遺言書作成は、年に六件のペースで続いていたからである。ただしリューベックでは、遠いイングランドでの悪疫流行の報を受けたことにより、すでに一三四九年の秋頃から遺言書の数は増加傾向にあった。[23]

この「恐怖の年」(annus horribilis)、一三五〇年には、いたるところに恐れと死があふれていた。リーペンでは七月二十日から九月二日までの間に一六名が「死者名簿」に加えられた。これはつまり、死者周年記念のミサを捧げてもらうよう、寄付がなされたことを意味するが、一三四九年はわずか二名だった。ヴィスマルのドミニコ会修道院では十九世紀になっても、一三五〇年にペストで、たった一月の間に二〇〇〇名もの死者を出したのを記憶にとどめていたことが、墓碑銘からわかる。その年のその七月の間、この地で歎く女性たちの弔いの歌が絶えなかったのは無理もないが、結局それは禁止されることになった。また一三五〇年の九月二十九日、クレンペでは数人の市民が教区教会の副読師、ヨハン・フォン・ルッテケンゼに、感謝のしるしとして助任司祭の地位を贈っている。この副読師はペストが猛威をふるっていた間、献身的に病人たちの面倒を見つづけ、クレンペの同僚の聖職者たちのように、逃亡したりはしなかったからである。[24]

リーペンやリューベックの裕福な市民たちが示す態度——危機を前に家を整理したり、祭具を寄付したり、遺言書をととのえたりといった——のみならず、キール、ヴィスマル、クレンペといった町々の生活の様子からも、一五三〇年にペストが蔓延してゆく、その具体的な姿をうかがうことができる。ユトランド、シュレスヴィヒ、ホルシュタイン、リューベックを襲った悪疫は、海路ブリテン諸島から渡ってくるものと、南方より陸路を経てやってくるものとがあった。これらはいずれも、イングランド、ラインラント、ヴェストファーレンといった地方との、ハンザ貿易を介しての密な結びつきを反映している。ちなみに悪疫がはびこるのは主として夏の半年の間であった。(25)

一三五〇年の十一月を無事に生き延びた人びとは、これで悪夢は永遠に立ち去ったのであってほしいと願ったのだったが、その期待は無残に裏切られることになった。一三五八年、リューベック、ハンブルク、それにシュレスヴィヒ、ホルシュタインのかなりの地域を「大いなる死」が再び襲ったのである。黒死病はさらに一三六七年から六八年にかけて猛威をふるい——たとえばプレーツのベネディクト会女子修道院では一三六八年五月十八日に、修道女ゲルトルート・シュマレンゼーのペストによる死を悼んでいる——一三七五—七六年、一三八七—八八年にもこの残酷な悪疫は舞い戻ってきた。しかも一三八七年から八八年にかけては、明らかにインフルエンザの流行も重なり、多くの犠牲者を出すことになった。年代記作者デトマーによれば、一三八八年の夏、リューベックでは一万六〇〇〇名もの命が奪われたといい、この前年にハンブルクの市参事会は、町の聖職者全員に、「空気を清浄にし、ペストの原因となる〈瘴気《ミアズマ》〉を防ぐ」ためのミサをあげるよう命じている。その後に帝国の北方でペストが暴れた年としてある程度確認がとれているのは、一三九六年、一四一三年、そして一四二〇—二一年——この期間のものとしてはレンズブルクのペストの記録も知られている——である。さらに「黒死病」は一四三八—三九年にも現われ、これはたとえばアイダーシュテットの年代記に報告がある。その後は一四四九—五一年に流行し、一四六四—六五年にはプレーンで猛威をふるい、最後に一四八三—八五年に蔓延したが、このときは敬虔なプレーツの修道女たちの「薬草」がペストに効くとしてよく買われた[26]。

全体として、この悪疫は一三五〇年から一五五〇年の間に、シュレスヴィヒ、ホルシュタイン、リューベック、ハンブルクといった一帯において、平均すると一二・五年に一度猛威をふるったことが確認される。とりわけ流行の頻度が高かったのは一三五〇年から一四〇六年にかけてで、この間人びとは、八年に一度の割合でペストの蹂躙を受けることになった。

7 北方におけるペストと人間——罹患、死、生還、そして寄進

実際のところ、どのような人間がペストで亡くなったのだろうか？　この病気は人によって伝染しやすさに異なりがあったのだろうか？　すでに記したように、一三五〇年の大流行の際、ハンブルクやキール、それにシュトラスブルクでもまた、夥しい数の死者を埋葬するためのペスト墓地が新設された。リューベックの年代記作者デトマーによれば、一三五〇年の悪疫流行の折、ある日の晩課から次の日——聖ラウレンティウスの祝日つまり八月十日だった——の晩課までに、二五〇〇もの人が亡

中世の共同墓穴（部分）
リューベックでのペストによる死者たち、1350 年頃
リューベック市考古学・文化財保護課

くなったため、大きな共同墓穴を掘って浅く埋められたという。[27] デトマーのあげるこの数字にはかなり誇張があるだろうが、しかしこの事実自体は実際にあったことのようである。というのも幸運なことに、リューベック市の考古学的調査において、こうした共同墓穴——ボッカッチョも『デカメロン』でフィレンツェの例に言及している——が一九九〇年、聖霊施療院の南壁からすぐのところに発見されたからである。[28] そこでは大きな二つの墓穴のそれぞれに、亡骸がぎっしりと、五から六の層をなして詰めこまれていた。土はところどころにちりばめられている程度だった。したがって死者は、この墓穴がある程度一杯になるまで、多かれ少なかれ野ざらしに近い状態で過ごさねばならなかったことになる。埋葬人が路地を歩き回って無差別に死体を集め、そうした墓穴へと投げ込んだのであろう。なおこのリューベックの新発見についてもう一点指摘しておけば、墓穴の骸骨はいずれも下層民のものではなく、むしろ中流ないし上流の社会集団に属したと思しいものから無作為抽出したかのようであるという。二つの墓穴に納められた亡骸は約八〇〇にのぼり、町の全人口を一万五〇〇〇ほどと見積もるなら、その五パーセント強にあたることになる。

一三五〇年のリューベックのペスト共同墓地が提示する、「残酷な」人類学的データは、死に際して性差は何の意味ももたなかったことを示している——リューベックでも別のところでは、男性の数字が優位に出ているところもある——が、これに対して年齢はそうではなかった。このときに亡くなった者が多かったのは、十五歳から二十五歳のグループと、五十歳から五十四歳までのグループだった。つまりリューベックを襲った最初のペストは、成人前後の若者と初老の男女を主たる犠牲者に選んだということになるが、これはあるいは、ペストが新しい病であったため、免疫力の低い層が発病しやすかったということかもしれない。もちろんこの病について報告している後の時代の人びとも、ペストによる死の年齢的な偏りを強調している。ヨハネス・ポシルゲはその『リューベック年代記』のなかで、一四〇六年のペスト流行にふれ、「たくさんの幼い子どもたち、若い娘さんたち、そして年寄りが亡くなった」と伝えている。また『リューベック市参事会年代記』の最初の書き手であるヨハン・ヘルツェは、一四六三年から六四年にかけてのペスト流行の経過にふれつつ、「若い人びと」の死亡率の高さが際だっていることを指摘している。(29)

もしペストが死によってあらゆる社会的差異を等しくならしてしまうのだとしたら、この悪疫は経済的観点から見て、また宗教上の生活形式に、どのような影響をもたらしたのだろうか？

遠隔地交易都市であるリューベックの経済生活に、一三五〇年のペスト禍は深い爪痕を残した。商業の利益が流れ込む、中長期の投資対象であった都市の定期金市場（Rentenmarkt）は、一三五〇年の第三・四半期に機能不全となり、貨幣の取引高は限りなくゼロに近いところまで落ち込んだ。(30)確かにその年の終わりまでに、定期金市場の景気は再びはっきりと上昇に転じたが、これは生き残った相続人たちが、手に入れた定期金（Renten）を換金しようとしたからであった。しかし貨幣を求める定期金の売り手たちは、以前のような方法で資金不足を解消することはできなかった。貨幣は乏しく、いっこうに増える気配はなかった。利子の利率は五から六・一四へとあがり、これがようやく元通りに落ち着いたのは一三五二年のことだった。リューベックでは不動産市場もまた、同様の危機的状況を呈していた。一三五〇年と一三六七年には、土地所有者の交替がかなりの速度で進行したが、これは主として債務者の破産によるものだった。こうして破産に追い込まれたのはしばしば手工業者で、それも職人や徒弟を抱える余裕のない零細経営の親方たちが、身柄を拘束された。彼らの乏しい資本金では、ペストが猛威をふるう何週間や何か月をやりすごすことはできなかったのである。

定期金市場や不動産市場の苦境は、単に経済全体の危機のいくつかの症例にすぎない。リューベックでは一三五〇年、商業全体がどん底にまで落ち込み、ハンブルクでは主たる輸出商品であるビール醸造が、目に見えて生産量を減らした。地方ではバター、家畜、大麦、ライ麦、燕麦など、農産物の値段が暴落し、プレーツ女子修道院の会計簿もこれを裏づける。農業全体が回復したのは、ようやく十五世紀に入ってからのことだった[31]。

中世の人びとにとって、魂の救済を得るには寄進に励まねばならなかった。下働きの娘たちは小銭を貯めて、教区教会または近くの修道院の周年記念簿にみずからの名を載せてもらおうとし、一方で裕福な人びとは営業活動の利益のなにがしかを、大規模な慈善団体に寄付した。それまで暴利をむさぼってきたことの疚《やま》しさによることも多く、中世の商人たちはおそらく死を前にしてはじめて、地獄の苦しみとしてそれを味わうことになった。しかし一方でそうした贈与の行為には、寄進者に持続的な名声をもたらすという一面もあった。ここでは、リューベックのフランシスコ会修道院ザンクト・カタリーネンの北回廊の西側廊下に掲げられた銘板を紹介するにとどめよう。ペスト禍のあった一三五〇年と、修道院再建時の喜捨について語ったものである。「キリストよ、あなたのあとに一千と三百と五十の年が過ぎた折、悪疫が大地の半ばを根こそぎにした。その後三年を経て、修道院は新たな

ペスト腫脹をもつ聖人、聖ロクス
ベネディクト・ドライアー作
リューベック、聖マリア教会旧在（内陣格子）、1520/22年

力に恵まれ、そのおかげで一階の図書室が再建された。病人たちをおおぜい死に至らしめたかわりに、神はこの修道院を再建なされた。消え去り、息絶えた骸《むくろ》に安らぎあれ」[32]。

実際のところ、一三五〇年のペスト大流行のあと、リューベックの教会や修道院には、かなりの喜捨や寄進が注ぎ込まれたにちがいない。ザンクト・ヨハニス修道院、聖霊施療院、それに司教座聖堂参事会は、市周辺の地所や領地をさかんに買いあさっている。

ペストの守護聖人たちが、人びとの間に拡がった恐怖をただちにやわらげることが期待できたのも、永遠の至福を求めての寄進を通じてであった。ヴァレー（ヴァリス）地方のイリエ谷（ヴァル・ディリエ）では、聖ロクスと聖セバスティアヌスの兄弟団が設立され、キールでは一三五〇年、聖セバスティアヌスが崇められた。どちらもペストから護ってくれる聖人であるが、こうしたペストの守護聖人たちの大規模な「出世」はもちろん、十五世紀の後半以降にはじまったものである[33]。とりわけ聖ロクスは一五〇〇年前後には、飛ぶ鳥を落とす勢いの人気を誇る聖人だった。信心深い俗人たちの間で崇められる一方、教会は正式に聖人と認めていなかったが、その崇敬はイタリアからはじまって、印刷物や書物によって勢いづけられると、驚くべき速さでドイツ、さらにはヨーロッパ全体へと拡がった。聖ロクスは、宗教改革の直前の時期には、最も崇敬を集めていた聖人の一人となった。聖ロクス崇敬は一四八〇年、アルプスの北に現われると、一四八四年にはニュルンベルクに到達、ここには聖ロクス墓地や聖ロクス礼拝堂がつくられ、ドイツにおける最初の中心地となった。一四九〇年代に入ると、聖ロクス崇敬はとりわけ商工業の中心となる大都市、ブルッヘ、アントウェルペン、ケルン、リューベックへと進出する。このうちリューベックはドイツにおける聖ロクス人気の第二の中心地となった。

この新しいペストの守護聖人の崇敬について伝える証言は枚挙に暇がない。聖人伝の集成、ミサ典書、祈禱書、祭壇飾り……などである。この聖人に敬意を表しつつ、リューベックで名の知れた商人たちは一五一一年、聖ロクス兄弟団を設立し、あわせて大聖堂にそのための助任司祭職を設け、聖職禄を寄進した。ベネディクト・ドライアーが一五二〇年から二二年の間に制作した木像が聖マリア教会の内陣格子の前に立っていた——第二次世界大戦の折に破壊された——が、これももちろん聖ロクス像で、他のペストの守護聖人、聖アントニウスや聖セバスティアヌスと並んでいた。裕福な商人のハンス・ザーリゲと、大商人ゴデルト・ヴィガーリンクの遺言執行人たちは、ペストが再び襲来したのを目のあたりにして、寄付によりこの内陣格子の新設を促したのだった。

8　ペストとユダヤ人——バルト海沿岸の町々の事例

ペストはユダヤ人たちも死に至らしめた。もちろんユダヤ人が直接にこの悪疫の犠牲になって亡くなることもあったが、それとは別に、キリスト教徒の手にかかって殺される場合もあった。現代の研究ではたしかに、十四世紀半ばのユダヤ人虐殺とペスト大流行の間に、直接の因果関係があったとする見方は排除されているが、しかしだからといって、その土地でのペストの流行と、ユダヤ人迫害《ポグロム》が時期的に重なっているのを、偶然の産物と考えることもむずかしい。ユダヤ人の大量殺人はしかし、先にふれたような急激な貨幣の暴落や物価高、都市あるいは地方における無数の反乱、鞭打苦行者や巡礼の行列での忘我の興奮状態などと同じく、「死と隣りあわせの危機」として、同時代の人びとの注目を大いに集めていた。それまでになかったような、救済の保証人たる、あるいは神意にかなった世界たる教会への批判が聞かれるようになった。以前に較べ格段に大きな「動揺」が、当時の社会に満ちあふれていた。すべてが無秩序に陥っているかのようで、さかしまの世界、狂った世界が話題にのぼる。不確かさと不安が拡がり、人びとの精神を揺さぶりつつものごとの行方を定めていった(34)。

一三四八年から一三五〇年にかけてのドイツでのペスト大流行は、中世後期におけるもっとも包括的で、もっとも犠牲者の多いユダヤ人迫害をともない、帝国全体で少なくとも四〇〇のユダヤ人共同体が標的となった。例外となったのは、オーストリアとボヘミアのごくわずかな地域のみだった。しかしながら、ペストによる大量死を目のあたりにして動揺した人びとが自然発生的に行動を起こすことは、実はきわめてまれであった。ユダヤ人殺害はむしろ、市参事会によって組織的に計画されたものであることが多く、エアフルトやシュトラスブルクの例がは敵対する団体に利用され、暴動がその地の市参事会にダメージをもたらすように仕組まれたのである。迫害《ポグロム》自体は、男性も、女性も、子どもも、さらにはキリスト教の洗礼を受けた者にいたるまで、無差別にあらゆる人びとを対象とした(35)。

シュトラスブルクの年代記作者フリッチェ・クローゼナーは、一三四九年二月九日の記事に、そうした迫害の様子を伝えている。それによれば、ユダヤ人たちは、政治的に不安定な要素を抱えた市参事会の計画的行動によってユダヤ人居住区に閉じこめられた。続く火曜日、諸手工業組合の支持を受けた市参事会に反対する勢力――組合員たちは武器をもって大聖堂の前に集まっていた――が、市参事会員たちを罷免し、別の面々を新たに選んだ。「水曜日に」とクローゼナーは簡潔につづける。「参事会に誓約がなされた。［……］金曜日に、ユダヤ人たちが捕らえられた。土曜日に、ユダヤ人たちが焼かれた。その数はおそらく二〇〇〇にのぼったと見積もられている。しかし、洗礼を受ける意思のある者は生き残ることを許された。また幼い子どもたちも、父母の意思に反して、火にかけられることはなかった[36]」。

一三四八年十一月以降、恐るべき迫害と何百ものユダヤ人殺害が、帝国内の諸都市に点々と血の痕を残していった。その際、伝統的な「儀礼殺人」と「ホスチアの冒瀆」に加えて、第三のの根拠づけが新たに登場した――井戸に毒を投げ込んだ、というのである[37]。この伝説はすでに一三二一年には南フランスで知られており、サヴォワを経て、またたく間にドイツでも広まった。ユダヤ人たちが毒を投げ入れたというこの噂は、一三五〇年の七月、ペストと一緒にバルト海沿岸のハンザ諸都市、リューベック、ヴィスマル、ロストック、そしてシュトラールズントにまで届いた[38]。

悪疫が日ごとに犠牲者を呑み込んでいったこの夏の数週間の間に、確たる日常空間が崩れて黙示録的な世界が顔をのぞかせ、それまで商人として冷静で理性的だったそれらの都市の参事会員たちも、次第に自制心を失っていった――しかし実は、そう見えただけ、だったのだが[39]。いずれにせよ、一三五〇年の五月または六月に、ロストックの市参事会宛に［ゴトランド島の］ヴィスビーからある書状が届いた。それは、ユダヤ人が全キリスト教徒を毒殺しようとしている、という常軌を逸した煽情的なデマを伝えるものだった。悪い報告はさらに、ストックホルムやその他の諸都市からも届き、毒を投げ入れた者九名が逮捕された、それどころか、とある祭司がこの悪行を自白した、とも報じられた[40]。ロストック、ヴィスマル、シュトラールズントの市参事会は急ぎ協議の場をもち、その結果が、ハンザ通商路の中心にしてまとめ役、そしてこれら諸都市の長たるリューベックに伝えられた。一方リューベック市参事会は、ブラウンシュヴァイク＝リューネブルク公オットーに宛てた一三五〇年七月一日付の書状で、キリスト教徒の立場から驚くべきユダヤ人憎悪をつづっている。つまりリューベックはバルト海沿岸諸都市の代表として、その役割を引き受けたわけである。ユダヤ人が毒を投げ込んだとの噂は、こうして力強く、かつたゆむことなく広められていった[41]。

そのリューベックの書状によれば、シュトラールズント、ロストック、ヴィスマルの市参事会は、ペストのもたらした苦境に対処するために集まり、とにかく事情は明らかなのだから、残忍なユダヤ人と罪深いキリスト教徒の間から毒殺の仕掛人を見いだし逮捕しなければならないということで意見の一致を見た。ユダヤ人のモセッケとダーフィトは金《かね》と毒をかきあつめ、キリスト教世界を破滅させようとした。またユダヤ人の手先となったキリスト教徒二名が捕らえられ、ヴェンド人の土地でこうした無法な行為を行っていたことを告白している。さらには、ヴィスビーとトルンの市参事会からの書状にも、ユダヤ人たちの陰謀が証言されていた。それゆえ毒を混ぜようとする者に対しては、各々が対抗措置を講じなければならない、とリューベック市民たちは断言している。こうして市参事会によって、カイエノルトという名のキリスト教徒が焼き殺され、また女性が一人生きたまま埋められた。両名とも、毒を用意し、プロイセンからこちらのすべての都市を毒のある虫によって汚染させたと公に告白していたからである。毒は、堆肥の下に埋められた若者の死体から採られたのだという。多くの人びとがこのようにして命を失っていった。オットー公は、リューベック宛の書状でも書いているとおり、ユダヤ人からその庇護を取り消し、彼らを滅ぼそうと意を決した。そうすることによってしか、大量死に終わりをもたらすことができないと考えたのであった。

周縁民や社会的に烙印を押された人びとは、ユダヤ人であれキリスト教徒であれ、例外的状況においては一様にきわめて危険な立場に追い込まれたが、一三四九年から五〇年にかけての時期には、修道士や聖職者もまたそうであった。ロストックではこうした重苦しい週がつづくなか、助任司祭のミヒェル・ヒルデンゼムが――審理においてロストックの市参事会に反する内容を教皇庁に密告したかどで――「容赦なく」(inhumaniter) 拷問にかけられ、二十六週ものあいだ牢獄につながれ塗炭の苦しみを舐めた。ロストックではほかに二人の聖職者が、毒を投げ入れたとして生きたまま絞首台の下に埋められた。[42]

ヴィスビー、トルン、ロストック、それにとりわけリューベックにおいて組織的に噂がばらまかれ、ヴィスマル、ロストック、シュトラールズントのユダヤ人たちが追放もしくは死へと追い込まれた。[43]こうした噂をめぐるヒステリーは、ヴィスマルの『市民法集《ビュルガーシュプラーヘ》』にある、一三五〇年七月十一日に明文化された次のような措置からもうかがえる。つまり、ある人を(キリスト教徒も含めて)毒を投げ入れた罪で法に則って逮捕することができた場合、それを可能にした者は報酬として二〇リューベックマルクを得る、というのである。[44]誰もがこの目的のために、家々から町の隅々まで手当たり次第に捜索しはじめた。不安と無秩序が――大量死を目のあたりにしてヒステリックになった市民全体の意志に駆りたてられ、しかしまた一方では、ユダヤ人たちを市政の中枢から完全に一掃する機会を利用しようとする市参事会に操作されて――中世のバルト海沿岸諸都市におけるユダヤ人の歴史に終止符を打った。それでも十五世紀の間を通じて、ホスチア冒瀆のかどでユダヤ人二十七名が火刑に処された、一四九二年のシュテルンベルクでの大惨事までは、グライフスヴァルトの町やメクレンブルクのいくつかの小都市には、なおユダヤ人居住区が存在していたのだった。

リューベックの年代記作者でフランシスコ会士のデトマーは、一三五〇年の非道なふるまいについて、その三十五年後になってもなお、広く流布していた陰謀説を言いつのって弁明につとめている。大都市の富裕なユダヤ人たちは、全キリスト教世界に君臨する王であり主であろうとして、キリスト教徒を滅ぼすことに決めたのだ、と。[45] しかし同時代には炯眼の士もあった。シュトラスブルクの年代記作者フリッチェ・クローゼナーは、上ライン地方のみずからの都市で一三四九年に起きたユダヤ人の大量殺人を、すでにふれたように、重鎮たちの抱えていた大きな負債の結果として、市参事会とその反対派が結託しての組織的計画の結果として、それにまた、不確かなペストの時代の人びとが信じやすく容易に分別を手放したことの結果として捉えている。質草と証文、それに金融制度——その運用のためにキリスト教世界はユダヤ人を必要とし、都市内に住まわせたのだったが——これらこそが「ユダヤ人たちを滅ぼす毒であったのだ」と。[46]

9 悪疫がもたらした経験とは？

ペストの時代は、同時代を生きた人びとにまったく新しい経験をもたらした。たとえばピサのカンポ・サントのフレスコ画で有名な、恐ろしくもあり、同時に慰めに満ちた「死の勝利」のイメージ、十四世紀半ばにペスト大流行との関連で成立した印象的な「死を思え《メメント・モリ》」、あるいはそれに劣らずよく知られた「死の舞踏」――ベルント・ノートケは一四六四年にリューベックの聖マリア教会にその壁画を描いている――への道を拓いたのである。ノートケの絵では、あらゆる社会階層を代表する者たち――教皇、皇帝、国王、領主、騎士、法律家、医師、聖職者、修道士、修道女など――のもとを死が突然に前触れもなく訪れ生から引き離す。これ自体は古くからの生活経験として描かれているところだが、死の力と全能を強調しての舞踏というモチーフとの結びつきは、ペストによる大量死を経験した世代のみが可能とするところであったろう。

しかしこの世の地獄としてのペストの時代の日常生活は、こうした作品のなかにはほとんどかいま見ることはできない。むしろそれはたとえば、アントニオ・プッチが一三四八年、フィレンツェの同胞市民たちに向かって語りかける、あらゆるトポスを織りこんでの道徳的な呼びかけのうちに読みとれるように思われる[47]。

死の前ではすべてが平等
ベルント・ノートケ「死の舞踏」（部分）、1464年
リューベック、聖マリア教会旧在

今日ある男が実の兄弟を見放し
父は子を危険と見なしてこれを捨てた
自分も同じ病に襲われることのないように。
多くの者が、助けもなく打つ手もなく死んでゆく
サラセン人も、ユダヤ人も、背教者も。
彼らを決して置き去りにしてはならぬ！
おお医師たちよ、どうか、そして司祭たちも
托鉢修道会士たちも、どうか隣人への愛を示されよ。
あなたがたを待つ人びとを訪ね、
その善き心をお示しあれ。
みずからの魂を顧み、
儲けからは目を離されよ！
親類縁者、隣人、友人の方々よ
懐に逃げ込んでくる者がいたら
神かけてどうぞためらわれることのないように！
寛き心もてその者を慰められよ！

VIII

戦火

南ドイツ、一四四九―五〇年
ノイス、一四七四―七五年

„'s ist Krieg"

Süddeutschland 1449/50 und Neuss 1474/75

1 疫病、飢饉、そして戦争

「神よ、疫病・飢饉・戦争からわれらを救いたまえ」——伝統的なカトリックの諸聖人の祈禱には、神が信者を救うことになっている災害を列挙する箇所がある。そこにはもちろん上に引用した疫病、飢饉、戦争からの保護も含まれている。この三つの災害が一つの祈禱文に収まっていることは偶然ではない。戦争が土地を焼き、略奪をともなう時、とくに前近代にはよく、飢饉と疫病の連鎖反応を引き起こした。それはたとえば、第一次世界大戦終了時に起こったことで知られるような、消耗戦、飢饉、スペイン風邪の連鎖による数百万人の死亡者が挙げられるだろう。おそらく一七七八—七九年のバイエルン継承戦争をきっかけに作られた「戦争の歌」の中でマティアス・クラウディウス〔一七四〇—一八一五〕が印象的に描いたような、「戦争だ」という噂が流布して行く様子も同様だったにちがいない。(1) 戦争が引き起こす非軍事面の結果への不安も常に存在していたことが分かる。「飢え、悪い病気、そしてそのための苦しみ」が起こる。「もし千人の父が、母が、花嫁が／戦争を喜んでいるとしても／皆がみじめに、皆が貧しくなる」。そして戦争は山ほどあった。第二次世界大戦前、中央ヨーロッパの全ての世代が少なくとも一度は、多かれ少なかれ直接に関わっていると考えられた。物理的・経済的な破壊、飢えと苦難の個人的な経験については、それがナポレオン戦争や三十年戦争のような大戦争によるものか、「単なる」貴族間の私闘《フェーデ》によるものかは重要ではない。

2 「すべてが貧しい人びとに襲いかかった」――一四四九―五〇年、南ドイツの都市戦争

すでに何度も目撃者として登場しているアウクスブルク市民のブルカルト・ツィンクも、この一四四九年から五〇年にかけて起こった戦争については、自分の都市の周辺地域について簡単な要約を書き得たにすぎない。それによれば、この戦争の負担はすべてが貧しい人びとの背中にのしかかっていた。しかも「貧しい」というのは経済的な意味でだけではなく、社会的に「低い」地位にある人びとのことも意味している。ところで、一四四九年七月から一四五〇年六月まで、シュヴァルツヴァルトとフィヒテル山地の間で行われた南ドイツ都市戦争*は、何をめぐって争われたのだろうか?

この地域の諸侯と諸都市の間で折に触れ領土拡張をめぐって高まった政治的緊張は、すでに十四世紀には生まれており、一三八七年から八九年の第一次都市戦争を引き起こしていた。それに続いて一四四〇年から六〇年の間にも全く同じような対立が、たとえばヴェストファーレン、ブランデンブルク、プロイセン、スイス北部、そしてまたもやフランケンとシュヴァーベンでも起きたのだった。これらの紛争は具体的な支配権をめぐる、あるいは婚姻関係をめぐる争いであった。それは少なくとも紛争当事者の諸侯の好むような外交方式では、もはや満足な解決をみられるものではなくなっていた。たしかに、それは双方にとって消耗戦であった一年の戦いの後の結果、つまり敵の支配領域と敵の家臣たちに対して、多かれ少なかれ組織的な損害を与えた結果であった。しかしまた皇帝の仲裁裁判に

よって以前の状態への復帰が命じられたのだった。ここで注目に値するのは、この戦争での決定的な対立が、帝国内のほとんどすべての都市を凌駕していたニュルンベルクと、その権力のほどが分かる「アヒレス」の異名で知られるホーエンツォレルン家のブランデンブルク＝アンスバッハ辺境伯アルブレヒトとの間にあり、そのためこの戦争が（農業）経済と財政に大きな損害を残さざるを得なかったこと、そしてその後数十年にわたる帝国の政治に大きな意味を持ったということである。

この戦禍についての同時代の認識や意味づけには、超自然的なものは見られない。この戦争は支配者たちが呼び寄せた厄災であった。自身が帝国都市市民であったブルカルト・ツィンクは、アウクスブルクと都市同盟を形成していたニュルンベルク市民たちに対して悪い証言しか残していない。「しかしそれは、ニュルンベルクの人びとが思いあがり、傲慢だったからだ。加えてわれわれすべての傲慢も大きなもので」、そのため諸侯とお金でけりをつけるという機会に軽率にも注意を払わなかった、というのだ。これが、都市貴族のお偉方である市参事会員まで登りつめた男の批判的な視点であった(2)。こうした権力の綱引きにあって、この戦争を災害として味わったのはまさに、ツィンクが率直に犠牲者と見なしたほかならぬ「弱小の」人びとであった。都市戦争の経緯についてはさまざまな史料に記されているが、そこではとりわけ資料として比較的評価されていない土地での日常の有様が印象深く描かれている。おなじみの年代記と並んで、十五世紀に数を増やしていく書簡集や会計記録、その他

＊南ドイツ都市戦争あるいは第一次辺境伯戦争。「フランケン公」創設を意図し、ニュルンベルク領内の故地回復をめざすブランデンブルク＝アンスバッハ辺境伯アルブレヒト〔一四一四―一四八六〕と、ニュルンベルクを中心とした三一の帝国都市同盟軍が戦った。

戦禍の村――傭兵隊によって略奪されるウォンメルヘム（アントウェルペン東郊）
セバスティアン・ヴランクス画、1615/20 年頃、デュッセルドルフ、クンストパラスト美術館蔵

の帝国都市および諸侯の行政記録の類、そして時折発見される聴取記録や損害リストなどに特に実りの多い記録が残されている。

このような、都市戦争の経過に起因する「損害リスト」は一四四九年八月の終わりにニュルンベルク市参事会員であるイェルク・デーラーとペーター・リーターによって導入された。[3] 明らかに彼らは、敵対する貴族たちが国王フリードリヒ三世が定めたばかりの（ただしほとんど効力のない）平和令に違反していることを証明するのに役立つような、さまざまな情報や証言を集めている。この一六ページにわたる報告書には、「日々の戦争」のさまざまなエピソードが含まれている。家畜泥棒の数多くの事例の中には、ほとんど滑稽と言える出来事もある。デーラーとリーターによれば、辺境伯軍のうちの幾人かが、ニュルンベルク北部にあるリンデンバッハという村でフリッツ・アーデルマンという村人から四頭の豚を盗もうとして不首尾に終わっている。その理由は、この足の速い動物が「再び家屋に逃げ込んでしまったから」というものであった。リストの中にはドラマチックな損害も見られる。徘徊する傭兵たちが農場を襲い、まず備蓄食料と利用価値のある物品を強奪したのち、農場すべてに火をつける、といったことも珍しくはなかった。年代記のような簡潔なスタイルでの戦争の報告とは違い、このリストでは被害者とその損害には少なくとも具体的な名があがっている。たとえば、ニュルンベルクの小作農であるハインツ・マイアーは、ニュルンベルク北部にある実際に「火事《ブラント》」という名の集落で、その年の八月二十八日に近郊の下級貴族であるシュティーバー・フォン・レーゲンスブルクによって住居と家畜小屋、穀物倉庫に「昼ごろに火をつけられた」。この結果、ハインツ・マイアーにどれほど厳しい事態が待ち受けていたか、想像に難くない。こうして都市戦争とそれにつづく時期にフランケン地方の多くの農場が放棄されていったのだった。農場主とその家族たちには、農場を再建し、そこから生計を得られる状態であるとは、もはや簡単には思えなかった。このリストに載っている事例の中には、農民たちが、敵対する領主に属している隣人や近隣の村からやってきた者たちに損害を与えられた、というとりわけ悲惨な戦争の副産物の例もある。戦争はここでも「民間人」であると思われていた人びとの間にも卑劣な衝動を引き出したのだ。こうした犯罪的な、人間性の荒廃は今日に至るまですべての武力をともなう紛争に共通のものだ。

このニュルンベルクの損害リストとは異なり、ヴュルテンベルク伯ウルリヒ五世と戦った帝国都市エスリンゲンの報告には、農民は相互に繰り返される破壊行為の犠牲者として登場する。一四四九年十月十二日、エスリンゲン側の傭兵がアイヒヴァルトの一人の農民を身代金目的で捕まえ、都市に連れてきた。この加害者側の報告が認めるところによると、彼らが「ゼーターとモルディオ」を叫んだ〔助けを呼ぶの意〕ため、「傭兵たちはこの者たちを刺し殺した」(4)。一四五〇年の二月には同様の出来事が、エスリンゲン側のローテンベルク偵察中に起きたが、この件についてはより詳細に記録されている。夫が捕われた後、その妻である農婦が大声で近隣に助けを求め、帝国都市の一隊を追いかけたという。そのせいで近くにいたヴュルテンベルク側の傭兵たちがやって来たため、この農婦はエスリンゲン側によって意図的に弩《いしゆみ》で射殺されたか、あるいはエスリンゲンの兵士たちとヴュルテンベルクの傭兵たちとの間での矢の撃ち合いの犠牲になったようである。事件後に生じた、帝国都市市参事会とヴュルテンベルク領邦侍従長《ホーフマイスター》との間での、事件の実際の経過をめぐる論争からは、戦争の当事者たちが時として戦争の残酷さを容認しなければならなかったり、他方の勢力に責任を押しつけたりするものだということがよく分かる(5)。

もう一つの例では、エスリンゲンについてすでに述べたように、自らの不正行為が明らかに無頓着な調子で告白されている。ニュルンベルクの司令官エルハルト・シュルシュタープによる包括的な、しかし参事会内部のみに向けられたと思われる報告書の一四五〇年五月二十日の記載によれば、ニュルンベルク軍は——その中には新たに募集したスイス傭兵も含まれていたが——辺境伯領にあるエムスキルヒェンを攻撃したという。「そこでは農民たちが見張りをしており」、ニュルンベルク隊の何人かに傷を負わせ、また殺害した。にもかかわらず帝国都市軍は教会領を征服し、少なからぬ農民を打ち殺した。「そして農民のうちの幾人かは教会の塔に上り、降伏しようとしなかった」。そこでニュルンベルクの者たちは教会の財産を運び出させ、「そして教会に火をつけ彼らを焼き殺した」[6]。村落を聖俗の別なく破壊するこうした暴力行為は、一四四九／五〇年の戦争の経過でのニュルンベルクにとってのどん底の時期にも見られるものの、帝国都市側、そして諸侯側の傭兵の遠征の多くにもみられるもので、同様に殺人や傷害、そして貧困をもたらす原因となっていた。

中世の戦時法では、教会と聖職者は守られることになっていたが、それは紙の上でのことであり、実際にはほとんどの場合まったく保護されることがなかった。このことは、少なからぬ類似の事件と並んで、帝国都市ネルトリンゲンの周辺で起きたある出来事にも表れている。レプズィンゲンの司祭は戦争が始まった週のうちに、ネルトリンゲンとの良好な関係を求めて、信頼感を持ってこの帝国都市まで騎馬で行った。この無名の聖職者の属するアウクスブルク司教座聖堂参事会とネルトリンゲン市参事会との間にこの後生じた法的闘争の記録によると、このレプズィンゲンの司祭はそこでネルトリンゲンの軍隊が出征への準備を進めているさまを見てしまったという。そこでこの聖職者が自分の司祭館に帰ろうとしたところ、レプズィンガー門のところで引きとめられた。ネルトリンゲン市長ハンス・アインキュルンまでもが、安全を確保できるよう都市の中に宿を見つけることを勧めつつ、彼に都市から出ることを禁じた。ネルトリンゲン市民のその日の攻撃目標がレプズィンゲンだったのだ。レプズィンゲンに着くと彼らは教会の扉を「ビュクセ」すなわち小型の火器で撃ち抜き、聖具室への扉を破り、略奪した。その後武装した従者たちが司祭館に突入した。彼らはそこで見つけた物は、明らかに釘一本に至るまで、「自分たちの荷車に積んでネルトリンゲンに持ち帰った」。こうした作業が終わって司祭が帰宅を許された時、彼の馬までもが奪われていた。このほかにも、司祭は後にネルトリンゲンの家屋の中に自分の司祭館にあった物品をいくつか見かけたと証言している。司祭館はかつては「見事な仕上げの館で、瓦屋根が五つ付いていた」と。[7]

他の村人の家の屋根が藁葺きであった当時、瓦屋根はまさに富の証明であった。こうした双方による規範に反した聖職者への攻撃は、敵に対するプロパガンダとして好んで利用された。それは略奪をおこなう傭兵部隊の規律の欠如にばかり帰せられるものではなく、隊長たちの計算づくの命令によるものであることすらあった。まさに教会荒らしである。

都市戦争においては、ほんの一部の都市の例外を除いて、諸侯によって包囲されたり占領されたりしなかった帝国都市はなかったものの、そこには難しい判断を迫られる転機がいくつもあった。商取引と周辺交通のの麻痺のため、ニュルンベルクのような大都市すら、重大な隘路に入ってしまうことがあった。権力者たちはこうした状況の下では暴動がおこることを予期しなければならなかった。というのは、他の大都市と同様にニュルンベルクにもいたおよそ六〇パーセントに上る困窮者や貧民が飢えに追われて街路に出てくるかもしれないからだ。そこで参事会は貧民に食事を与えるための炊き出しの場を設けた。ニュルンベルクの支配領域からニュルンベルクを目指して逃げてきた農民たちの一部は、数週間あるいは数か月もの間、市壁と防衛線の間にある緑地帯の仮設宿泊所に寝起きしなければならなかった。それはわれわれの生きる現代ではとてもよく知られている難民の運命そのものといえる。追加募集された傭兵の連合体によってますます人口過剰状態に置かれたことが、一四四九年に詳細不明の疫病が蔓延した原因だったかもしれない。数週間の間「大いなる死が猛威をふるった」

とシュルシュタープは簡潔に報告している。[8] この時代の人びとに残された唯一の安全な道は、疫病から逃げることだった。しかし戦争の最中の都市からの大量逃亡を阻止するべく、市参事会は、特別な許可を得ていないものは都市から出てはいけないと命じた。死者の数が増えるに従い、墓地の墓穴を以前よりも深く掘るべきであると決定された。疫病を避けるため、そして急いで和平を実現させるため、市参事会は九月十九日、都市の教会の全ての聖職者による聖体行列を行うこととした。行列は戦争の間中、毎金曜日に執り行われた。[9] この帝国都市における死者の総決算は明らかである。ゼーバルト教会の死者の記録書はとくに上層の人びとの死亡事例について情報を与えてくれるが、それによれば、この戦争の最初の半年で約二〇〇名が命を落としている。同時期に戦争の前年および終了後の二年間および戦争が始まって半年から一年目までの間は、反対に約五〇名の死者しか出ていない。[10] 数の上でもともと多い中層・下層の人びとに死亡者数が多いとしたら、それは疫病の犠牲者であると想定できるだろう。この死者数の割合は、ニュルンベルクのエリート層での戦闘による死者数のほか、疫病による死者の数も明らかにしてくれる。都市は堅牢な要塞だが、また同時に戦時には牢獄ともなる。

3　中世後期における戦争とその日常

一四四九―五〇年の南ドイツ都市戦争についての調査結果は、中世後期におけるこの戦争とその結果についての最近の研究成果の多くが反映されている。[11] すでに十一、十二世紀より雌雄を決するような大会戦はすでに戦争戦略にとって主要な手段ではなくなっていたし、さらに言えば戦場を駆け巡るのはもはや騎士と動員された市民軍ばかりではなくなってもいた。傭兵の使用と消耗戦はすでに当時からありふれたことになっていた。宮廷文学における馬上試合や戦争での格闘の美化や、一二一四年のボーヴィーヌの戦いや一三四六年のクレシーの戦い、一四一〇年のタンネンベルクや一四一五年のアジャンクールの戦いなどの有名な戦闘についての同時代の報告に見られる脚色などは、長いあいだ歴史研究をも呪縛してきた。その際、たとえばいわゆる「騎行《シュヴォシェ》」、つまり百年戦争時にフランスに戦略的に持ち込まれたイングランド人の破壊部隊のような存在が、戦闘と同様に深い印象を与えてきた。また、その自己認識から言えば本来は騎士聖職者として活動することになっていたドイツ騎士団員たちも、プロイセンとバルト海沿岸を征服、支配するようになって以来、聖書よりも剣によって改宗を迫るようになった。ドイツ騎士団は十四世紀に年に二回、宮廷的な華やかさで演出された「十字軍」を開催していた。このため、しばしばまず「異教徒」を探さなければならないのだった。ヨーロッパの北東で行われるこの二回の「伝道戦争の季節」には、ヨーロッパ中の貴族たちが「プロイセン旅行」に参加するため、として集まった。中高ドイツ語と初期新高ドイツ語の定義では「軍旅《ライゼ》」は武装をともなう行為であったが、このプロイセン旅行はほとんど観光に近い催しものであり、敬虔な信仰心よりは闘いへの欲求や武力外交が原動力であった。それは、ドイツ騎士団によるリトアニア大公との戦いが、一三八六／八七年の大公側のキリスト教受容の後も続けられ、後に一四一〇年のタンネンベルクの戦いでドイツ騎士団が敗北するまで続いたことからも分かる。[12]

司祭ペーター・フォン・ドゥスブルクによる『プロイセンラント年代記』は一三二六年までを扱っ

ているが、そこにはこのよく準備された皇帝の冒険旅行のこと、そしてドイツ騎士団とリトアニア大公との相互の破壊遠征のことが、時としてあけすけに語られている。たとえば一三一一年の夏に起きたリトアニア大公ヴィテニス〔在位一二九五―一三一六〕の下での特に激しかった侵攻では、ドイツ騎士団は自称一五〇〇人の「支援者」とともにポグラウデン地方〔ビルニュス付近〕に進軍し、「多くの人びとを殺し、捕え、そしてこの地方を幾度にもわたる放火と略奪で荒らしまわった。彼らはこの土地を去る際、異教徒が戦いに備えているのを発見したため、すべての捕虜を殺害し、略奪した戦利品の中からも命あるものはすべて殺した」[13]。そして十一年後、冬の出兵の際、「これらの伯たちに加え、ポーランドのブレスラウ公ベルンハルト、ゲロルトセック伯、ライン地方のユーリヒ伯およびヴィルデンブルク伯の長子たち、リヒテンブルクおよびプリフタの領主とボヘミアから来たその兄弟たちが、多くの騎士と武装した家臣を連れてプロイセンの地に」やってきた。それはひどい侵略のためであり、今回はそれはヴァイケン地方であった。「略奪と放火によって彼らは要塞もその他の建物も破壊し、住民をあまりに大勢殺害したため、男性は一人もいなくなった」[14]。

　中世の戦争では、槍を持った騎士たちの軍勢同士がぶつかり合うような大会戦はほとんど行われなかった。一四四九―五〇年の都市戦争からは、この時代の他の戦争の様子も想定できる。指揮官たちは決戦に臨むことを明らかに避けており、その代わりに彼らは敵に損害を与え、次の交渉で相手を自分の言いなりにしようとする。というわけで都市戦争においては「会戦」はむしろ偶然の、というよりほとんど事故とも言ってよいような大軍の邂逅の結果だったのである。それだけではなく、中世の戦争画でよく知られるような要塞や都市の包囲戦すら、さらに稀なことであった。というのは、中世後期のヨーロッパで大小の口径の火器が驚くほど広く拡散して行ったのにともない、要塞や都市の防衛施設が改良されていったからだった。十二世紀に発生したヨーロッパの都市の多くは、聖俗の都市領主によって戦略的な要所とされ、それに応じて要塞化していった。都市共同体の自治が強化されていくに従い、これらの都市は都市領主に対抗して市壁を建設、維持、強化することが多かった。市壁は世代を超えて築かれた防壁であり、都市共同体とその自由を表すシンボルであった。中世後期を通じて新しい街区が市壁の輪の中に取り込まれていき、塔を含む市壁の外壁はますます高く築かれ、深く掘りこまれていった。三十年戦争時とは異なり中世後期には、周囲五キロに威容を示すニュルンベルクの防塁を長期間包囲することなど、誰にも考えられなかった。一方、下ライン地方にあるケルン選帝侯領の領邦小都市ノイスは、不幸にも一四七四年突如として帝国政治の舞台で脚光を浴びることとなった。

4 要塞としての都市——一四七四／七五年のノイス包囲戦

ブルゴーニュ公シャルル「突進公」（在位一四六五—一四七七年）、西ヨーロッパで最も輝かしい家系の一つであり、またルクセンブルク、ブラバント、ホラント伯領など獲得した周辺所領を通じて神聖ローマ帝国諸侯の一人でもあったこのブルゴーニュ公家の当主は、一四七〇年代に自分の影響力をもっと東にも及ぼすことに執念を燃やした。一四七三年、皇帝フリードリヒ三世との交渉で王位への格上げに失敗した後、シャルルはライン宮中伯家のケルン大司教ループレヒトに対し、ケルン大修道院領の世襲代官となれるよう懇願した。その背景には、大司教の制作をめぐる、ループレヒトと聖堂参事会およびケルン大修道院領とのあいだの峻烈な対立があった。一四七三年三月にはすでに、聖堂参事会とその他の勢力がヘッセン方伯の下の息子でありケルン聖堂参事会員でもあるヘルマンを大修道院領の「司令官にして守護者」の地位に就けていた。ループレヒトの強力な同盟者であるシャルル突進公は、帝国内の権力闘争に関わる機会を利用したのだった。一四七四年三月にシャルルは、修道院領を再征服する契約を大司教と結んだ。そしてその年の七月の末にはケルン選帝侯の最重要の要塞都市ノイスの市壁前に大軍を引き連れてやってきたのである。[15]

というのも、修道院代表としてのヘルマン・フォン・ヘッセンが大修道院とヘッセン方伯の軍勢を率いてこの地まで退却してきていたのである。都市ノイスはせいぜい人口五〇〇〇人程度の、この時代においてもやや小さい都市であったが、帝国内最大の都市ケルンがその一〇倍の人口を持つことを考えれば、なおのことその規模の小ささが際立つだろう。しかしいずれにせよ、ノイスは市壁に守られ、さらには幅五〇メートルにわたって段状に積み上げられた外塁、そしてエルフト川、クルーアバッハ川、ライン河によって比較的守りやすい都市であった。七月の終わりにシャルル突進公が侵略の通告を公に知らしめた後、ノイスの町では人びとは用心し、食料を十分に備蓄していた。とはいえノイスは長いあいだ暗い空気に包まれていた。一四七四年七月二十九日にシャルルの軍勢が町に到達し、翌日にはラインに浮かぶ二つの島に至るまで包囲網を廻らせた。シャルルの軍はブルゴーニュ軍の他、すべての支配領域からの軍事の専門家から成っていた。このブルゴーニュ側の陣営の規模は、その場

ノイスを攻撃するブルゴーニュ軍
ディーボルト・シリング『ルツェルン年代記』（1513）挿画、バイエルン国立図書館蔵

にいた人間と使用していた物品の数から考えて、都市一つに匹敵するものであった。特に近い関係にあるケルンには、近隣諸侯や皇帝に助けを請うため、都市ノイスからの使者が急いで送られたが、彼らも当面は援助の約束を得られたのみだった。ウィーンの皇帝はこの時初めて、国民感情に訴えながら、帝国構成員に支援を要請する文書を作成し、ノイスの人びとに救援部隊を送るよう呼びかけた。しかしながら、中世後期の帝国における政治史の枠から見れば、援軍の呼びかけは著しく広範囲に及び、またあくまで自発的に着手されるものであったため、この援軍が実際に開始されるまでに数か月もかかってしまい、閉じ込められたノイスの人びとにとってみれば、あまりにも長い時間が過ぎていた。

都市の中ではその間、ヘルマン・フォン・ヘッセンの指揮のもと行われていた消耗戦のため、決意と絶望の間を行き来していたことだろう。ヘルマンはこの包囲戦で、諸侯の息子として厳しく躾けられた軍事的な知識ばかりでなく、それをはるかに超えた指導者としての資質を持っていることが明らかとなったようだ。それに加えて包囲した敵に対する監視を常に怠らず、物資を配給し、戦時法を順守することで強力な統治をおこなった。九月十日、ノイスの人びとと援軍は何か月にもわたる、大軍による猛攻撃を撃退した。大砲による激しい砲撃だけでなく、都市防御施設の一部に対する歩兵隊による突破も行われた。この場合、女性や子どもを緊急の代替要員として投入することで、敵を押し戻すための反撃を組織しなければならなかった。敵陣営を計算ずくで突破することで損害を与える作戦も何度か功を奏していた。

しかしここで、司令官の視点から、包囲された都市の住民の日常へと視点を下ろしてみたい。ノイスの公証人であり都市書記でもあったクリスティアン・ヴィアシュトレートが、自身の見たことを包囲戦が終わった少し後に直接の証人の立場で記した『ノイスの包囲の歴史』という韻文による年代記が注目に値するたくさんのヒントを与えてくれる。たとえば、自分の都市と同胞への次のような賛辞。「聞け、真実の忠誠を、そして心に留めよ／大いなる苦しみ、不安と痛み／誠の話、ノイス人は勇敢なり」[16]。ヴィアシュトレートの報告は「偉大な」行いばかりでなく、都市内での日々の窮乏も描かれている。まず彼が書きとめたのは、十分な準備にもかかわらず、薪、火薬、食料などの備蓄がなくなっていき、一四七四年の後半には欠乏の度合いが上がっていったことである。「備蓄もついに尽きてしまった」ため、人びとは民家から家畜、食肉、脂肪を徴発し、傭兵の食料として運んだ。都市の人びとも皆、防衛のために働いたり戦ったりしていたにもかかわらず、である。ニュルンベルクでは、都市戦争の前と最中に、市参事会は余剰穀物を集めることで満足していた。しかしノイスでは、とヴィアシュトレートは言う、包囲の終わり頃には、乳児や病人のための牛乳を搾るための牝牛三頭しか残っていなかった。食料の不足はますます明らかになり、いくらか余裕があるのはエンドウ豆とワインだけだった[17]。一四七五年の謝肉祭の日、包囲陣を惑わすため、マルクト広場で馬上槍試合が催された。その後、馬の一部を屠殺し、完全に内臓を取り去った。残りの馬も聖金曜日には緊急配給食糧として用いられた。イースターの夜には「みなが馬肉を料理しに行き、一人残らず戒めを破っていた」[18]。教会による断食の戒律はもはや顧みられていないようだ！

都市防衛のための堀を利用してあらゆる雑草や貝までを採れるとしても、戦争の経過によってはそれすら不可能になることが多々あった。というのは、都市の防塁は正面から砲撃を受けるだけではなく、地下から侵入されることもあるからであり、さらにその作戦に対する措置が必要となる。実際、上下からの破壊作戦により一四七五年の三王礼拝日（一月六日）には、ライン門の外壁が崩壊した。このブルゴーニュ側に有利となる裂け目はありとあらゆる塵芥や瓦礫で「修繕」され、特に集中的に砲火を集めることで封鎖しなければならなかったが、彼らはそれに成功した。その後何日間かラインの水位が増したことが助けになったようだ。[19]しかし戦争は防塁をはるかに超えて進んだ。物資の欠乏に飽き飽きしているところに、さらにあらゆる弾丸を用いた連続砲撃が襲い、火矢が都市に打ち込まれた。そうして都市の中はいたるところ多かれ少なかれ激しい火災に見舞われた。しかしこれでもノイスは陥落しなかった。たしかに状況は日ましに悪化しており、それにともなって友好都市や帝国構成員への救援要請のなかでこの状況を知らせる必要が生じた。

そしてついに援軍が近づいたのだった。ブランデンブルク辺境伯アルブレヒト・アヒレスの指揮のもと、帝国軍は三月にはケルンに到着し、五月初めにはケルンからノイスに向かって進軍を始めた。しかし彼らがノイスに現れたのはようやく五月二十三日になってからだった。最初の会戦の結果、帝国軍の優位が確定した。戦争は五月二十八日の最初の休戦協定で一応の決着を見、一四七五年七月末に最終的に軍事的には引き分けとされたが、事実上はブルゴーニュ側の敗北であった。皇帝がブルゴーニュ公と同時に戦場を去ったのは、敗者が撤退しやすくなるようにとの敬意の表現にすぎない。ヘルマン・フォン・ヘッセンの個人的な出兵は報いられたといえるだろう。彼は皇帝によってケルン大修道院の「統治者」に任命され、プファルツのループレヒトの死後、新しい大司教に叙階された。

三一七日間続いた包囲戦によってノイスはひどく損害を受け、ほとんど廃墟といってもよい有様となった。ただ、ノイス市民の間に何百人かの死者が出たが、そのうち女性は一一人だった。ヴィアシュトレートの報告によれば、三〇〇の家屋と倉庫、一七の塔、そして市壁のかなりの部分が損傷、あるいは全壊していた。さらに、都市から傭兵への出費だけで二万四〇〇〇グルデンに達した。[20] 空になった都市の金袋は、まさにこの都市全体が置かれた状況を象徴していた。

5 戦争——人間の仕業

ここに紹介した十五世紀の、個人的な、また集団的な戦争体験から明らかになるのは、戦争が人間が引き起こす災害だということだ。戦争は戦闘による死者や負傷者を生みだすだけでなく、多大なそして危うく終わりのない苦しみを、生き残った者たちにもたらすのである。戦争体験や戦争の捉え方は時と場所によって異なってくるだろう。しかし個々の運命の総体を見れば、それは恐怖のモザイクのようだ。とりわけさまざまな形での戦争の損害が継続してくことを考えると、このモザイクはまさに破局の図であると言えるだろう。人びとは戦争中も、そして戦後も生きていかなければならなかった。一四五一年、つまり都市戦争が終わった一年後、ニュルンベルク市参事会は通常よりも二倍多い新市民を受け容れている。そしてニュルンベルクの年代記作者ハインリヒ・ダイクスラーは、「だれも考えたことがないほど」[21] 多くの結婚式が行われたのが、まさにかの戦争の翌年であったことを記憶にとどめているのである。

IX

悪貨

貨幣暴落の災害と
支配層の詐欺行為

Geld, Gier, Glück?

Herrschaftliche Betrüger — Katastrophen des Geldes

わたしも、わたしの兄弟も部下も金や穀物を貸している。わたしたちはその負債を帳消しにする。

――「ネヘミヤ記」（五：一九）

知恵の陰に宿れば銀の陰に宿る、というが／知っておくがよい／知恵はその持ち主に命を与える、と。

――「コヘレトの言葉」（七：一二）

それなら、わたしの金を銀行に入れておくべきであった。そうしておけば、帰って来たとき、利息付きで返してもらえたのに。

――「マタイによる福音書」（二五：二七）

聖書に語られる貨幣や借金とのつきあい方は、まったく異なるさまざまな経済的発展段階におけるものが混ざっている。十一世紀から十三世紀にかけてのヨーロッパの（再）都市化にともない、市場経済が成立した。この段階ではそれはまだ個々の都市や周辺領域に限られたものであった。遠隔地貿易の商品や、食料や衣服のような直接的な日々の需要に対する「プフェニヒ程度の価値の」商品などのようなごく一部の商品を除いては、商品流通が存在していなかった。これについてはすでに一九〇〇年ごろ、国民経済学者のカール・ビューヒャーが指摘している。(1) 流通貨幣は主に少額硬貨であり、その価値は重さ、銀の純粋含有量およびその市場価値に依存しており、商業資本から流れ出す金融資本の量はまだ少なかった。そのため都市での借金の一般的な形式は定期金購入*であり、その名が示す通りまだ販売業に属していた。したがって「お金」もそもそも定期金や報酬としての収入を指す一般的な概念であった。封建領主や都市の公的な財政も、いまだ私的経済の特徴を補完的な形で持っていた。財産税はあったが、所得税はなかったのである。領主と都市の基盤は土地所有であり、領収権であり、市場での流通の成果であり、消費への課税、いわゆるウンゲルトであった。

この種の収入が領主や都市にもたらした収入は社会の総生産のごくわずかな部分でしかなかった。それゆえ、すべての都市が定期金購入を頼りにしていた。そして、貨幣鋳造権を持つものは、領主であれ都市であれ、より多くの利益を上げようとして、まさに流通する少額貨幣の重さ、すなわち銀含有量を減らしたのである。この銀の割合の減少が多すぎることによるリスクが高いことは、すでに当時の人びとが議論してきている。貨幣政策が財政破綻や公的財政の危機、土地のあるいは地域全体の経済循環の停滞に直結する危険をはらむことは、次の例で明らかだろう。

1　一四五九年の悪貨による危機（シンダリング危機）

この皇帝（フリードリヒ三世）の時代、彼の国とその他の国は悪い状況に陥った。それは「悪貨」（貴金属含有量がきわめて低い少額硬貨）、物価高騰、多くの土地での疫病の流行、そして帝国内での諸侯の戦争、また彼の国の中での戦争のためである。皇帝がこの「悪貨」の鋳造を許したのだった。人びとはこの硬貨をシンダリング［「くそったれ」ほどの意味か］と呼んだ。多くの銅鍋を持つ者たちは、この鍋から［銀の代わりにこの銅で］熱心に貨幣を作った。［……］そのため貨幣鋳造権者、貨幣鋳造人の親方と鋳造工たちは豊かになった。〔……〕そして間もなく、この状況も終わりを迎えた。貨幣とお金に依存しきっていた者たちは、破滅せざるを得なかった。この国ではその後長いこと、すべてのものの売買〔問屋業も小売業も、つまり経済全体に〕に損失を被った。(2)

マリア・ザール修道院の聖堂参事会員であるヤーコプ・ウンレストは、彼の『オーストリア年代記』の中で一四五九年に起きた異常事態について記し、この悪名高い貨幣危機（シンダリング危機）、すなわち中世後期最悪と思われるインフレーションについて、そして南ドイツとオーストリアの広範な地域にわたるその破壊的な結末について描写している。ウンレストは、彼の言う「悪貨」が、この時代の他の恐怖、つまり飢饉や疫病、戦争と関係があると見ている。彼は際限のない欲望に、「金への渇望」に、そして領主たちの信じがたいほどの無責任さに、ほとんど言葉も出ないほど怒り、そしてこのインフレーション、「金のペスト」の恐るべき経済的影響に驚愕している。彼はこの領主たちが彼らの国に対して起こした「貨幣戦争」のために生じた長期の経済的停滞に対する有効な対策が見つからず、被害者たちを救済する術がないことに途方に暮れてもいる。

＊定期金購入 Rentenkauf は現代でいうところの投資とそれに対する利子の支払いに近いものであるが、当時は金融の概念が未発達であったことと、何よりも宗教的な意味で利子が禁止されていたことにより、「定期金 Rente」すなわち「相手より定期的に（たいていは年に一度）一定額を受け取る権利」を購入する、という形式で投融資が行われた。多くは土地家屋借家などの不動産に対するものであったが、事実上「公債」にあたる投資も定期金と理解された。

2　「金《かね》は臭わない」——中世後期の貨幣システム

実際、貨幣というものは、少なくとも鋳造された硬貨は臭いを発しない。しかし現物を見れば分かるが、当時の硬貨は想像するほど「硬い」ものでもない。一三四〇年から五〇年ごろ、中央ヨーロッパに新しい貨幣システムが発達し始め、一四六〇年から七〇年ごろには比較的安定したものになっていた。この新しいシステムは、金貨と中重量銀貨の二重通貨制度であった。アルプスの北の神聖ローマ帝国領内ではグルデンとグロッシェン貨が中心となり、日々の市場での流通に応じた段階的な貨幣から成っていた。つまり遠隔地貿易の勘定に用いられる金貨、地方やそれぞれの土地で流通する小額通貨のシステム、地域を超えて用いられる領邦通貨、そして主要貿易通貨であったハンガリーやライン地方の金グルデンである。(3)

十一世紀から十三世紀の都市化にともない、ルールに則って取り扱われ、流動する価格と相場の考え方が登場し、次第に市場取

「やわらかい」硬貨
ランツフートの鋳造所で1459年あるいは1460年に鋳造されたもの（左：表面／右：裏面）
ミュンヘン、国立貨幣博物館蔵

引を支配するようになった。それは十一・十二世紀から慣れ親しんだ古い「商品構成の静的な価値秩序」に覆いかぶさって行き、最終的には押しのけていったのである。ケルンやニュルンベルクなどのような、ヨーロッパの新しい支配および交易の中心地での貨幣および重量レートが支配的となった。[4]この新しい通貨システムは同時に、小額通貨の地域的通貨システムを可能にするため、封建領主や都市などの貨幣鋳造権を持つ諸侯に、通貨の価値を変える、すなわち流通している通貨を回収し、貴金属重量を減らした通貨を新しく発行するための新しい扉を開いてしまった。

3 インフレーション——シンダリング危機とその脅威

すでに何度も登場したアウクスブルク市民ブルカルト・ツィンクがこのシンダリング危機の最良の目撃者であろう。[5]ツィンクはヤーコプ・ウンレストのような総括はせず、感情を交えず、ただ正確に見つめている。ツィンクは自分で情報を調査し、その情報を分析する。彼のおかげでわれわれもこの事件を正確に見ることができるのだ。帝国都市市民であるツィンクは、バイエルン公たちがこの危機の首謀者だと見ている。彼らは、迫りくるブランデンブルク＝アンスバッハ辺境伯アルブレヒト・アヒレスとの戦争に備えて金が必要だった。バイエルン公たち、その先頭にいるのはバイエルン公ルートヴィヒ九世なのだが、彼らは、問題のあったエッティンゲン・プフェニヒが鋳造禁止された際、その未加工の貨幣を何トン分もミュンヘンに運ばせた。

そこでその貨幣はミュンヘン・プフェニヒに改鋳され、当初は一般的なレートである一グルデン＝二一〇プフェニヒで流布された。疫病のように、この貨幣はますます大量に発行され、ますます銀重量が下げられて行き、プフェニヒ硬貨の額面価値に相応しないものとなって、領邦経済を汚染した。皇帝までもが、みずからの領土でこのエッティンゲン貨の鋳造に関与したと言われる。最後には、一グルデンに対し二四〇〇ミュンヘン・プフェニヒというレートになった。恐るべき相場の下落である。この貨幣を受け取るものはもはや誰もいなかった。ツィンクによれば、このインフレーションは多くの都市で、パンやワイン、食料品など日常的な必需品の価格を途方もないものにしてしまったが、これに対して賃金は変わらぬままだったのである。これでは、日給一〇から一二プフェニヒで働く「一般的な男性」が、一プフェニヒでパン一つも買えないということになる。そして、ある日一グルデンであった物が、翌日にははるかに高くなっているということもあったという。貧しい人びとのような敗者がいる一方で、ツィンクの報告によれば勝者もいた。アウクスブルクの商人たちは、ウィーンで自分たちの良質な商品に対して質の悪い貨幣を受け取れなければならなかったが、何千リットルもの「復活祭のワイン」をいわばただ同然で買い付け、この最良のワインを同じくウィーンで手に入れた馬車でアウクスブルクまで運んだため、この限りにおいては多くの利益を得たという。一四六〇年になってようやく、この貨幣の価値があまりにも下がったため、いたるところで使用が禁止された。

ブルカルト・ツィンクの冷静な報告はこれで終わる。しかしこのあと、市民であり年代記作者である彼に、もっともな怒りがこみ上げる。「全能の神よ」と彼は記す。「ここで〈悪貨〉によって起こっているように、ある物が他の者を欺き、破滅させ、財産をわがものにしているように、これほど多くの不正や悪意、悪ふざけを見過ごすとは、なんとあなたは思いやりが深いのだろう！」[6] ツィンクが付け加えるところでは、多くの人がこのために破滅し、一部の者が豊かになったという。ヤーコプ・ウンレストと違い、ブルカルト・ツィンクは、誰がこの通貨で利益を得たのか、不確かではあるのだがはっきりと名前を挙げている。グラーツの貨幣醸造親方で、名誉ある商人であるハンス・ヘスリンの名が挙がっており、彼は皇帝にウィーン・プフェニヒ貨で一万二〇〇〇ポンドもの賄賂を贈ったとされている。そしてその見返りに皇帝は件の悪貨、この時代の本当の「くそったれ《シンダリング》」の鋳造を許可したというのである。ニコル・オレームはすでにこの百年も前に、貨幣価値の変更についての小冊子の中で、こうした行為を非難している。そして、とりわけ他所の諸侯による貨幣の悪鋳については、戦争を起こすだけの正当性があると見なしているのである。[7]

惨禍 Extremereignisse ――結びにかえて

戦争、疫病、そして飢饉があった。
Bella, pestiliencie et fames fuerunt.
――ヴェルナー・ロレヴィンク(1)

ヴェルナー・ロレヴィンク〔一四二五―一五〇二〕の歴史書*にあるように、災害は残された書物に、自然や事物のなかに多くその痕跡を残している。災害の歴史というものは確かに存在する。この本では、そうした災害のうちのいくつかを取り上げた。人間の歴史は災害の歴史の中で形作られてきたのだ。災害は、突然、不意にやってくる。災害は日常を破壊し、中断する。そして物事の成り行きを、そして人生の歩みをひっくり返す。災害は重大な損害をもたらす。人びとを、動物を殺す。そして風景を一変させてしまう。それに対し、危機というものはゆっくりと進行する。危機はいくつかの要因が合わさって発生する。危機から生ずるさまざまな現象、経済的かつ社会的な沈滞という短期的あるいは長期的現象は、人間の生活に突然侵入してくる災害自体の結果と同じくらい重大な問題である。

そのように見ると、災害という概念は明確なものとは言えないだろう。個人的な苦痛と多くの人びとにとっての不幸が、そして些細な損失と巨大な物的損害が、隣り合って存在するからだ。災害は、明らかに「人間的」な痕跡として残されてはじめて人文科学としての歴史叙述の対象となる。そのように、災害は人間との両極端の関係の中にあってのみ惨禍となる。つまり、人間が災害を引き起こすか、あるいは人が災害に見舞われるか、である。

そうした単純な認識に対して、人類はつねに発展する技術をもって自然を克服できるというゆるぎない信念を持っているように見える。西洋の市民層が信じるこの傲慢で世俗的な信仰は、十七世紀後半に生じた世界の学問化によって作られたものだ。この信仰に対するものは、同じようにゆるぎなく見える中近世のキリスト教信仰だろう。人間と自然、そして人間の生活環境に生ずる惨禍は、どれも神の手に委ねられている。神は人間に空の鳥と大地の作物を与え、しかしまた飢えや地震や火事、そして洪水や高潮、疫病で人間を罰する。そして、戦争や経済および貨幣の危機ですら、前近代の人びとは、いずれ来る救済の時に向けての時間の流れの中にある、ほとんど不可避の運命として理解したのだった。

ここで語られた災害の話は、現在と未来にとっての手引きとしてのみ理解されるだろう。なぜなら、人間は他人の経験から学ぶことは稀だからだ。災害の歴史はむしろ人間とその運命についての物語となるだろう。それぞれの環境の中で人びとがとった行動や、おどろくほど多様な危険への適応能力、苦境の中にあっての彼らの不屈の粘り強さ、そしてさらに言うなら、人生を生きるための彼らの楽天主義についての物語である。かつてアルノ・ボルストは中世後期の年代記について、それは「破滅の克服の物語としての都市の世界史」であると記している。[2] 世界の歴史や通史というものは、アルプスの北の帝国領内では十四世紀初頭以来「都市の過去像」を形成してきたのであり、そうした過去像が共同体の自己意識に歴史性を与えてきた。歴史 Historiographie が都市に、領邦国家に、そして「国民」にますます「運命共同体」としての解釈を与えていった。[3] それゆえ、都市の年代記作者たちは災害の記憶を生き生きと保ってきた。ただし、彼らはその惨禍の歴史をかなりさまざまに語ってきた。中世後期や近世においては災害についての情報伝達はキリスト教的な見方に支配されていたわけであるから、われわれは、歴史 Historie がいつでも「歴史における神の支配を表す」ために用いられている、などとつねに結論づけないようにすべきだろう。[4]

中世後期の歴史叙述は、共同体についても教えてくれる。この本で引用した多くの年代記作者たちは、共同体の適応力や連帯についての歴史像を作り上げている。そうした歴史像こそが都市共同体の過去、現在、未来にとっての「安全の核」にもなっていたのである。[5]

最後の教訓に移ろう。アルノ・ボルストによれば、自然は「また、つねに揺れ動く世界であり、歴史はつねに見通しのきかない、克服できないものである。まさにそれゆえに、人間はつねに起きあがり、先へ進まなければならない」。あるいは六百年前に『リンブルク年代記』の作者ティレマン・エ

＊ドイツ、ケルンのカルトゥジオ会修道士にして神学者ヴェルナー・ロレヴィンクの著書『時代の小束 *Fasciculus temporum*』（一四七〇）のこと。キリスト生誕から当時までの世界年代記で、かなりの版を重ね、また多くの言語に訳された。ちなみにロレヴィンクは修道士としてペスト患者の世話をするうちにみずからも罹患し、そのまま病没したとも伝えられる。

ルヘン・フォン・ヴォルフハーゲンが、一三五〇年のことを回顧して書いた文で締めくくってもよいだろう。

その一年後、この疫病［ペスト］が、鞭打苦行者やローマ巡礼が、そして前に記したような「ユダヤ人殺し」(6)が終焉を迎えた。世界は再び生き返り、楽しいものとなった。男たちは新しい衣装を整えた。

訳者あとがき

本書は Gerhard Fouquet und Gebriel Zeilinger: Katastrophen in Spätmittelalter, Darmstadt/Mainz: Philipp von Zabern 2011 の訳書である。原題は直訳すると「中世後期における災害」となる。本書はタイトルの通りヨーロッパ中世後期の災害についてまとめられたものであり、一読いただいて分かる通り、一般向け、あるいは初学者向けの体裁をとっている。対象地域はドイツを中心にしつつも、南欧から北欧、西欧から東欧まで幅広く言及され、対象年代もいわゆるドイツ史で言うところの中世後期、つまり十四世紀後半—十六世紀初頭に留まらず、十二、十三世紀や十六世紀後半の事例まで幅広く紹介されている。その意図は、ヨーロッパの歴史の中に埋もれた災害の歴史を、できるだけ幅広く、多くの読者に紹介し、「災害の歴史」の可能性を感じてもらうことにあると思われる。

実際、本書の扱う「災害」の幅は広く、バーゼルの大洪水を中心とした水害の記述、高潮で水没した都市ルングホルトの伝説、難破によりノルウェーに漂着したイタリア人商人の記録、クレタ島やバーゼルを襲った大地震の描写、そして飢饉、火災、疫病、戦争、さらには災害としては異色ながらこの作者の研究テーマに即している内容として、貨幣の悪鋳といった惨禍を人びとがどのように体験し、生き延び、そして記録にとどめてきたのか、という点がきわめて身近に感じられるように綴られている。ベルン大学の社会経済史および環境史学科の教授で、環境の視点から自然災害の歴史研究にコミットしているいるクリスティアン・ローアも本書に対する書評の中で、過去の災害史研究の成果を入念に追ったものではなく、理論的な面も充実しているとは言えないとしながらも、よく練られた史料選択と一般読者への真に迫るアピールについて賞賛している。いつの時代においても災害は人間の生活に決定的な影響を与えてきたと理解できる。加えて、それゆえ災害の歴史は歴史研究の中で確固とした位置を占めるべきなのだ、とも。

ここでは一部分しか訳出できなかったが、本書の原書では本文中に当時の史料から引用した古いドイツ語（初期新高ドイツ語）が文の中に溶け込むように斜体でちりばめられ、そのすぐ後に現代ドイツ語でその意味が付け加えられるなど、幅広い読者に史料の語る声を直接に届けようとする工夫が見られる。こうした工夫も、一般の読者や初学者に研究成果を紹介し、この分野への橋渡しをしようとする著者たちの熱意の表れととらえられよう。そのため、訳者の考えではあるが、多くの一般向けの歴史書では、史料が作者の主張を補完、証明するための材料として、いわば切り張り的に用いられる傾向があるのに対し、本書での史料の扱いはいわば報道番組における「ライブ映像」のような効果を持っている。実際には作者たちの演出の部分も多いとは知りつつも、あたかも過去の人びとの声を生で聞き、自然の脅威の前に無力な自分への嘆きに共感できたように感じずにいられない。歴史を学ぶ際に、安直な共感は戒められなければならないとはいえ、災害の前での無力さは時と空間を超えた人間の共通点であり、まさに共感しやすいポイントであることにも異論の余地はないだろう。ここに、災害の歴史という分野の特色と、あとで述べるこの作者たちの手法の接点が見いだせるといえる。

この「災害の歴史」という分野は、ドイツの歴史学会で近年さまざまな視角から注目を浴びつつあり、今後の発展が期待される領域と言える。もちろん、史料の発見・収集・整理そして史料批判に手間がかかるという点のみならず、本書の各章の対象からも分かる「災害」の概念の広さ、そして地震、高潮、悪疫の章などにも登場する考古学的発見や医学上の知見の導入にも見られる学際的な視野の必要性からも、こうした研究の難しさが見て取れる。しかしながら、ドイツ歴史学界での「災害Katastrophe」をテーマにした研究、とりわけ自然災害と戦争被害についての個別研究論文数は二〇〇〇年以降増え続けており、わが国でも主に環境史との関わりで自然災害を論じる研究が出始めている。多くは個別地域の個別の事例についての研究であるが、その数とテーマの広がりには驚きを禁じ得ない。その中でヨーロッパの中・近世における災害を包括的に扱った書籍としては、カイ・ペーター・ヤンクリフトによる中世の災害についての著書（Kay Peter Jankrift: Brände, Stürme, Hungersnote. Katastrophen in der mittelalterlichen Lebenswelt, Stuttgart: Finken & Bumiller 2003）、ファルコ・ダイムらによる論文集（Falko Daim u.a.: Strategien zum Überleben. Umweltkrisen und ihre Bewältigung, Mainz: Verlag des Römisch-Germanischen Zentralmuseums 2011）、そしてリュディガー・グラーザーによる気候変動と災害についての著書（Rüdiger Glaser: Klimageschichte Mitteleuropas. 1200 Jahre Wetter, Klima, Katastrophen, Darmstadt: WBG 2013）などが挙げられる。こうした中で本書は、ドイツの主に若い世代に対して「災害の歴史」の射程の広さ、史料の広がりとその扱い方、そしてその可能性を、研究史上のかなり早い段階で示した、という意味で画期的と言えるだろう。

ゲルハルト・フーケーは、一九八五年にジーゲン大学で博士号を取得後、カールスルーエの州立文書館員、同大学の助手を経て、現在はキール大学教授として、歴史セミナーを担当する傍ら副学部長を経て学長を務めた人物である。研究テーマは多岐にわたるが、中世から近世のドイツ都市を主なフィールドとし、いわゆる社会経済史を中心に社会史や日常生活史、そして日本ではあまりなじみのない物質文化史 Sach- und Materialgeschichte の分野を師である故ウルフ・ディルルマイアーとともに切り開いてきている。代表的な著書に、教授資格論文である都市財政と建築を扱った Bauen für die Stadt, そして前出のディルルマイアーおよびその弟子であるベルント・フーアマンとの共作である歴史叙述 Europa im Spätmittelalter. 1215-1378 などがある。ドイツ社会経済史四半期報 Vierteljahrschrift für Wirtschafts- und sozialgeschichte の編集主幹、またコンスタンツ研究集会のメンバーに参加するなど、現在のドイツ中・近世史学界をリードする研究者の一人である。なお、本書のほかに日本語で読める著作としては、比較都市史研究会で講演した際の内容 Stadtbauten und Stadtbild vom Spatmittelalter bis in die Fruhe Neuzeit を佐久間弘展・菊池雄太・渡邉裕一氏らが訳した「中世後期から近世にかけての都市建築と都市像」（「比較都市史研究」二五巻二号、三五—五五頁、二〇〇六年十二月）が現時点では唯一のものであろう。

ガブリエル・ツァイリンガーは、一九七五年生まれの若手研究者で、キール大学とオスロ大学で学んだ後、一九九八―二〇〇二年の間キール大学社会経済史講座で、二〇〇二―〇三年にはグライフスバルト大学で助手を務めた後、二〇〇六年に中世後期の帝国諸侯のネットワークについての研究で博士号、二〇一三年に成立初期の都市領主と都市共同体の関係についての研究で教授資格を取得し、現在キール大学講師としてフーケーとともに後進の指導に当たっている。主な研究テーマは貴族・宮廷研究および都市の社会経済史であり、まさにゲルハルト・フーケーの後継者である。

ちなみに本書はこの二名の共著であり、執筆分担などについてはとくに明記されていない。文体もほぼ統一されており、多少の違いを感じる部分はあっても明らかな区別は見られない。確認はしていないが、フーケーが素材を提供した上で全体の指示を出し、ツアイリンガーがそれに従って下書きを作成、さらにフーケーが丁寧に手を入れた、ということではないかと推測している。

なお、ここでついでをもって、著者ゲルハルト・フーケーの師である、故ウルフ・ディルルマイアーについても紹介しておきたい。中世後期の都市における一般人の収入と生活費についての詳細な研究で知られる社会経済史研究者で、一九七〇年代のドイツ中世史研究において、フランツ・イルジーグラーと並び、数量史料の分析を大幅に導入したパイオニアと言える人物である。ちなみに、ドイツの経済学はグスタフ・フォン・シュモラーの頃より「記述的」手法が支配的で、その影響か中世史研究においてはとりわけ、英米の経済史あるいはフランスの「アナール派」の研究と比べても、数量史料と統計の扱いに著しい後れをとっていた感がある。この「先進的」なディルルマイアーの手法は、すぐにドイツ中世学会に広まったわけではなかった。しかし、ディルルマイアー自身が、その赴任先のジーゲン大学で後進の育成に努め、ゲルハルト・フーケー、ライナー・S・エルカール、先述のベルント・フーアマン、若手のイェンス・アスペルマイアーらを育てた。山奥の小都市の大学の一講座のことゆえ、彼らがドイツ歴史学界にすぐに影響を与えることはなかったが、彼らは半ば自称「ジーゲン学派」を名乗り、上記のような数量史料とその統計処理（というほど複雑な手法を用いるわけではないが）の手法、対象史料の整備に努めていた。

この「ジーゲン学派」は一九八〇年代から都市財政の史料を中心に、都市の建築やインフラ整備など一般住民の生活に関わる対象を、経済的側面を強調しつつ分析してきた。その成果はディルルマイアーとフーケーの共作 Menschen, Dinge und Umwelt in der Geschichte (1989) や、さらにエルカールを含む Öffentliches Bauen in Mittelalter und früher Neuzeit (1991) などに結実している。ここでの手法は、ドイツの伝統的な社会経済史よりもむしろ「アナール派」のドイツへの導入の一形態とされる「日常生活史 Alltagsgeschichte」のそれに近い。加えて、「日常生活史」の研究に不足しがちである史料の数量的側面を正確に反映させる手法を導入することで、都市の一般住民の日常生活を、経済的な面から客観的に描き出すことに成功している。こうした手法を彼らは、「物質文化研究 Realkunde」の流れに位置付け、新たに「物質文化史 Sach- und Materialgeschichte」という枠組みで理解するようになった。九〇年代以降の研究では、コンピュータによる分析をいち早く取り入れることで大量の数量史料を扱う手法を確立しつつ、一方で議事録や日記など、ある程度の主観を含む叙述資料の視点も組み合わせ、中・近世の庶民の日常生活をまさに「肌で感じられる」ように再現することに成功している。その対象は、都市の建築、インフラ、環境、財政を中心に様々な方面に広がっている。ゲルハルト・フーケーはまさにこのジーゲン学派の手法を開花させ、世に知らしめたと人物と言えるだろう。

まさにこうした研究手法に憧れて、訳者は二〇〇一年にジーゲン大学に留学したのであった。大学の演習では、ベルント・フーアマンの指導のもと、本書の火災の章に出て来るフランケンベルクの史料を読み、その生々しさと、古く拙い文章のもつ力強さに衝撃を受けた。ただ、残念ながらその時点でゲルハルト・フーケーはジーゲン大学から転出（二〇〇〇年よりキール大学に赴任）してしまっていた。もちろん、彼の師であるディルルマイアー教授から教わることが目的であったのだが、都市建築の研究を志していた訳者がフーケー氏の転出を残念に思う旨教授に伝えたところ、教授は連絡を取ってくれていたようで、後日フーケー氏と面会した際、キール大学のセミナーで報告するよう勧めていただいた。報告の前日、キールでユースホステルを予約していた私に、フーケー氏はそれでは可哀想だから自宅に泊まって行ってはどうか、とおそらく社交辞令で発案していただいたのだろうが、無思慮にもついご厚意に甘えてしまい、緊張した一夜を明かした記憶は忘れられない。大学の要職にあって公務をこなしながら、学術雑誌の編集や複数のプロジェクトを進めつつ、さらに多量の論文を生産する彼の学識と能力には驚かされるばかりだが、このキール訪問の時、自家用車に学生と私を乗せてキールを案内してくれた際の、右を指させば右に、左を見れば左にと車が蛇行し、駐車の際には路肩に乗り上げて車の下部を擦ってしまっていた様子に、（記憶では本書共著者のツァイリンガー氏を含む）学生たちとともに息を飲みながら、一方で彼の人間的な一面を見ることが出来、大いに親しみを感じたことを添えておきたい。

最後になったが、本書では「ジプシー」、「癩病」等の、今日では差別的とされる表現についても、中世の人びとの言葉の世界を出来るだけ反映させたいという訳者の希望から、敢えて訳語として使用した場合があることを記しておく。そこに著者および訳者の差別的な意思があるわけではないことをご理解いただきたい。

本訳書の刊行に当たって、訳出を快く許可してくれたフーケー氏とツァイリンガー氏に感謝の言葉を贈りたい。版権の問題を素早く解決してくれた八坂書房および原著の出版元フィリップ・フォン・ツァーバーン社、そして仲介の労をとってくれた私の師藤代幸一先生、また、私の尻を叩いてくれた妻和子にも感謝を捧げる。そして、遅々として筆が進まぬ私をどうにか導いてくれた八坂書房の八尾氏には感謝の言葉もないほどである。

二〇一五年三月十一日
東日本大震災四年目の日に
被災地の復興と、被災者の心の傷が癒えることを祈りつつ

訳者

関連書籍のごあんない

表示価格は税別価格です

中世の時と暦

アルノ・ボルスト著／津山拓也訳　2800円

西欧中世の人びとは、どのような時間を生き、どのように時間をとらえ、また時間を利用するのに、どのような工夫を重ねていたのだろう？　暦の歴史などでも素通りされることが多く、われわれにとってなじみの薄いこの時代の「時」と「暦」の実状を、ドイツ中世史学の泰斗が、鮮やかに、かつわかりやすく説き語る。

中世教皇史

ジェフリー・バラクロウ著／藤崎衛訳　3800円

2000年にわたり、ヴァティカンに積み重ねられた信仰・伝説の闇から、史実のみを明快に切り分け、その実像を鮮やかに描き出した、定評ある通史、待望の邦訳。キリスト教を、ヨーロッパを語るうえで必携の一冊。

シリーズ【中世ヨーロッパ万華鏡】

①中世人と権力　―「国家なき時代」のルールと駆引

ゲルト・アルトホフ著／柳井尚子訳　2800円

近代的な「国家」成立以前の中世では、政権運営、戦争、裁判などは、どのようなルールに則り、どのようなプロセスで行われていたのか？　駆け引きの詳細を伝える文書を読み解きながら、「中世的なシステム」の実態に迫る。

②中世の聖と俗　―信仰と日常の交錯する空間

ハンス＝ヴェルナー・ゲッツ著／津山拓也訳　2800円

日常生活の根幹をなす結婚・家族制度と、人びとの想像力のなかに確固たるリアリティをもって存在した「死後の世界」や「悪魔」のイメージとに焦点をあて、キリスト教と世俗文化が互いに影響を与えあう、「中世的な」聖俗の絡み合いの特徴をつぶさに明らかにする。

③名もなき中世人の日常　―娯楽と刑罰のはざまで

エルンスト・シューベルト著／藤代幸一訳　2800円

中世後期の祝祭、賭博場、娼家、刑場などに「名もなき人びと」の足跡をたどり、厳しい生活環境に置かれながらも、都市で、また農村でしたたかに人生を楽しんだ庶民の生活空間を等身大で再現する、新しい日常史の試み。

[訳者略歴]

小沼 明生（こぬま・あきお）

1970年生まれ。
東京都立大学人文学部卒業後、同大学院博士課程修了(2007)。2001年より2008年までジーゲン大学に留学。故ウルフ・ディルルマイアーおよびその弟子ベルント・フーアマンの下に学ぶ。2010年より首都大学東京などで講師。専門はドイツ中世都市史。

災害と復興の中世史
――ヨーロッパの人びとは惨禍をいかに生き延びたか

2015年 4月10日　初版第1刷発行

訳　　者　小　沼　明　生
発 行 者　八　坂　立　人
印刷・製本　モリモト印刷（株）

発 行 所　（株）八 坂 書 房
〒101-0064　東京都千代田区猿楽町1-4-11
TEL.03-3293-7975　FAX.03-3293-7977
URL.：http://www.yasakashobo.co.jp

落丁・乱丁はお取り替えいたします。　無断複製・転載を禁ず。

ISBN 978-4-89694-186-9

［著者略歴］

ゲルハルト・フーケー　Gerhard Fouquet

1952年生まれ。

ドイツの中世史家。

1985年にジーゲン大学で博士号を取得。カールスルーエの州立文書館員、同大学の助手、キール大学教授を歴任。同大学では歴史セミナーを担当する傍ら、副学部長を経て学長を務めた。中世から近世のドイツ都市を主なフィールドとし、いわゆる社会経済史を中心に社会史や日常生活史、さらには日本ではあまりなじみのない「物質文化史 Sach- und Materialgeschichte」の分野を師である故ウルフ・ディルルマイアーとともに切り拓いた。代表的な著書に、教授資格論文である都市財政と建築を扱った *Bauen für die Stadt,* そして前出のディルルマイアーおよびその弟子であるベルント・フーアマンとの共作である歴史叙述 *Europa im Spätmittelalter. 1215-1378* などがある。ドイツ社会経済史四半期報 *Vierteljahrschrift für Wirtschafts- und sozialgeschichte* の編集主幹、またコンスタンツ研究集会のメンバーに参加するなど、現在のドイツ中・近世史学界をリードする研究者の一人である。

ガブリエル・ツァイリンガー　Gabriel Zeilinger

1975年生まれ。

ドイツの中世史家。

キール大学社会経済史講座助手、グライフスバルト大学助手を経て、現在キール大学講師としてフーケーとともに後進の指導に当たっている。

中世後期の帝国諸侯のネットワークについての研究で博士号、成立初期の都市領主と都市共同体の関係についての研究で教授資格を取得。主な研究テーマは貴族・宮廷研究および都市の社会経済史。

索引

（人名・地名・書名）

【サ】

【タ】

【ナ】

【ハ】

【マ】

【ヤ】

【ラ】

原註

序章

1) www.tagesschau.de/ausland/erdbebentokiol06.html (letzter Zugriff am 21.07.2011); Die Lirnburger Chronik, S. 25.
2) Nach Borst, Lebensformen, S. 10 und öfter.
3) Febvre, La terre.
4) Dazu nur: Herrmann,Mensch; Dirlmeier, Historische Umweltforschung; Herrmann, Umwelt; Schubert/Herrmann,Von der Angst.
5) Groh,Weltbild; Groh, Außenwelt.
6) Borst, Alpine Mentalität; Borst, Erdbeben.
7) Zur Forschungsgeschichte: Rohr, Mensch und Naturkatastrophe. Darüber hinaus nur: Schenk, Katastrophen; Ranft/Selzer, Städte aus Trümmern; Groh/Kempe/Mauelshagen, Naturkatastrophen; Körner, Stadtzerstörung und Wiederaufbau, jeweils mit ausführlichen Literaturberichten.
8) Martin Körner, Stadtzerstörung und Wiederaufbau: Thema, Forschungsstand, Fragestellung und Zwischenbilanz, in: Körner, Stadtzerstörung, Bd. I, S. 7-42, hier: S. 9 f.
9) Schubert, Alltag, S. 27.
10) Borst, Lebensformen, S. 344.
11) Schubert, Alltag, S. 23.
12) Übersetzung bei Rau, Quellen, S. 125-129, Zitat S. 125.
13) Übersetzung bei Nonn, Quellen, S. 67.
14) Rösener, Bauern, S. 13.
15) Assmann, Godeschalcus und Visio Godeschalci, S. 56-61; Borst, Drei mittelalterliche Sterbefälle, S.579- 586.
16) Assmann, Godeschalcus und Visio Godeschalci, S. 62-73.
17) Im Überblick Fouquet/Zeilinger, Urbanisierurig.
18) Siehe z. B. Heinzmann, Gemeinschaft; Schenk, Lektüren; Sprandel, Chronisten.
19) Normalisiert nach Erbe, Rats-Chronik, S. 42-44.
20) Engel, Rats-Chronik, S. 15.
21) Die Chroniken der deutschen Städte, 5, S. 148 (Zitat).
22) Siehe u. a. Maschke, Aufstieg; Fouquet, Familie .
23) Die Chroniken der deutschen Städte, 5, S. 126.
24) 本書第 5 章を参照。
25) Die Chroniken der deutschen Städte, 5, S. 180.
26) Die Chroniken der deutschen Städte, 5, S. 135 f. u. 149 f.

27) Die Chroniken der deutschen Städte, 5, S. 137.

28) Vgl. z. B. Arnold, Kind; Ulbricht, Einstellungswandel.

29) Brief an Nikolaus Hausmann vom 5. August 1528, ins Neuhochdeutsche übertragen in: Luther, Schriften 6, S. 98.

30) Die Chroniken der deutschen Städte, 5, S. 293 f.

31) Die Chroniken der deutschen Städte, 5, S. 312.

32) Die Chroniken der deutschen Städte, 5, S. 68 bzw. 182 f. (Zitat).

33) Die Chroniken der deutschen Städte, 5, S. 196.

34) Schubert, Alltag, S. 129.

35) Die Chroniken der deutschen Städte, 5, S. 113. 本書第 9 章も参照。

第 I 章　洪水

1) Zur Klimageschichte: Pfister, Klima, I, S. 115-118.

2) Sée, Stoltz, S. 51-54.

3) Feller/Bonjour, Geschichtsschreibung, I, S. 203 f.

4) Schnitt: Basler Chroniken, VI, S. 132-134; Fridolin Ryff: Basler Chroniken, I, S. 102-104. Dazu Feller/Bonjour, Geschichtsschreibung, I, S. 200; See, Stoltz, S. 49 f.

5) Bis 1291/1304: Wackernagel, Geschichte, I, S. 157.

6) Wackernagel, Geschichte, II, 1, S. 270 f.

7) Harms, Stadthaushalt, I, S. 500. Zum Guldenkurs: Fouquet, Bauen, S. 505.

8) Staatsarchiv Basel, Bauakten W1.

9) Mone, Quellensammlung, II, S. 54.

10) Wackernagel, Geschichte, II, 1, S. 271.

11) Feller/Bonjour, Geschichtsschreibung, I, S. 199 f.

12) Basler Chroniken, I, S. 484 f.

13) Sée, Stoltz, S. 55 (zu 1531). Dazu Dirlmeier, Untersuchungen, S. 56, 128, 305 u. 523.

14) Beispielhaft für diese ‚Vorzeichen' die Chronik des Fridolin Ryff: Basler Chroniken, I, S. 104 f. Zu Wien z. B. Matuz, Osmanisches Reich, S. 119.

15) Sée, Stoltz, S. 52.

16) Basler Chroniken, VI, S. 135 f.

17) Fouquet, Bauen, S. 288.

18) Basler Chroniken, I, S. 112.

19) Basler Chroniken, VI, S. 135.

20) Basler Chroniken, VI, S. 136; Harms, Stadthaushalt, III, S. 405.

21) Staatsarchiv Basel, Ratsbücher B 4, f. 87v-93r; Fouquet, Bauen, S. 214.

22) Kunstdenkmäler Basel, I, S. 435 f.

23) Hagemann, Rechtsleben, I, S. 250, 257, 264, 287, 270, 308 u. 315.

24) Feller/Bonjour, Geschichtsschreibung, I, S. 207 f.

25) Basler Chroniken, VIII (Gast), S. 214 f., 228 f. u. 255 f.

26) Kunstdenkmäler Basel, I, S. 316. Zum folgenden: Fouquet, Bauen, S. 214-216.

27) Jaffé, Annales, S. 198.

28) Zu 1302: Jaffé, Annales, S. 226. Zu 1407: Basler Chroniken, VII, S. 83 (Niklaus Gerung).

29) Glaser, Klimageschichte, S. 200; Bork u. a., Landschaftsentwicklung, S. 240-249.

30) Chroniken der deutschen Städte, 8, I, S. 132 f.

31) Pfister, Klima I, S. 115-118.

32) Cardauns, Aufzeichnungen, S. 42, 44, 45 f. u. 49.

33) Höhlbaum, Weinsberg, II, S. 136.

34) Christ, Eptingen, S. 361 f.

35) Treffeisen, Breisgaukleinstädte, S. 233 f.

36) Engel, Rats-Chronik, Nr. 28 f., 44, 137, 175 u. 218; Glaser, Klimageschichte, S. 200.

37) Staatsarchiv Basel, Finanz G 9-17; Fouquet, Bauen, S. 212 f.

第II章　高潮

1) Detlev von Liliencron, Werke, I, S. 130 f.

2) Henningsen, Bd. I, S. 118-125 (Zusammenfassung).

3) Rheinheimer, Mythos Sturmflut; Ricken, Nordsee. S. 169- 236.

4) Boetii De Cataclysmo, S. 66 f.

5) Chronicon Eiderostadense, S. 24-27.

6) Behre, Meeresspiegelbewegungen, S. 35.

7) Fouquet, Umwelten, S. 35.

8) Dirlmeier/Fouquet/ Fuhrmann, Europa, S. 6 f. u. 159 f.

9) Behre, Meeresspiegelbewegungen, S. 26 f. ; Meier, Land unter, S. 75.

10) Behre, Meeresspiegelkurve.

11) Prange, Bedeichungsgeschichte, S. 33; Behre, Meeresspiegelbewegungen, S. 31-33 u. 35; Meier, Trutz, Blanke Hans, S. 154- 156.

12) Meier, Trutz, Blanke Hans, S. 156-159.

13) Boetii De Cataclysmo, S. 48 f. Zur Flut von 1219 zuletzt: Schenk, Meeresmacht.

14) Boetii De Cataclysmo, S. 8 f.

15) Heimreich, Nordfresische Chronik, I, S. 247.

16) Hansen, Beiträge, S. 80 ; Petreus Schriften, S. 4, Anm. 2 mit der Begründung, dass aus dem 15. Jahrhundert „auch andere Berichte des Schleswiger Kapitels über Landverluste" herrührten.

17) Chronicon Eiderostadense, S. 6 f.

18) Chronicon Eiderostadense, S. 27-33 .

19) Boetii De Cataclysmo, S. 1- 3.

20) Boetii De Cataclysmo, S. 58 f. u. 66 f.

21) Boetii De Cataclysmo, S. 68 f.

22) Sax, Werke, I, S. 151–153 (Beschreibungen) ; II, S. 40 (Annales); Heimreich, Nordfresische Chronik, I, S. 240 f.

23) Sax, Werke, I, S. 155 f. (Beschreibungen); II, S. 43 (Annales); Heimreich, Nordfresische Chronik, I, S. 243.

24) Rheinheimer, Gott, S. 98 u. 119 f.

25) Heimreich, Nordfresische Chronik, I, S. 250 f.

26) Boetii De Cataclysmo, S. 66 f.

27) Fouquet, Zeit.

28) Boetii De Cataclysmo, S. 70 f.

29) Sax, Werke, I, S. 154 f.

30) Boetii De Cataclysmo, S. 98 f., 122 f., 126 f. u. passim.

31) Lange, Geschichte, S. 117 f.

32) Heimreich, Nordfresische Chronik, I, S. 253 f.

第III章　難破

1) Ordericus Vitalis, Historia, S. 410-419.

2) Clanchy, England, S. 104-111; das Zitat aus Clark, Peterborough Chronicle, S. 56 (a. 1137).

3) Zeller, Seerecht, u. a. die §§ 2 und 3; Jahnke/Graßmann, Seerecht, S. 14 f. (aus den Hanserezessen).

4) Dirlmeier/Fouquet/Fuhrmann, Europa, S. 41-46; Lane, Venice, S. 52–54.

5) Ohler, Reisen, S. 73–75.

6) Rohr, Neue Quellen, S. 48. Dazu Fouquet, Vom Meer, S. 82.

7) Le Goff, Franz von Assisi, S. 70 f.

8) Siehe z. B. Esch, Erlebnis; Fouquet, Reise.

9) Röhricht/Meisner, Pilgerreise, S. 365 f.; dazu und zum Bericht Schmitz, Pilgerreise, S. 149f. u. passim.

10) Röhricht/Meisner, Pilgerreise, S. 366-371 (Zitat).

11) Erasrnus, Vertraute Gespräche, S. 14-27.

12) Fouquet, Reisebericht, S. 28.

13) Fouquet, Reise, S. 160 f., 57.T.; S. 166 f, 65.T.; S. 239 f., 150.T.

14) Esch, Parallelberichte, S. 163-166.

15) Fouquet, Reise, S. 173 f., 74.T. Der Siegesbericht: ebd., S. 166 f., 65.T.

16) Fouquet, Reisebericht, S. 28 f.

17) Esch, Parallelberichte, S. 172.

18) Zeilinger/Fouquet, Nordlandfahrer; Bullo, Il viaggio, S. 12- 17 und 55-71; Helland, Beskrivelse,

S. 866-908. Als greifbare Abdrucke der Originale stehen freilich nur die Transkription der Darlegung Fioravantes und de Michieles sowie eine recht konzise norwegische Übersetzung beider Berichte zur Verfügung.

19) Helland, Beskrivelse, S. 869-872. Parallelbericht in: Bullo, Il viaggio, S. 55.

20) Helland. Beskrivelse, S. 872-876; Bullo, Il viaggio, S. 56–60.

21) Helland, Beskrivelse, S. 877–879.

22) So Fioravante und de Michiele, in: Bullo, Il viaggio, S. 62.

23) Von Fioravante und de Michiele so bezeichnet, in: Bullo, Il viaggio, S. 67.

24) Helland, Beskrivelse, S. 880-883.

25) Helland, Beskrivelse, S. 883-885. Zu Querinis Beschreibungen des dortigen Lebens und Arbeitens siehe ausführlicher Zeilinger/Fouquet, Nordlandfahrer, S. 356-358.

26) Bullo, Il viaggio, S. 69.

27) Helland, Beskrivelse, S. 885-891 (Zitat S. 891).

第IV章　地震

1) Fouquet, Reise, S. 163 f.

2) Borst, Erdbeben, S. 533 (Zitat).

3) Fouquet, Reise, S. 164.

4) Postpischl, Catalogo, S. 28–31.

5) Fouquet, Reise, S. 238.

6) Fouquet, Reise, S. 209.

7) Chronikalien der Ratsbücher, S. 17. Der Text folgt weitgehend: Fouquet, Erdbeben. Dazu auch Meyer, Basler Erdbeben.

8) Sieber, Zwei neue Berichte, S. 117.

9) Francesco Petrarca, De otio religioso, S. 36. Deutsche Übersetzung nach: Widmer, Petrarca, S. 20.

10) Hammerl, Erdbeben 1348, S. 118–151; Borst, Erdbeben, S. 534. Allgemein: Graus, Pest.

11) Heinricus de Diessenhofen, S. 104 f.

12) Die Kleineren Basler Annalen, S. 57.

13) Heinricus de Diessenhofen, S. 105.

14) Waltenkofen, S. 272.

15) Widmer, Petrarca, S. 21.

16) Heinricus de Diessenhofen, S. 107.

17) Chronikalien der Ratsbücher, S. 17.

18) Annales Marbacenses, S. 123.

19) Die Grössern Basler Annalen, S. 254.

20) Chronicon Moguntinum, S. 4. Weitere Nachweise: Fouquet, Erdbeben, S. 39 f.

21) Die Chroniken der deutschen Städte, 8, S. 136 (Closener).

22) Dazu Fouquet, Erdbeben, S. 41.

23) Chronicon Moguntinum, S. 4; Die Chronik Heinrichs Taube, S. 110.

24) Bücher, Bevölkerung, S. 4.

25) Die Chronik des Erhard von Appenwiler, S. 372; Die Kleineren Basler Annalen, S. 57.

26) Die Chronik des Erhard von Appenwiler, S. 372; Wackernagel, Geschichte, Bd. II, S.271.

27) Meghraoui, Active Normal Faulting.

28) Heinricus de Diessenhofen, S. 107; Die Chroniken der deutschen Städte, 8, S. 136 (Closener).

29) Chronikalien der Ratsbücher, S. 17.

30) Meyer, Basler Erdbeben.

31) Die Chroniken der deutschen Städte, 8, S. 136 (Closener).

32) Die Chroniken der deutschen Städte, 8, S. 110 (Closener).

33) Jenks, Prophezeiung, S. 22-24; Krüger, Das Jüngste Gericht.

34) Meyer, Basler Erdbeben, S. 158.

35) Chronicon Moguntinum, S. 4 f.

36) Hartmann, Basilea Latina, S. 51.

37) Ebendorfer, Chronica Austriae, S. 259.

38) Sieber, Zwei neue Berichte, S. 117.

39) Widmer, Petrarca, S. 22.

40) Die Chronik des Erhard von Appenwiler, S. 370 f.

41) Chronikalien der Ratsbücher, S. 17; Die Chronik des Erhard von Appenwiler, S. 371.

42) Konrad von Megenberg, Buch der Natur, S. 131–137. Dazu Rohr, Extreme Naturereignisse, S.112 –116; Sollbach, Konrad von Megenberg.

43) Konrad von Megenberg, Buch der Natur, S. 132.

44) Konrad von Megenberg, Buch der Natur, S. 132 f.

45) Konrad von Megenberg, Buch der Natur, S. 133.

46) Konrad von Megenberg, Buch der Natur, S. 134.

47) Bergdolt, Pest 1348, S. 51-55.

48) Konrad von Megenberg, Buch der Natur, S. 135.

49) Konrad von Megenberg, Buch der Natur, S. 136.

50) Konrad von Megenberg, Buch der Natur, S. 136.

51) Heinricus de Diessenhofen, S. 107. Der Anonymus vom ‚Roten Buch' berichtet als weiterer Augenzeuge von „acht Tagen": Chronikalien der Ratsbücher, S. 17.

52) Waltenkofen, S. 272.

53) Die Chroniken der deutschen Städte, 8, S. 136 (Closencr).

54) Meyer, Basler Erdbeben, S. 126.

55) Berner Chronik, S. 122, Nr. 189.

56) Fouquet, Erdbeben, S. 43 f.; Meyer, Basler Erdbeben, S. 126-140.

第V章　飢餓

1) Aus der Fülle der Literatur nur: Schubert, Fahrendes Volk.

2) Mummenhoff, Findel- und Waisenhaus, S. 67.

3) Die Klingenberger Chronik, S. 222 . Dazu Schubert, Gauner, S. 102.

4) Kluge, Rotwelsch, S. 8–16 (Die Basler Betrübnisse der Gyler, um 1450).

5) Zitat: Schubert, Soziale Randgruppen, S. 302 u. 304.

6) Die Chroniken der deutschen Städte, 5, S. 125-128. Dazu Fouquet, Familie, S. 291–293.

7) Schubert, Fahrendes Volk, S. 260.

8) Schubert, Fahrendes Volk, S. 261.

9) Schubert, Fahrendes Volk, S. 258 f.; Schubert, Starke Bettler, S. 871.

10) Oexle, Armut, S. 73.

11) Dazu Fouquet, Familie, S. 292.

12) Die Chroniken der deutschen Städte, 5, S. 125.

13) Schubert, Fahrendes Volk, S. 257.

14) Schubert, Starke Bettler, S. 872.

15) Zur kaufmännischen Mentalität immer noch : Maschke, Berufsbewußtsein.

16) Die Chroniken der deutschen Städte, Bd. 5, S. 125 f.

17) Le Roy Ladurie, Welt im Umbruch, S. 31-101; Platter, Lebensbeschreibung, S. 54.

18) Platter, Lebensbeschreibung, S. 37.

19) Platter, Lebensbeschreibung, S. 43 u. 51.

20) Dirlmeier, Untersuchungen, S. 39–66; Jörg, Teure.

21) von Hippel, Armut, S. 8 f.

22) Dirlmeier, Lebensbedingungen, S. 72.

23) Glaser, Klimageschichte. S. 79 f.

24) Eberhart Windeckes Denkwürdigkeiten, S. 287.

25) Journal, S. 391.

26) Übersetzung: Leben in Paris, S. 284 f.

27) Die Chroniken der deutschen Städte, 5, S. 130. Zu Maßen und Reduktionsfaktoren: Dirlmeier, Untersuchungen, S. 569 f. u. 574 f.

28) Die Chroniken der deutschen Städte, 5, S. 154 u. 160f. Zu Uganda: Sabine C. Meyer, Der Metzger von Kampala (FAZ am Sonntag, 17.10. 2010, Nr. 41)

29) Die Chroniken der deutschen Städte, Bd 5, S. 111.

30) Dirlmeier, Untersuchungen, S. 152, 293 f., 296-302, 317-328 u. 362 f.

31) Zur Fünf-Tage-Woche oder durchschnittlichen 265 Arbeitstagen pro Jahr: Dirlmeier, Untersuchungen, S. 150; Fouquet, Bauen, S. 54-57 u. 205.

32) Platter, Lebensbeschreibung, S. 96 f.

33) Rogge, Gemeiner Nutzen, S. 215 f.

34) Dirlmeier, Untersuchungen, S. 305.

35) Dirlrneier, Untersuchungen, S. 50.

36) Die Chroniken der deutschen Städte, Bd. 5, S. 162.

37) Dirlmeier, Untersuchungen, S. 52.

38) Basler Chroniken, Bd. 5, S. 279 f. Dazu Dirlmeier, Untersuchungen, S. 53-61.

39) Die Chroniken der deutschen Städte, 5, S. 159–162.

40) Jörg, Teure, S. 311 f.

41) Die Chroniken der deutschen Städte, 5, S. 159.

42) Die Chroniken der deutschen Städte, 5, S. 161.

43) Die Chroniken der deutschen Städte, 5, S. 161 f.

第VI章　火災

1) Zu Gerstenberg: Studt, Land, S. 184–189.

2) Die Chroniken des Wigand Gerstenberg, S. 456–463.

3) Fouquet, Bauen, S. 420- 430.

4) Die Chroniken des Wigand Gerstenberg, S, 459.

5) Die Chroniken des Wigand Gerstenberg, S. 459 f.

6) Die Chroniken des Wigand Gerstenberg, S. 461.

7) Tersch, Unruhe, S. 299 f.

8) Die Chroniken des Wigand Gerstenberg, S. 463–467 u. 470; Demandt, Hessen, S. 216–222.

9) Dazu Roettig, Zeichen ; Fouquet, Zeit.

10) Die Chroniken des Wigand Gerstenberg, S. 467.

11) Die Chroniken des Wigand Gerstenberg, S. 388.

12) Die Chroniken des Wigand Gerstenberg, S. 465.

13) Zitate: Rogge, Gemeiner Nutzen, S. 286; Schulze, Gemeinnutz, S. 597.

14) Blickle, Kommunalismus, Bd. I, S. 88–106 (Gemeiner Nutzen), 106–110 (Hausnotdurft), 110–116 (Friede), 116–127 (Gerechtigkeit und Freiheit) u. 128–130 (Zusammenfassung).

15) Zu den Begriffen ‚Exemplum' und ‚Herkommen': Graf, Exemplarische Geschichten, S. 21 f.

16) Die Chroniken der deutschen Städten, 5, S. 183.

17) Die Berner Chronik, S. 195 f., Nr. 323. Dazu Frenz, Gleichheitsdenken, S. 232 f.

18) In anderen Zusammenhängen: Groebner, Ökonomie ohne Haus.

19) Die Chroniken des Wigand Gerstenberg, S. 460.

20) Die Chroniken des Wigand Gerstenberg, S. 460–462.

21) Annales Colmarienses minores, S. 191; Basler Chroniken VI, S. 246 (Größere Basler Annalen).

22) Annales Colmarienses maiores, S. 221.

23) Wackernagel, Geschichte, Bd. I, S. 55.

24) Basler Chroniken, V, S. 19 u. 55 (Größere u. Kleinere Basler Annalen).

25) Basler Chroniken. V, S. 23 u. 56 (Größere u. Kleinere Basler Annalen).

26) Basler Chroniken, V, S. 31 (Größere Basler Annalen); VI, S. 266 (Größere Basler Annalen).

27) Basler Chroniken, IV, S. 26 (Ratsbücher). Weitere Quellenbelege bei: Fouquet, Bauen, S. 416.

28) Basler Chroniken, IV, S. 27 u. 152–155 (Ratsbücher).

29) Fouquet, Bauen. S. 416.

30) Fouquet, Bauen. S. 417 f.; Quelle: Staatsarchiv Basel, Kerbbücher 1445/46–1451/52; Finanz G 9–17.

31) Dazu u. zum folgenden: Fouquet, Bauen, S. 418 f.

32) Küch, Quellen, Bd. I, Nr. 207, S. 286.

33) Stehlin/Thommen, Reisebeschreibung Tafur, S. 56.

34) Fouquet, Bauen, S. 400–414 (mit weiterer Literatur).

35) Csendes, Wiener Stadtrechtsprivileg, S. 72.

36) Baader, Polizeiordnungen. S. 295; Endres Tuchers Baumeisterbuch, S. 147 f.

37) Wolf, Gesetze, Nr. 224, S. 309- 313.

38) Stenzel, Chronik Gebwiler, S. 70.

39) Fouquet, Bauen, S. 407 f.

40) Fouquet, Bauen, S. 403 f.

41) Dirr, Stadtrecht, I, S. 508.

42) Küch, Quellen, Bd. I, Nr. 209, S. 288 (Gutachten nach 1524 V 23).

43) Fouquet, Bauen, S. 410.

44) Mummenhoff, Lutz Steinlingers Baumeisterbuch, S. 51 f.

45) Fouquet, Bauen, S. 411 f.

46) Fouquet, Bauen, S.412.

47) Fouquet, Bauen, S. 404 f.

48) Die Choniken der deutschen Städte, 8, S. 125.

49) Hans Dernschwam's Tagebuch, S. 62 f.

50) Opus epistolarum, Bd. VI, Nr. 1756, S. 417-420, hier: S. 418 f.

51) Küch, Quellen, Bd. II, S. 132; Fouquet, Bauen, S. 413.

52) Fouquet, Annäherungen.

53) Griep, Bürgerhaus, S. 127–166; Ryckaert, Brandbestrijding, S. 254 f.; Brucker, Florenz, S. 48.

54) Platter, Lebensbeschreibung, S. 37.

55) Wolkan, Briefwechsel, Bd. I, ep. 27, S. 80–84 (1. Fassung der Beschreibung Wiens), hier: S. 80. Zur Beschreibung Wiens 1492: Wünsch, Schilderung.

56) Fouquet, Bauen, S. 421–430.

57) Ryckaert, Brandbestrijding, S. 253; Baader, Polizeiordnungen, S. 287.

58) Schaller, Ulrich II. Putsch, S. 318.

59) Höhlbaum/Lau/Stein, Das Buch Weinsberg, Bd. V, S. 199 f.

60) Christ, Eptingen, S. 407.

61) Krüger, Stadtplanung, S. 87.

62) Die Chroniken der deutschen Städte, Bd. 8, S. 94 f. (Closener).

63) Kühnel, Alltagsleben, S. 44.

64) Endres Tuchers Baumeisterbuch, S. 262–271.

65) Die Chroniken der deutschen Städte, 18, S. 52.

66) Fouquet, Bauen, S. 427 f.

67) Meckseper, Typologie, S. 51.

第VII章　疫病

1) Bergdolt, Pest 1348, S. 104 f.

2) Bergdolt, Pest 1348, S. 103–107.

3) Schubert, Einführung, S. 10.

4) Reber, Hemmerlin, S. 248. Dazu Winkle, Geißeln, S. 670–692.

5) Bingener/Fouquet/Fuhrrnann, Almosen, S. 61.

6) Winkle, Geißeln, S. 83–152 u. 707–781.

7) Dazu nur: Bergdolt, Der Schwarze Tod; Vasold, Pest; Winkle, Geißeln, S. 422–515. Text weitgehend nach :Dirlmeier/Fouquet/Fuhrrnann, Europa, S. 18–21 u. 165 f. mit weiterer Literatur.

8) Le Roy Ladurie, Un concept.

9) Bergdolt, Pest 1348, S. 20 f.

10) Bergdolt, Pest 1348, S. 65 f.

11) Schubert, Alltag, S. 191.

12) Siehe oben S. 71 f.

13) Bergdolt, Der Schwarze Tod, S. 21-27.

14) Becht, Medizinische Implikationen, S. 81 f.

15) Dazu Bergdolt, Der Schwarze Tod, S. 17–20; Becht, Medizinische Implikationen, S.82–85.

16) Herlihy, Der Schwarze Tod, S. 22–24.

17) Bergdolt, Pest 1348, S. 60.

18) Schrader, Rechnungsbücher, S. 93.

19) Dazu Ibs, Pest, mit weiterer Literatur.

20) Die Chroniken der deutschen Städte, 19, S. 504 f. u. 521 f.

21) Ibs, Pest, S. 91 f. u. 159–161.

22) Wulf, Pestkirchhof.

23) Ibs, Pest, S. 86–89.

24) Ibs, Pest, S. 87 u. 92.

25) Ibs, Pest, S. 75 f. u. 131.

26) Ibs, Pest, S. 97–124 mit Quellennachweisen.

27) Die Chroniken der deutschen Städte, 19, S. 521 f.

28) Dazu Prechel, Anthropologische Untersuchungen.

29) Die Chroniken der deutschen Städte, 26, S. 136, Anm. 5 (Possilge); Die Chroniken der deutschen

Städte, 30, S. 361 f. (Hertze).

30) Dazu von Brandt, Lübecker Rentenmarkt; Ibs, Pest, S. 149–151.

31) Rosenplänter, Kloster Preetz, S. 390–393; Ibs, Pest, S. 151 f.

32) Ibs, Pest, S. 158 f.

33) Dazu u. zum Folgenden Dormeier, Wirtschaftlicher Erfolg, S. 292–297.

34) Dazu Graus, Pest; Fouquet, Zeit.

35) Haverkamp, Judenverfolgungen.

36) Die Chroniken der deutschen Städte, 8, S. 129 f,

37) Dazu aus der Fülle der Literatur nur Haverkamp, Judenverfolgungen.

38) Ibs, Judenverfolgungen.

39) Zum Folgenden Ibs, Judenverfolgungen mit entsprechenden Quellennachweisen.

40) Urkundenbuch der Stadt Lübeck, 3, Nr. 110B, S. 105 f.; Graus, Pest, S. 307.

41) Mecklenburgisches Urkundenbuch, 10, Nr. 7098, S. 406–408; Ibs, Judenverfolgungen, S. 30–32.

42) Die Akten des bis 1386 letztlich erfolglos geführten Prozesses sind teilweise ediert: Mecklenburgisches Urkundenbuch, 10, Nr. 7143, S. 444–456; Graus, Pest, S. 225 u. 307 f.

43) Graus, Pest, S. 299–334.

44) Mecklenburgisches Urkundenbuch, 10, Nr. 7096, S. 405; Ibs, Judenverfolgungen, S. 40.

45) Die Chroniken der deutschen Städte, 19, S. 505.

46) Die Chroniken der deutschen Städte, 8, S. 130.

47) Bergdolt, Pest 1348, S. 148.

第VIII章　戦火

1) Matthias Claudius, Werke, S. 236.

2) Die Chroniken der deutschen Städte, 5, S. 188 u. 190 (Zink). Dies und das Folgende in Anlehnung an Zeilinger, Lebensformen.

3) Zeilinger, Lebensformen, S. 210–216 (Staatsarchiv Nürnberg, Reichsstadt Nürnberg, Rep. 2 c, Akten des 7-farbigen Alphabets, Nr. 54).

4) Hauptstaatsarchiv Stuttgart, A 602 WR 4370 b, fol. 11v.

5) Hauptstaatsarchiv Stuttgart, A 602 WR 4370, Nr. 39 u. 41. Dazu Zeilinger, Lebensformen, S. 224.

6) Die Chroniken der deutschen Städte, 2, S. 220 f. (Nürnberg's Krieg gegen den Markgrafen Albrecht).

7) Monumenta Boica, 34, S. 469 f.

8) Die Chroniken der deutschen Städte, 2, S. 341 (Nürnberg's Krieg gegen den Markgrafen Albrecht).

9) Stahl, Nürnberger Ratsverlässe, S. 240, 244, 246 u. 261.

10) Burger, Nürnberger Totengeläutbücher, 1, S. 20–30.

11) Eine gute Einführung: Prietzel, Krieg.

12) Zum Einstieg: Paravicini, Preußenreisen.

13) Petri de Dusburg chronica, S. 421.

14) Petri de Dusburg chronica, S. 447.

15) Zu Karl dem Kühnen und der Vorgeschichte der Belagerung von Neuss: Paravicini, Karl der Kühne. Zu deren Verlauf u. a.: Bömmels, Die Neusser; Metzdorf, *Bedrängnis*.

16) Die Chroniken der deutschen Städte, 20, S. 510 (Wierstraet).

17) Die Chroniken der deutschen Städte, 20, S. 551.

18) Die Chroniken der deutschen Städte, 20, S. 562–564 u. 573.

19) Die Chroniken der deutschen Städte, 20, S. 556 f.

20) Die Chroniken der deutschen Städte, 20, S. 611 f.

21) Zeilinger, Lebensformen, S. 205; Die Chroniken der deutschen Städte, 10, S. 181 (Deichsler).

第IX章　悪貨

1) Bücher, Volkswirtschaft, S. 133 u. öfters.

2) Jacob Unrest, S. 12 f.

3) Spufford, Money; North, Geld; Mäkeler, Reichsmünzwesen; Fouquet, Reich, S. 339 f.

4) Witthöft, Münzfuß, S. 348.

5) Die Chroniken der deutschen Städte, 5, S. 111–115; Mäkeler, Reichsmünzwesen, S. 280 f.

6) Die Chroniken der deutschen Städte, 5, S. 113.

7) Mäkeler, Oresme.

結びにかえて

1) Rolevinck, Fasciculus temporum, f. 267 r.

2) Borst, Erdbeben, S. 554.

3) Graus, Funktionen, S. 50 u. 55.

4) Graus, Funktionen, S. 24.

5) Graus, Funktionen, S. 55.

6) Borst, Erdbeben, S, 569; Die Limburger Chronik, S. 38.

参考文献

総論

BORK, HANS-RUDOLF/BORK, HELGA/DALCHOW, CLAUS/FAUST, BERNO/PIORR, HANS-PETER/SCHATZ, THOMAS: Landschaftsentwicklung in Mitteleuropa. Wirkungen des Menschen auf Landschaften, Gotha-Stuttgart 1998.

BORST, ARNO: Alpine Mentalität und europäischer Horizont im Mittelalter, in: Schriften des Vereins für Geschichte des Bodensees 92 (1974), S. 1–46 (ND in: BORST, ARNO: Barbaren, Ketzer und Artisten. Welten des Mittelalters, München-Zürich 1988, S. 471-527).

BORST, ARNO: Das Erdbeben von 1348. Ein historischer Beitrag zur Katastrophenforschung, in: Historische Zeitschrift 233 (1981), S. 529–569.

DIRLMEIER, ULF: Historische Umweltforschung aus der Sicht der mittelalterlichen Geschichte, in: Siedlungsforschung. Archäologie-Geschichte-Geographie 6 (1988), S. 97–111.

DIRLMEIER, ULF/FOUQUET, GERHARD/ FUHRMANN, BERND: Europa im Spätmittelalter 1215–1378 (Oldenbourg Grundriss der Geschichte, 8), 2. Aufl., München 2008.

FEBVRE, LUCIEN: La terre et l'évolution humaine: introduction géographique à l'histoire, Paris 1922 (ND Paris 1970).〔フェーヴル『大地と人類の進化』上・下、飯塚浩二・田辺裕訳、岩波文庫、1971–72 年〕

GRAUS, FRANTIŠEK: Pest – Geißler – Judenmorde. Das 14. Jahrhundert als Krisenzeit (Veröffentlichungen des MPI für Geschichte, 86), 3. Aufl., Göttingen 1994.

GROH, RUTH/GROH, DIETER: Weltbild und Naturaneignung. Zur Kulturgeschichte der Natur, Frankfurt a. M. 1991.

GROH, RUTH/GROH, DIETER: Die Außenwelt der Innenwelt. Zur Kulturgeschich te der Natur 2, Frankfurt a. M. 1996.

GROH, DIETER/KEMPE, MICHAEL/MAUELSHAGEN, FRANZ (Hrsg.): Naturkatastrophen. Beiträge zu ihrer Deutung, Wahrnehmung und Darstellung in Text und Bild von der Antike bis ins 20. Jahrhundert (Literatur und Anthropologie, 13/2003), Tübingen 2003.

HERRMANN, BERND (Hrsg.): Mensch und Umwelt im Mittelalter, Stuttgart 1986 .

HERRMANN, BERND (Hrsg.): Umwelt in der Geschichte. Beiträge zur Umweltgeschichte, Göttingen 1989.

KÖRNER, MARTIN (Hrsg.) : Stadtzerstörung und Wiederaufbau, 3 Bde., Bern-Stuttgart-Wien 1999-2000.

RANFT, ANDREAS/SELZER, STEPHAN (Hrsg.): Städte aus Trümmern. Katastrophenbewältigung zwischen Antike und Moderne, Göttingen 2004.

ROHR, CHRISTIAN: Mensch und Naturkatastrophe. Tendenzen und Probleme einer mentalitätsbezogenen

Umweltgeschichte des Mittelalters, in: SYLVIA HAHN/REINHOLD REITH (Hrsg.): Umwelt-Geschichte. Arbeitsfelder – Forschungsansätze – Perspektiven (Querschnitte, 8), Wien-München 2001, S.13–31.

SCHENK, GERRIT JASPER (Hrsg.): Katastrophen. Vom Untergang Pompejis bis zum Klimawandel, Ostfildern 2009.

SCHUBERT, ERNST: Alltag im Mittelalter. Natürliches Lebensumfeld und menschliches Miteinander, Darmstadt 2002.

SCHUBERT, ERNST/HERRMANN, BERND (Hrsg.): Von der Angst zur Ausbeutung. Umwelterfahrung zwischen Mittelalter und Neuzeit, Frankfurt a. M. 1994.

序章

ASSMANN, ERWIN (Bearb.): Godeschalcus und Visio Godeschalci (Quellen und Forschungen zur Geschichte Schleswig-Holsteins, 74), Neumünster 1979.

DIE CHRONIKEN DER DEUTSCHEN STÄDTE vom 14. bis ins 16. Jahrhundert, Bd. 5: Die Chroniken der schwäbischen Städte. Augsburg, Bd. 2, Leipzig 1866 (ND Göttingen 1965).

ENGEL, WILHELM (Hrsg.): Die Rats-Chronik der Stadt Würzburg (XV. und XVI. Jahrhundert) (Quellen und Forschungen zur Geschichte des Bistums und des Hochstifts Würzburg, 2), Würzburg 1950.

DIE LIMBURGER CHRONIK des Tilemann Elhen von Wolfhagen, hrsg. von Arthur Wyss (MGH. Deutsche Chroniken, 4,1), Berlin 1883 (ND München 1993).

LUTHER, MARTIN: Ausgewählte Schriften, Bd. 6: Briefe, ausgew., übers. und erl. von Johannes Schilling, 2. Aufl., Frankfurt a.M. 1983.

NONN, ULRICH (Hrsg.): Quellen zur Alltagsgeschichte im Früh- und Hochmittelalter (Ausgewählte Quellen zur deutschen Geschichte des Mittelalters. Freiherr vom Stein-Gedächtnisausgabe, 40 a), Darmstadt 2003.

RAU, REINHOLD (Hrsg.): Quellen zur karolingischen Reichsgeschichte, Erster Teil (Ausgewählte Quellen zur deutschen Geschichte des Mittelalters . Freiherr vom Stein-Gedächtnisausgabe, 5), Darmstadt 1968.

ARNOLD, KLAUS: Kind und Gesellschaft in Mittelalter und Renaissance. Beiträge und Texte zur Geschichte der Kindheit (Sammlung Zebra, Reihe B, 2), Paderborn u . a. 1980.

BORST, ARNO: Lebensformen im Mittelalter, 2. Aufl., Berlin 1999.〔ボルスト『中世の巷にて』上・下、永野藤夫他訳、平凡社、1986–87 年〕

BORST, ARNO: Drei mittelalterliche Sterbefälle, in: DERS. : Barbaren, Ketzer und Artisten. Welten des Mittelalters, München-Zürich 1988, S. 567–598.

DIRLMEIER, ULF: Untersuchungen zu Einkommensverhältnissen und Lebenshaltungskosten in oberdeutschen Städten des Spätmittelalters. Mitte 14. bis Anfang 16. Jahrhundert (Abhandlungen der Heidelberger Akademie der Wissenschaften, Phil.-Hist. Klasse 1978–I), Heidelberg 1978.

DIRLMEIER, ULF: Zu den materiellen Lebensbedingungen in deutschen Städten des Spätmittelalters: Äußerer Rahmen, Einkommen, Verbrauch, in: REINHARD ELZE/GINA FASOLI (Hrsg.): Stadtadel und Bürgertum in den italienischen und deutschen Städten des Spätmittelalters (Schriften des Italienisch-Deutschen Historischen Instituts in Trient, 2), Berlin 1991, S. 59-88.

FOUQUET, GERHARD: Familie, Haus und Armut in spätmittelalterlichen Städten – Das Beispiel des Augsburger Ehepaares Elisabeth Störkler und Burkard Zink, in: ANDREAS GESTRLCH/LUTZ RAPHAEL (Hrsg.): Inklusion/Exklusion. Studien zu Fremdheit und Armut von der Antike bis zur Gegenwart, Frankfurt a. M. 2004, S. 283–307.

FOUQUET, GERHARD/ZEILINGER, GABRIEL (Hrsg.): Die Urbanisierung Europas von der Antike bis in die Moderne (Kieler Werkstücke, Reihe E, 7), Frankfurt a. M. u. a. 2009.

HEINZMANN, GUIDO: Gemeinschaft und Identität spätmittelalterlicher Kleinstädte Westfalens. Eine mentalitätsgeschichtliche Untersuchung der Städte Dorsten, Haltern, Hamm, Lünen, Recklinghausen und Werne, Norderstedt 2006.

JÖRG, CHRISTIAN: Teure, Hunger, Großes Sterben. Hungersnöte und Versorgungskrisen in den Städten des Reiches während des 15. Jahrhunderts (Monographien zur Geschichte des Mittelalters, 55), Stuttgart 2008.

MASCHKE, ERICH: Der wirtschaftliche Aufstieg des Burkard Zink (1396–1474/5) in Augsburg, in: DERS.: Städte und Menschen. Beiträge zur Geschichte der Stadt, der Wirtschaft und Gesellschaft (Vierteljahrschrift für Sozial- und Wirtschaftsgeschichte, Bh. 68), Wiesbaden 1980, S. 420–447.

RÖSENER, WERNER: Bauern im Mittelalter, 4. Aufl., München 1993.

ROGGE, JÖRG: Für den Gemeinen Nutzen. Politisches Handeln und Politikverständnis von Rat und Bürgerschaft in Augsburg im Spätmittelalter (Studia Augustana, 6), Tübingen 1996.

SCHENK, GERRIT JASPER: Lektüren im „Buch der Natur". Wahrnehmung, Beschreibung und Deutung von Naturkatastrophen, in: SUSANNE RAU/BIRGIT STUDT (Hrsg.): Geschichte schreiben. Ein Quellenhandbuch zur Historiographie (1350–1750), Berlin 2009, S. 506–520.

SCHUBERT, ERNST: Alltag im Mittelalter. Natürliches Lebensumfeld und menschliches Miteinander, Darmstadt 2002.

SPRANDEL, ROLF: Chronisten als Zeitzeugen (Kollektive Einstellungen und sozialer Wandel im Mittelalter, N. F. 3), Köln-Weimar-Wien 1993.

ULBRICHT, OTTO: Der Einstellungswandel zur Kindheit in Deutschland am Ende des Spätmittelalters (ca. 1470–1520), in: Zeitschrift für historische Forschung 19 (1992), S.159–187.

第 I 章　洪水

BASLER CHRONIKEN, hrsg. von der Historischen Gesellschaft in Basel, 10 Bde., Leipzig-Basel 1872–1976.

CARDAUNS, HERMANN (Hrsg.): Aufzeichnungen des Kölner Bürgers Hilbrant Suderman 1489–1504, in: Annalen des historischen Vereins für den Niederrhein 33 (1879), S. 41–49.

CHRIST, DOROTHEA A. (Hrsg.): Das Familienbuch der Herren von Eptingen. Kommentar und Transkription, Liestal 1992.

DIE CHRONIKEN DER DEUTSCHEN STÄDTE vom 14. bis ins 16. Jahrhundert, Bd. 8: Die Chroniken der oberrheinischen Städte. Straßburg, Bd. 1, Leipzig 1870 (ND Göttingen 1961).

ENGEL, WILHELM (Hrsg.) : Die Rats-Chronik der Stadt Würzburg (XV. und XVI. Jahrhundert) (Quellen und Forschungen zur Geschichte des Bistums und des Hochstifts Würzburg, 2) , Würzburg 1950.

HÖHLBAUM, KONSTANTIN u. a. (Hrsg.): Das Buch Weinsberg. Kölner Denkwürdigkeiten aus dem 16. Jahrhundert, 5 Bde. (Publikationen der Gesellschaft für rheinische Geschichtekunde, 3, 4 u. 16), Leipzig-Bonn 1886–1926.

JAFFÉ, PHILIPP (Hrsg.): Annales Colmarienses minores et maiores, Annales Basileenses, Chronicon Colmariense, in: Monumenta Germaniae historica. Scriptores, Bd. XVII, Hannover 1861, S. 183–270.

MONE, FRANZ JOSEPH (Hrsg.): Quellensammlung der badischen Landesgeschichte, 4 Bde., Karlsruhe 1848–1867.

SÉE, JULIEN (Hrsg.): Hans Stoltz' Ursprung und Anfang der Statt Gebweyler. Sagen- und Tagebuch eines Bürgers von Gebweiler zur Zeit des Bauernkriegs (Les chroniques d'Alsace, 1), Colmar 1871.

BAER, CASIMIR HERMANN u. a.: Die Kirchen, Klöster und Kapellen, Tl. I (Kunstdenkmäler Schweiz, 12: Kunstdenkmäler Basel-Stadt, 3), Basel 1941.

FELLER, RICHARD/BONJOUR, EDGAR: Geschichtsschreibung der Schweiz vom Spätmittelalter zur Neuzeit, 2 Bde., 2. erw. Aufl., Basel-Stuttgart 1979.

FOUQUET, GERHARD: Bauen für die Stadt. Finanzen, Organisation und Arbeit in kommunalen Baubetrieben des Spätmittelalters (Städteforschung, A, 48), Köln-Weimar-Wien 1999.

GLASER, RÜDIGER: Klimageschichte Mitteleuropas. 1000 Jahre Wetter, Klima, Katastrophen, Darmstadt 2001.

HAGEMANN, HANS-RUDOLF: Basler Rechtsleben im Mittelalter, 2 Bde., Basel-Frankfurt a. M. 1981–1987.

HARMS, BERNHARD: Der Stadthaushalt Basels im ausgehenden Mittelalter. Quellen und Studien zur Basler Finanzgeschichte. Erste Abteilung, 3 Bde. (Einnahmen und Ausgaben 1360–1535), Tübingen 1909–1913.

Die Kunstdenkmäler des Kantons Basel-Stadt, Bd. I, Basel 1932.

MATUZ, JOSEF: Das Osmanische Reich, Darmstadt 1985.

PFISTER, CHRISTIAN: Das Klima der Schweiz von 1525–1860 und seine Bedeutung in der Geschichte von Bevölkerung und Landwirtschaft (Klimageschichte der Schweiz 1525–1860, 1), 2. Aufl., Bern-Stuttgart 1985.

TREFFEISEN, JÜRGEN: Die Breisgaukleinstädte Neuenburg, Kenzingen und Endingen in ihren Beziehungen zu Klöstern, Orden und kirchlichen Institutionen während des Mittelalters (Forschungen zur oberrheinischen Landesgeschichte, 36), Freiburg/Br.-München 1991.

WACKERNAGEL, RUDOLF: Geschichte der Stadt Basel, 3 Bde. u. 1 Bd. (Register), Basel 1907–1924 u. 1954 (ND Basel 1968).

第II章　高潮

MATTHIAE BOETII De Cataclysmo Nordstrandico Commentariorum Libri tres. Text, Übersetzung und Anmerkung, hrsg. von OTTO HARTZ (Quellen und Forschungen zur Geschichte Schleswig-Holsteins, 25), Neumünster 1940.

CHRONICON EIDEROSTADENSE VULGARE oder die gemeine Eiderstedtische Chronik 1103–1547, hrsg . u. übers. von CLAUS HEITMANN, Sr. Peter-Ording 1977.

HANSEN, REIMER: Beiträge zur Geschichte und Geographie Nordfrieslands im Mittelalter, in: Zeitschrift der Gesellschaft für Schleswig-Holstein-Lauenburgische Geschichte 24 (1894), S. 1–92.

M. ANTON HEIMREICHS NORDFRESISCHE CHRONIK, hrsg. von NIELS NIKOLAUS FALCK, 2 Tle., Tondern 1819 (ND Leer 1982).

DETLEV VON LILIENCRON, Werke, Bd. I: Gedichte, Epos, hrsg. von BENNO VON WIESE, Frankfurt a. M. 1977.

JOHANNES PETREUS' (gest. 1603) Schriften über Nordstrand, hrsg. von Reimer Hansen (Quellensammlung der Gesellschaft für Schleswig-Holsteinische Geschichte, 5), Kiel 1901.

RHEINHEIMER, MARTIN: „Gott zur Ehre und dem Teufel zu Hohn und Spott". Die Randbemerkungen im Amrumer Missale, in: Zeitschrift der Gesellschaft für Schleswig-Holsteinische Geschichte 135 (2010), S. 97–130.

PETER SAX: Werke zur Geschichte Nordfrieslands und Ditmarschens, hrsg. von ALBERT A. PANTEN, 2 Bde., St. Peter-Ording 1986.

BEHRE, KARL-ERNST: Meeresspiegelbewegungen, Ödlandverluste und Landgewinnungen an der Nordsee, in: Siedlungsforschung. Archäologie – Geschichte – Geographie 23 (2005), S. 19–46.

BEHRE, KARL-ERNST: Eine neue Meeresspiegelkurve für die südliche Nordsee, in: Probleme der Küstenforschung im südlichen Nordseegebiet 28 (2003), S, 9–63.

FOUQUET, GERHARD: Städtische Umwehen im Mittelalter – Perspektiven der Sozial- und Wirtschaftsgeschichte, in: RENATE WISSUWA/GABRIEL VIERTEL/NINA KRÜGER (Hrsg.): Landesgeschichte und Archivwesen. Festschrift für Reiner Groß zum 65. Geburtstag, Dresden 2002, S. 35–72.

FOUQUET, GERHARD: Zeit und Geschichte. Endzeiterwartungen, utopisches Denken und Jahrhundertwenden im Spätmittelalter, in: HANS-PETER BECHT (Hrsg.): Millennium. Beiträge zum Jahrtausendwechsel (Sonderveräffentlichungen des Stadtarchivs Pforzheim, 3), Ubstadt-Weiher 2002, S. 29–57.

HENNINGSEN, HANS-HERBERT: Rungholt. Der Weg in die Katastrophe. Aufstieg, Blütezeit und Untergang eines bedeutenden mittelalterlichen Ortes in Nordfriesland, 2 Bde., Husum 1998–2000.

LANGE, ULRICH (Hrsg.): Geschichte Schleswig-Holsteins. Von den Anfängen bis zur Gegenwart, Neu-

münster 1996.

MEIER, DIRK: Trutz, Blanke Hans. Mittelalterlicher Deichbau und Existenzkampf an der schleswig-holsteinischen Nordseeküste, in: KONRAD SPINDLER (Hrsg.): Mensch und Natur im mittelalterlichen Europa. Archäologische, historische und naturwissenschaftliche Befunde (Schriftenreihe Akademie Friesach, 4), Klagenfurt 1998, S. 129–168.

MEIER, DIRK: Land unter ! Die Geschichte der Flutkatastrophen, Ostfildern 2005.

PRANGE, WERNER: Die Bedeichungsgeschichte der Marschen in Schleswig-Holstein, in: Probleme der Küstenforsch ung im südlichen Nordseegebiet 16 (1986), S. 1–53.

RHEINHEIMER, MARTIN: Mythos Sturmflut. Der Kampf gegen das Meer und die Suche nach Identität, in: Jahrbuch für Schleswig-Holstein 15 (2003), S. 9–58.

RIEKEN, BERND: „Nordsee ist Mordsee". Sturmfluten und ihre Bedeutung fiir die Mentalitätsgeschichte der Friesen (Nordfriisk Instituut, 186), Münster u. a. 2005.

SCHENK, GERRIT JASPER: Meeresmacht und Menschenwerk. Die Marcellusflut an der Nordseeküste im Januar 1219, in: DERS. (Hrsg.): Katastrophen. Vom Untergang Pompejis bis zum Klimawandel, Ostfildern 2009, S. 52–66.

第III章　難破

CLARK, CECILY (Hrsg.): The Peterborough Chronicle 1070-1154 (Oxford English Monographs), Oxford 1958.

ERASMUS VON ROTTERDAM: Vertraute Gespräche (Colloquia farniliaria), Übers. u . eingel. von HUBERT SCHIEL, Köln 1947 (ND Essen o. J.).〔エラスムス『対話』二宮敬訳、世界の名著 17『エラスムス／トマス・モア』所収、中央公論社、1969 年〕

FOUQUET, GERHARD (Hrsg.): Die Reise eines niederadligen Anonymus ins Heilige Land im Jahre 1494 (Kieler Werkstücke E , 5), Frankfurt a. M. u. a. 2007.

JAHNKE, CARSTEN/GRASSMANN, ANTJEKATHRIN (Hrsg.): Seerecht im Hanseraum. Edition und Kommentar zum Flandrischen Copiar Nr. 9 (Veröffentlichungen zur Geschichte der Hansestadt Lübeck, Reihe B, 36), Lübeck 2003.

ORDERICUS VITALIS: Historiae ecclesiasticae libri tredecim, Bd. 4, hrsg. von AUGUSTE LE PRÉVOST, Paris 1852.

RÖHRICHT, REINHOLD/MEISNER, HEINRICH (Hrsg.): Die Pilgerreise des letzten Grafen von Katzenelnbogen (1433–1434), in: Zeitschrift für deutsches Altertum und deutsche Litteratur 26 (1882), S. 348–371.

VON ROHR, CHRISTINE (Hrsg.): Neue Quellen zur zweiten Indienfahrt Vasco da Gamas (Quellen und Forschungen zur Geschichte der Geographie und Völkerkunde, 3), Leipzig 1939.

ZELLER, HEINRICH LUDWIG: Das Seerecht von Oléron: nach der Inkunabel Tréguier (Paris, Bibliothèque nationale, Réserve, F, 2187). Diplomatischer Abdruck mit Einleitung, ergänzendem Glossar und einer Druckprobe (Sitzungsberichte der Heidelberger Akademie der Wissenschaften. Phil.-Hist.

Klasse/1915, 2), Heidelberg 1915.

BULLO, CARLO: Il viaggio di M. Piero Querini e le relazioni della Repubblica Venetia colla Svezia, Venezia 1881.

CLANCHY, MICHAEL T.: England and its rulers 1066–1307, 3. Aufl., Malden/MA u. a. 2006.

DIRLMEIER, ULF/FOUQUET, GERHARD/FUHRMANN, BERND: Europa im Spätmittelalter 1215–1378 (Oldenbourg Grundriss der Geschichte), 2. Aufl.,München 2008.

ESCH, ARNOLD: Vier Schweizer Parallelberichte von einer Jerusalem-Fahrt im Jahre 1519, in: Nicolai Berard/QUIRINUS REICHEN (Hrsg.) : Gesellschaft und Gesellschaften. Festschrift zum 65. Geburtstag von Professor Dr. Ulrich Im Hof, Bern 1982, S. 138–184.

ESCH, ARNOLD: Gemeinsames Erlebnis – individueller Bericht. Vier Parallelberichte aus einer Reisegruppe von Jerusalempilgern 1480, in: Zeitschrift für Historische Forschung 11 (1984), S. 385–416.

FOUQUET, GERHARD: Vom Meer zum Land – Indien 1502 aus der Sicht eines deutschen Reisenden, in: STEPHAN CONERMANN/ JAN KUSBER (Hrsg.): Studia Eurasiatica. Kieler Festschrift für Hermann Kulke zum 65. Geburtstag (Asien und Afrika, 10), Schenefeld 2003, S. 71–94.

FOUQUET, GERHARD: Der Reisebericht nach Jerusalem 1494: ‚Erleben' – adelige Bewährung und Pilgerschaft, in: GERHARD FOUQUET (Hrsg.): Die Reise eines niederadligen Anonymus ins Heilige Land im Jahre 1494 (Kieler Werkstücke E, 5), Frankfurt a. M. 2007, S. 19–35.

HELLAND, AMUND (Hrsg.): Topografisk-statistisk beskrivelse over Nordlands Amt (Norges Land og Folk, XVIII) , Anden DeI, Kristiania 1908.

LANE, FREDERICK C.: Venice. A Maritime Republic, Baltimore 1973.

LE GOFF, JACQUES: Franz von Assisi, Stuttgart 2006.〔ルゴフ『アッシジの聖フランチェスコ』池上俊一他訳、岩波書店、2010 年〕

OHLER, NORBERT: Reisen im Mittelalter, München 1991.〔オーラー『中世の旅』藤代幸一訳、法政大学出版局、1989 年〕

SCHMITZ, SILVIA: Die Pilgerreise Philipps d.Ä. von Katzenelnbogen in Prosa und Vers. Untersuchungen zum dokumentarischen Charakter spätmittelalterlicher Adelsliteratur (Forschungen zur Geschichte der älteren deutschen Literatur, 11), München 1990.

ZEILINGER, GABRIEL/FOUQUET, GERHARD: Spatmittelalterliche Nordlandfahrer – Michel Beheim (1450) und Pietro Querini (1431/32), in: MICHAEL ENGELBRECHT/ULRIKE HANSSENDECKER/DANIEL HÖFFKER (Hrsg.): Rund um die Meere des Nordens. Festschrift für Hain Rebas, Heide 2008, S. 347–359.

第Ⅳ章　地震

ANNALES MARBACENSES qui dicuntur, hrsg. von HERMANN BLOCH (MGH. SS.rer.Germ., 9), Hannover-Leipzig 1907.

BASLER CHRONIKEN, hrsg. von der Historischen Gesellschaft in Basel, 10 Bde., Leipzig-Basel 1872–1976.

BERGDOLT, KLAUS (Bearb.): Die Pest 138 in Italien. Fünfzig zeitgenössische Quellen, Heidelberg 1989.

CHRONICON MOGUNTINUM, hrsg. von CARL HEGEL (MGH. SS.rer.Germ., 20), Hannover 1885.

CHRONIKALIEN DER RATSBÜCHER, hrsg. von AUGUST BERNOULLI, in: Basler Chroniken, Bd. IV, S.1–162.

DIE BERNER CHRONIK des Conrad justinger, hrsg . von GOTTLIEB STUDER, Bern 1871.

DIE CHRONIK DES ERHARD VON APPENWILER 1439–1471, mit ihren Fortsetzungen 1472–1474: Beilage I: Die Basler Zusätze zur Sächsischen Weltchronik, hrsg. von AUGUST BERNOULLI, in: Basler Chroniken, Bd. IV, S. 365–374.

DIE CHRONIK HEINRICHS TAUBE von Selbach mit den von ihm verfaßten Biographien Eichstätter Bischöfe, hrsg. von HARRY BRESSLAU (MGH. SS.rer.Germ. NS, 1), Berlin 1922.

DIE CHRONIKEN DER DEUTSCHEN STÄDTE vom 14. bis ins 16. Jahrhundert, Bd. 8: Die Chroniken der oberrheinischen Städte. Straßburg, Bd. I, Leipzig 1870 (ND Göttingen 1961).

DIE GRÖSSERN BASLER ANNALEN nach Schnitts Handschrift (238–1416), hrsg. von AUGUST BERNOULLI, in: Basler Chroniken, Bd.VI, S. 237–275.

DIE KLEINEREN BASLER ANNALEN (1308–1415), hrsg. von AUGUST BERNOULLI, in: Basler Chroniken, Bd.V, S. 49–71.

FOUQUET, GERHARD (Hrsg.): Die Reise eines niederadligen Anonymus ins Heilige Land im Jahre 1494 (Kieler Werkstücke E, 5), Frankfurt a. M. 2007.

FRANCESCO PETRARCA: De otio religioso, hrsg. von GIUSEPPE ROTONDI (Studi e Testi, 195), Città del Vaticano 1958.

HARTMANN, ALFRED: Basilea Latina. Lateinische Texte zur Kultur- und Sittengeschichte der Stadt Basel im 15. und 16. Jahrhundert, Basel 1931.

HEINRICUS DE DIESSENHOFEN und andere Geschichtsquellen Deutschlands im späteren Mittelalter, hrsg. aus dem Nachlasse Johann Friedrich Boehmers von ALFONS HUBER (Fontes rerum Germanicarum, 4), Stuttgart 1868.

KONRAD VON MEGENBERG: Das ‚Buch der Natur'. Bd. 11: Kritischer Text nach den Handschriften, hrsg. von ROBERT LUFF/GEORG STEER, Tübingen 2003.

KONRAD VON WALTENKOFEN, in: Beiträge zur vaterländischen Geschichte, hrsg. von der Historischen Gesellschaft in Basel 10 (1875) , S. 271–272.

LUFF, ROBERT/STEER, GEORG (Hrsg.): Konrad von Megenberg. Das ‚Buch der Natur', Bd. 11: Kritischer Text nach den Handschriften, Tübingen 2003.

SIEBER, LUDWIG: Zwei neue Berichte über das Erdbeben von 1356, in: Beiträge zur vaterländischen Geschichte 12 (1888), S. 113–124.

SOLLBACH, GERHARD E. (Bearb.): Konrad von Megenberg, Buch der Natur, Frankfurt a. M. 1990.

THOMAS EBENDORFER: Chronica Austriae, hrsg. von ALPHONS LHOTSKY (MGH. SS.rer.Germ. NS, 13), Berlin-Zürich 1967.

WIDMER, BERTHE: Francesco Petrarca über seinen Aufenthalt in Basel 1356, in: Basler Zeitschrift für Geschichte und Altertumskunde 94 (1994), S. 17–27.

Borst, Arno: Das Erdbeben von 1348. Ein historischer Beitrag zur Katastrophenforschung, in:Historische Zeitschrift 233 (1981), S. 529-569.

Bücher, Karl: Die Bevölkerung von Frankfurt am Main im XIV. und XV. Jahrhundert. Socialstatistische Studien, Bd. I, Tübingen 1886.

Fouquet, Gerhard: Das Erdbeben in Basel 1356 – für eine Kulturgeschichte der Katastrophen, in: Basler Zeitschrift für Geschichte und Altertumskunde 103 (2003), S. 31–49.

Hammerl, Christa: Das Erdbeben vom 25. Jänner 1348 – Rekonstruktion des Naturer eignisses, Diss. phil., Wien 1992 (Masch.).

Jenks, Stuart: Die Prophezeiung von Ps.-Hildegard von Bingen: Eine vernachlässigte Quelle über die Geißlerzüge von 1348/49 im Lichte des Kampfes der Würzburger Kirche gegen die Flagellanten, in: MainfränkischesJahrbuch für Geschichte und Kunst 29 (1977), S. 9–38.

Krüger, Klaus: Das Jüngste Gericht und die alltäglichen Katastrophen. Zu Prognose und Diagnose in der spätmittelalterlichen Stadtchronistik, in: Enno Bünz/Rainer Gries/Frank Möller (Hrsg.): Der Tag X in der Geschichte. Erwartungen und Enttäuschungen seit tausend Jahren, Stuttgart 1997, S. 79–101 u. 346–352.

Meghraoui, Mustapha u. a.: Active Normal Faulting in the Upper Rhine Graben and Paleoseismic Identification of the 1356 Basel Earthquake, in: Science 293 (2001), 5537, S. 2070–2073.

Meyer, Werner: „Da verfiele Basel überall", Das Basler Erdbeben von 1356 (184. Neujahrsblatt hrsg. von der Gesellschaft für das Gute und Gemeinnützige Basel), Basel 2006.

Postpischl, Daniele (Hrsg.): Catalogo dei terremoti italiani dall'anno 1000 al 1980 (Quaderni di ‚La Ricerca scientifica', 114/2), Bologna 1985.

Rohr, Christian: Extreme Naturereignisse im Ostalpenraum. Naturerfahrung im Spätmittelalter und am Beginn der Neuzeit, Köln-Weimar-Wien 2007.

Wackernagel, Rudolf: Geschichte der Stadt Basel, 3 Bde. u. 1 Bd. (Register), Basel 1907–24 u. 1954 (ND Basel 1968).

第V章　飢餓

Basler Chroniken, hrsg. von der Historischen Gesellschaft in Basel, 10 Bde., Leipzig-Basel 1872–1976.

Die Chroniken der deutschen Städte vom 14. bis ins 16. Jahrhundert, Bd. 5: Die Chroniken der schwäbischen Städte. Augsburg, Bd. 2, Leipzig 1866 (ND Göttingen 1965).

Eberhart Windeckes Denkwürdigkeiten zur Geschichte des Zeitalters Kaiser Sigmunds, hrsg. von Wilhelm Altmann, Berlin 1893.

Journal d'un bourgeois de Paris. De 1405 à 1449, hrsg. von Colette Beaunne, Paris 1990.〔『パリの住人の日記 1』堀越孝一訳、八坂書房、2013年—〕

Die Kungenberger Chronik, wie sie Schodoler, Tschudi, Stumpf, Guilliman und andere benützten,

hrsg. von ANTON HENNE VON SARGANS, Gotha 1861 (ND Vaduz 1994).

KLUGE, FRIEDRICH: Rotwelsch. Quellen und Wortschatz der Gaunersprache und der verwandten Geheimsprachen, Bd. I: Rotwelsches Quellenbuch, Straßburg 1901.

LEBEN IN PARIS im Hundertjährigen Krieg. Ein Tagebuch, Frankfurt a. M.-Leipzig 1992.〔『パリの住人の日記 1』堀越孝一訳、八坂書房、2013年—〕

PLATTER, THOMAS: Lebensbeschreibung, hrsg. von Alfred Hartmann, 2. Aufl., Basel 1999.〔『放浪学生プラッターの手記』阿部謹也訳、平凡社、1985年〕

DIRLMEIER, ULF: Untersuchungen zu Einkommensverhältnissen und Lebenshaltungskosten in oberdeutschen Städten des Spätmittelalters. Mitte 14. bis Anfang 16. Jahrhundert (Abhandlungen der Heidelberger Akademie der Wissenschaften, Phil.-Hist. Klasse 1978-I), Heidelberg 1978.

DIRLMEIER, ULF: Zu den materiellen Lebensbedingungen in deutschen Städten des Spätmittelalters: Äußerer Rahmen, Einkommen, Verbrauch, in: REINHARD ELZE/GINA FASOLI (Hrsg.): Stadtadel und Bürgertum in den italienischen und deutschen Städten des Spätmittelalters (Schriften des Italienisch-Deutschen Historischen Instituts in Trient, 2), Berlin 1991, S. 59–88.

FOUQUET, GERHARD: Bauen für die Stadt. Finanzen, Organisation und Arbeit in kommunalen Baubetrieben des Spätmittelalters (Städteforschung, A, 48), Köln-Weimar-Wien 1999.

FOUQUET, GERHARD: Familie, Haus und Armut in spätmittelalterlichen Städten – Das Beispiel des Augsburger Ehepaares Elisabeth Störkler und Burkard Zink, in: ANDREAS GESTRICH/LUTZ RAPHAEL (Hrsg.): Inklusion/Exklusion. Studien zu Fremdheit und Armut von der Antike bis zur Gegenwart, Frankfurt a. M. 2004, S. 283–307.

GLASER, RÜDIGER: Klimageschichte Mitteleuropas. 1000 Jahre Wetter, Klima, Katastrophen, Darmstadt 2001.

VON HIPPEL, WOLFGANG: Armut, Unterschichten, Randgruppen in der frühen Neuzeit (Enzyklopädie deutscher Geschichte, 34), München 1995.

JÖRG, CHRISTIAN: Teure, Hunger, Großes Sterben. Hungersnöte und Versorgungskrisen in den Städten des Reiches wahrend des 15. Jahrhunderts (Monographien zur Geschichte des Mittelalters, 55), Stuttgart 2008.

LE ROY LADURIE, EMMANUEL: Eine Welt im Umbruch. Der Aufstieg der Familie Platter im Zeitalter der Renaissance und Reformation, Stuttgart 1998.

MASCHKE, ERICH: Das Berufsbewußtsein des mittelalterlichen Fernkaufmanns (1964), in: ERICH MASCHKE: Städte und Menschen. Beiträge zur Geschichte der Stadt, der Wirtschaft und Gesellschaft 1959–1977 (Vierteljahrschrift für Sozial- und Wirtschaftsgeschichte, Bh. 68), Wiesbaden 1980, S. 380–419.

MUMMENHOFF, ERNST: Das Findel- und Waisenhaus zu Nürnberg, orts-, kultur- und wirtschaftsgeschichtlich, in : Mitteilungen des Vereins für Geschichte der Stadt Nürnberg 21 (1915) S. 57–336.

OEXLE, OTTO GERHARD: Armut, Armutsbegriff und Armenfürsorge im Mittelalter, in: CHRISTOPH SACHSSE/FLORIAN TENNSTEDT (Hrsg.): Soziale Sicherheit und soziale Disziplinierung. Beiträge zu

einer historischen Theorie der Sozialpolitik. Frankfurt a. M. 1986, S. 73–100.

Rogge, Jörg: Für den Gemeinen Nutzen. Politisches Handeln und Politikverständnis von Rat und Bürgerschaft in Augsburg im Spätmittelalter (Studia Augustana, 6), Tübingen 1996 .

Schubert, Ernst: Gauner, Dirnen und Gelichter in deutschen Städten des Mittelalters, in: Cord Meckseper/Elisabeth Schraut (Hrsg.): Mentalität und Alltag im Spätmittelalter, Göttingen 1985, S. 97–128.

Schubert, Ernst: Soziale Randgruppen und Bevölkerungsentwicklung im Mittelalter, in: Saeculum 39 (1988), S. 294–339.

Schubert, Ernst: Fahrendes Volk im Mittelalter, Darmstadt 1995.

Schubert, Ernst: Der „starke Bettler". Das erste Opfer sozialer Typisierung um 1500, in: Zeitschrift für Geschichtswissenschaft 48 (2000), S. 869–893.

第VI章　火災

Aus Der Reisebeschreibung des Pero Tafur, übers. von Karl Stehlin u. Rudolf Thommen, in: Basler Zeitschrift für Geschichte und Altertumskunde 5 (1906), S. 96–122.

Baader, Joseph (Hrsg.): Nürnberger Polizeiordnungen aus dem XIII. bis XV. Jahrhundert, Stuttgart 1861 (ND Amsterdam 1966).

Basler Chroniken, hrsg. von der Historischen Gesellschaft in Basel, 10 Bde., Leipzig-Basel 1872–1976.

Die Berner Chronik des Conrad Justinger, hrsg. von Gottlleb Studer, Bern 1871.

Christ, Dorothea A. (Hrsg.): Das Familienbuch der Herren von Eptingen. Kommentar und Transkription, Liestal 1992.

Die Chroniken des Wigand Gerstenberg von Frankenberg , hrsg. von Hermann Diemar (Veröffentlichungen der Historischen Kommission für Hessen, 7), 2. unv. Aufl., Marburg 1989.

Die Chroniken der deutschen Städte vom 14. bis ins 16. J ahrhundert, Bd . 5: Die Chroniken der schwäbischen Städte. Augsburg, Bd. 2, Leipzig 1866 (ND Göttingen 1965).

Die Chroniken der deutschen Städte vom 14. bis ins 16. Jahrhundert, Bd. 8: Die Chroniken der oberrheinischen Städte. Straßburg, Bd. 1, Leipzig 1870 (ND Göttingen 1961).

Die Chroniken der deutschen Städte vom 14. bis ins 16. Jahrhundert, Bd. 18: Die Chroniken der mittelrheinischen Städte. Mainz, Bd. 2, Leipzig 1882 (ND Göttingen 1968).

Csendes, Peter: Das Wiener Stadtrechtsprivileg von 1221, Wien-Köln-Graz 1987.

Dirr, Pius (Hrsg.): Denkmäler des Münchner Stadtrechts, Bd. 1: 1158–1403 (Bayerische Rechtsquellen, 1), München 1934.

Endres Tuchers Baumeisterbuch der Stadt Nürnberg (1464–1475), hrsg. von Matthias Lexer/Friedrich von Weech, Stuttgart 1862 (N D Amsterdam 1968).

Hans Dernschwam's Tagebuch einer Reise nach Konstantinopel und Kleinasien (1553/55), hrsg. von Franz Babinger (Studien zur Fugger-Geschichte, 7), München-Leipzig 1923 (ND Berlin-

München 1986).

HÖHLBAUM, KONSTANTIN/LAU, FRIEDRICH/STEIN, JOSEF (Hrsg.): Das Buch Weinsberg. Kölner Denkwürdigkeiten aus dem 16. Jahrhundert, 5 Bde. (Publikationen der Gesellschaft für rheinische Geschichtskunde, 3, 4 u. 16), Leipzig-Bonn 1886–1926.

JAFFÉ, PHILIPP (Hrsg.): Annales Colmarienses minores et maiores, Annales Basileenses, Chronicon Colmariense, in: Monumenta Germaniae historica. Scriptores, Bd. XVII, Hannover 1861, S. 183–270.

KÜCH, FRIEDRICH (Hrsg.): Quellen zur Rechtsgeschichte der Stadt Marburg, 2 Bde. (Veröffentlichungen der Historischen Kommission für Hessen und Waldeck, 13, 1–2), Marburg 1918–1931 (ND Marburg 1991).

MUMMENHOFF, ERNST (Hrsg.): Lutz Steinlingers Baumeisterbuch vom Jahre 1452, in: Mitteilungen des Vereins für Geschichte der Stadt Nürnberg 2 (1880), S. 15–77.

OPUS EPISTOLARUM des. Erasmi Rotterodami, Bd.VI, hrsg. von P. S. ALLEN u. D. LITT, Oxford 1926.

PLATTER, THOMAS: Lebensbeschreibung, hrsg. von ALFRED HARTMANN, 2. Aufl., Basel 1999. 〔『放浪学生プラッターの手記』阿部謹也訳、平凡社、1985 年〕

SCHALLER, VICTOR: Ulrich II. Putsch, Bischof von Brixen und sein Tagebuch 1427–1437, in: Zeitschrift des Ferdinandeums für Tirol und Vorarlberg 3, 36 (1892), S. 227–322.

STENZEL, KARL (Hrsg.): Die Straßburger Chronik des elsässischen Humanisten Hieronymus Gebwiler, Berlin-Leipzig 1926.

WOLF, ARMIN (Hrsg.): Die Gesetze der Stadt Frankfurt a. M. im Mittelalter (Veröffentlichungen der Frankfurter Historischen Kommission, 13), Frankfurt a. M. 1969.

WOLKAN, RUDOLF (Hrsg): Der Briefwechsel des Eneas Silvius Piccolomini, 3 Bde. (Fontes rerum Austriacarum. Diplomataria et acta, 61, 62, 67 u. 68), Wien 1909–1918.

WÜNSCH, JOSEF: Eine Schilderung Wiens aus dem Jahre 1492, in : Monatsblatt des Alterthums-Vereines zu Wien 10 (1913), 1, S. 147.

BLICKLE, PETER: Kommunalismus. Skizzen einer gesellschaftlichen Organisationsform, Bd. 1: Oberdeutschland; Bd. 11: Europa, München 2000.

BRUCKER, GENE: Florenz in der Renaissance. Stadt, Gesellschaft, Kultur, Reinbek bei Hamburg 1990.

DEMANDT, KARL ERNST: Geschichte des Landes Hessen, 2. neubearb. Aufl., Kassel 1972 (ND Kassel 1980).

FOUQUET, GERHARD: Bauen für die Stadt. Finanzen, Organisation und Arbeit in kommunalen Baubetrieben des Spätmittelalters (Städteforschung, A, 48), Köln-Weimar-Wien 1999.

FOUQUET, GERHARD: ‚Annäherungen': Große Städte – Kleine Häuser. Wohnen und Lebensformen der Menschen im ausgehenden Mittelalter (ca. 1470–1600), in: ULF DIRLMEIER (Hrsg.): Geschichte des Wohnens. 500–1800. Hausen-Wohnen-Residieren, Bd. 11, Stuttgart 1998, S. 347–504.

FOUQUET, GERHARD: Zeit und Geschichte. Endzeiterwartungen, utopisches Denken und Jahrhundertwenden im Spätmittelalter, in: HANS-PETER BECHT (Hrsg.), Millennium. Beiträge zum Jahrtausendwechsel (Sonderveröffentlichungen des Stadtarchivs Pforzheim, 3), Ubstadt-Weiher

2002, S. 29–57.

Frenz, Barbara: Gleichheitsdenken in deutschen Städten des 12. bis 15. Jahrhunderts. Geistesgeschichte, Quellensprache, Gesellschaftsfunktion (Städteforschung, A, 52), Köln-Weimar-Wien 2000.

Graf, Klaus: Exemplarische Geschichten. Thomas Lirers ‚Schwäbische Chronik' und die ‚Gmündner Kaiserchronik' (Forschungen zur Geschichte der älteren deutschen Literatur, 7), München 1987.

Griep, Hans-Günther: Kleine Kunstgeschichte des deutschen Bürgerhauses, 2. Aufl., Darmstadt 1992.

Groebner, Valentin: Ökonomie ohne Haus. Zum Wirtschaften armer Leute in Nürnberg am Ende des 15. Jahrhunderts (Veröffentlichungen des MPI für Geschichte, 108), Göttingen 1993.

Krüger, Kersten: Albrecht Dürer, Daniel Speckle und die Anfänge frühmoderner Stadtplanung in Deutschland, in: Mitteilungen des Vereins für Geschichte der Stadt Nürnberg 67 (1980), S. 79–97.

Kühnel, Harry: Das Alltagsleben im Hause der spätmittelalterlichen Stadt, in : Alfred Haverkamp (Hrsg.): Haus und Familie in der spätmittelalterlichen Stadt (Städteforschung, A, 18), Köln-Wien 1984, S. 37–65.

Meckseper, Cord: Zur Typologie stauferzeitlicher Stadtgrundrisse, in: Stadt in der Stauferzeit (Schriften zur staufischen Geschichte und Kunst, 2), Göppingen 1991, S. 51–78.

Roettig, Petra: Zeichen und Wunder. Weissagungen um 1500, Hamburg 1999.

Rogge, Jörg: Für den Gemeinen Nutzen. Politisches Handeln und Politikverständnis von Rat und Bürgerschaft in Augsburg im Spätmittelalter (Studia Augustana, 6), Tübingen 1996.

Ryckaert, Marc: Brandbestrijding en overheitsmaatregelen tegen brandgevaar tijdens het Ancien Régime, in: L'initiative publique des communes en Belgique. Fondements historiques (Ancien Régime). Actes (Crédit Communal de Belgique, collection histoire, série in-8°, 65), Brüssel 1984, S. 251–256.

Schulze, Winfried: Vom Gemeinnutz zum Eigennutz, in: Historische Zeitschrift 243 (1986), S. 591–626.

Studt, Birgit: Das Land und seine Fürsten. Zur Entstehung der Landes- und dynastischen Geschichtsschreibung in Hessen und Thüringen, in: Ingrid Baumgärtner/Winfried Schich (Hrsg.): Nordhessen im Mittelalter. Probleme von Identität und überregionaler Integration (Veröffentlichungen der Historischen Kommission für Hessen, 64), Marburg 2001 , S. 171–196.

Tersch, Harald: Unruhe im Weltbild. Darstellung und Deutung des zeitgenössischen Lebens in deutschsprachigen Weltchroniken des Mittelalters, Wien-Köln-Weimar 1996.

Wackernagel, Rudolf: Geschichte der Stadt Basel, 3 Bde. u. 1 Bd. (Register), Basel 1907–24 u. 1954 (ND Basel 1968).

第VII章　疫病

BERGDOLT, KLAUS (Bearb.): Die Pest 1348 in Italien. Fünfzig zeitgenössische Quellen, Heidelberg 1989.

DIE CHRONIKEN DER DEUTSCHEN STÄDTE vom 14. bis ins 16. Jahrhundert, Bd. 8: Die Chroniken der oberrheinischen Städte. Straßburg, Bd. 1, Leipzig 1870 (ND Göttingen 1961).

DIE CHRONIKEN DER DEUTSCHEN STÄDTE vom 14. bis ins 16. Jahrhundert, Bd. 19, 26, 28, 30 : Die Chroniken der niedersächsischen Städte. Lübeck, Bd. 1–4, Leipzig 1884–1910 (ND Göttingen 1967–1968).

MECKLENBURGISCHES URKUNDENBUCH, Bd. II–XII, Schwerin 1864–1882.

REBER, BALTHASAR: Felix Hemmerlin von Zürich. Neu nach den Quellen bearbeitet, Zürich 1846.

SCHRADER, THEODOR: Die Rechnungsbücher der hamburgischen Gesandten in Avignon 1338 bis 1355, Hamburg-Leipzig 1907.

URKUNDENBUCH DER STADT LÜBECK (1139–1470), 11 Bde., Lübeck 1843–1905 (ND Osnabrück 1976).

BECHT, HANS-PETER: Medizinische Implikationen der historischen Pestforschung am Beispiel des „Schwarzen Todes" von 1347/51, in: BERNHARD KIRCHGÄSSNER/JÜRGEN SYDOW (Hrsg.): Stadt und Gesundheitspflege (Stadt in der Geschichte , 9), Sigmaringen 1982, S. 78–94.

BERGDOLT, KLAUS: Der Schwarze Tod in Europa. Die große Pest und das Ende des Mittelalters, München 1994.〔ベルクドルト『ヨーロッパの黒死病』宮原啓子他訳、国文社、1997年〕

BINGENER, ANDREAS/FOUQUET, GERHARD/FUHRMANN, BERND: Almosen und Sozialleistungen im Haushalt deutscher Städte des späten Mittelalters und der frühen Neuzeit, in: PETER JOHANEK (Hrsg.): Städtisches Gesundheits- und Fürsorgewesen vor 1800 (Städteforschung, A, 50), Köln-Weimar-Wien 2000, S. 41–62.

BRANDT, AHASVER VON: Der Lübecker Rentenmarkt von 1320–1350, Kiel 1935.

DORMERER, HEINRICH: Wirtschaftlicher Erfolg, Laienfrömmigkeit und Kunst in Lübeck um 1500. Die Stiftungen des Bankiers und Großkaufmanns Godert Wiggerinck, in: ENNO BÜNZ/KLAUS-JOACHIM LORENZEN-SCHMIDT (Hrsg.): Klerus, Kirche und Frömmigkeit im spätmittelalterlichen Schieswig-Holstein (Studien zur Wirtschafts- und Sozialgeschichte Schleswig-Holsteins, 41), Neumünster 2006, S. 275–297.

FOUQUET, GERHARD: Zeit und Geschichte. Endzeiterwartungen, utopisches Denken und Jahrhundertwenden im Spätmittelalter, in: HANS-PETER BECHT (Hrsg.): Millennium. Beiträge zum Jahrtausendwechsel (Sonderveröffentlichungen des Stadtarchivs Pforzheim, 3), Ubstadt-Weiher 2002, S. 29–57.

GRAUS, FRANTIŠEK: Pest - Geißler - Judenmorde. Das 14. Jahrhundert als Krisenzeit (Veröffentlichungen des MPI für Geschichte, 86), 3. Aufl., Göttingen 1994.

HAVERKAMP, ALFRED: Die Judenverfolgungen zur Zeit des Schwarzen Todes im Gesellschaftsgefüge

deutscher Städte, in: DERS. (Hrsg.): Zur Geschichte der Juden im Deutschland des späten Mittelalters und der frühen Neuzeit, Stuttgart 1981, S. 27–93.

HERLIHY, DAVID : Der Schwarze Tod und die Verwandlung Europas, Berlin 1998.

IBS, JÜRGEN HARTWIG: Die Pest in Schleswig-Holstein 1350 bis 1547/48. Eine sozialgeschichtliche Studie über die wiederkehrende Katastrophe, Frankfurt a. M. u. a. 1994.

IBS, JÜRGEN HARTWIG: Judenverfolgungen in Hansestädten des südwestlichen Ostseeraumes zur Zeit des Schwarzen Todes, in: Hansische Geschichtsblätter 113 (1995), S. 27–47.

LE ROY LADURIE, EMMANUEL: Un concept: L'unification microbienne du monde. 14ᵉ–17ᵉ siècles, in: Schweizerische Zeitschrift für Geschichte 23 (1975), S. 627–696.

PRECHEL, MONIKA: Anthropologische Untersuchungen der Skelettreste aus einem Pestmassengrab am Heilig-Geist-Hospital zu Lübeck, in: Lübecker Schriften zur Archäologie und Kulturgeschichte 24 (1996), S. 323–339.

ROSENPLÄNTER, JOHANNES: Kloster Preetz und seine Grundherrschaft. Sozialgefüge, Wirtschaftsbeziehungen und religiöser Alltag eines holsteinischen Frauenkloster um 1250–1550 (Quellen und Forschungen zur Geschichte Schleswig-Holsteins, 114), Neumünster 2009.

SCHUBERT, ERNST: Einführung in die Grundprobleme der deutschen Geschichte im Spätmittelalter, Darmstadt 1992.

VASOLD, MANFRED: Die Pest. Ende eines Mythos, Darmstadt 2003.

WINKLE, STEFAN: Geißeln der Menschheit. Kulturgeschichte der Seuchen, Düsseldorf-Zürich 1997.

WULF, CHRISTIAN: Der Pestkirchhof in Lehmbek, in: Jahrbuch der Heimatgemeinschaft des Kreises Eckernförde 15 (1957), S. 254–256.

第VIII章　戦火

BURGER, HELENE (Hrsg.): Nürnberger Totengeläutbücher. Bd. I: St. Sebald 1439–1517 (Freie Schriftenfolge der Gesellschaft für Familienforschung in Franken, 13), Neustadt a. d. Aisch 1961.

DIE CHRONIKEN DER DEUTSCHEN STÄDTE vom 14. bis ins 16. Jahrhundert, Bd. 2 u. 10: Die Chroniken der fränkischen Städte. Nürnberg, Bd. 2 u. 4, Leipzig 1864–1872 (ND Göttingen 1961).

DIE CHRONIKEN DER DEUTSCHEN STÄDTE vom 14. bis ins 16. Jahrhundert, Bd. 5: Die Chroniken der schwäbischen Städte. Augsburg, Bd. 4, Leipzig 1866 (ND Göttingen 1961).

DIE CHRONIKEN DER DEUTSCHEN STÄDTE vom 14. bis ins 16. Jahrhundert, Bd. 20: Die Chroniken der westfälischen und niederrheinischen Städte. Dortmund, Neuß, Bd. 1, Leipzig 1887 (ND Göttingen 1969).

MATTHIAS CLAUDIUS: Sämtliche Werke, 7. Aufl., München 1991.

MONUMENTA BOICA, Bd. 34: Monumenta episcopatus Augustani, München 1834.

PETRI DE DUSBURG CHRONICA terre Prussie / Peter von Dusburg. Chronik des Preußenlandes, hrsg. von KLAUS SCHOLZ u . DIETER WOJTECKI (Ausgewählte Quellen zur deutschen Geschichte des Mittelalters, 25), Darmstadt 1984.

STAHL, IRENE (Hrsg.): Die Nürnberger Ratsverlässe, Heft 1: 1449–1450 (Schriften des Zentralinstituts für fränkische Landeskunde und allgemeine Regionalforschung, 23/1), Neustadt a. d. Aisch 1983.

ABERTH, JOHN: From the Brink of the Apocalypse. Confronting Famine, War, Plague, and Death in the Later Middle Ages, 2. Aufl., London-New York 2010.

BÖMMELS, NICOLAUS: Die Neusser unter dem Druck der Belagerung, in: Neuss, Burgund und das Reich (Schriften reihe des Stadtarchivs Neuss, 6), Neuss 1975, S. 255–287.

Metzdorf, Jens; *Bedrängnis, Angst und große Mühsal* – Die Belagerung von Neuss durch Karl den Kühnen 1474/75, in: OLAF WAGENER/HEIKO LASS (Hrsg.): … *wurfen hin in steine/grôze und niht kleine* … Belagerungen und Belagerungsanlagen im Mittelalter (Beihefte zur Mediaevistik, 7), Frankfurt a. M. u. a. 2006, S. 167–188.

PARAVICINI, WERNER: Karl der Kühne. Das Ende des Hauses Burgund (Persönlichkeit und Geschichte, 94/95), Göttingen-Zürich-Frankfurt a. M. 1976.

PARAVICINI, WERNER: Die Preußenreisen des europäischen Adels, in: Historische Zeitschrift 232 (1981), S. 25–38.

PRIETZEL, MALTE: Krieg im Mittelalter, Darmstadt 2006.

ZEILINGER, GABRIEL: Lebensformen im Krieg. Eine Alltags- und Erfahrungsgeschichte des süddeutschen Städtekriegs 1449/50 (Vierteljahrschrift für Sozial- und Wirtschaftsgeschichte, Bh. 196), Stuttgart 2007.

第IX章　悪貨

DIE CHRONIKEN DER DEUTSCHEN STÄDTE vom 14. bis ins 16. Jahrhundert, Bd. 5: Die Chroniken der schwäbischen Städte. Augsburg, Bd. 4, Leipzig 1866 (ND Göttingen 1961).

JACOB UNREST: Österreichische Reimchronik, hrsg. von KARL GROSSMANN (MGH. Scriptores, N.S. 11), Weimar 1957.

BÜCHER, KARL: Die Entstehung der Volkswirtschaft. Vorträge und Aufsätze, Bd. 1, 14.115. Aufl., Tübingen 1920. 〔ビュヒァー『国民経済の成立』權田保之助訳、栗田書店、増補改訂版、1942 年〕

FOUQUET, GERHARD: Das Reich in den europäischen Wirtschaftsräumen des Mittelalters, in : BERND SCHNEIDMÜLLER/STEFAN WEINFURTER (Hrsg.): Heilig – Römisch – Deutsch. Das Reich im mittelalterlichen Europa, Dresden 2006, S. 323–344.

MÄKELER, HENDRIK: Nicolas Oresme und Gabriel Biel. Zur Geldtheorie im späten Mittelalter, in: Scripta Mercaturae. Zeitschrift für Wirtschafts- und Sozialgeschichte 37 (2003), S. 56–94.

MÄKELER, HENDRIK: Reichsmünzwesen im späten Mittelalter, Tl. I: Das 14. Jahrhundert (Vierteljahrschrift für Sozial- und Wirtschaftsgeschichte, Bh. 209), Stuttgart 2010.

NORTH, MICHAEL: Das Geld und seine Geschichte vom Mittelalter bis zur Gegenwart, München 1994.

Spufford, Peter: Money and its Use in Medieval Europe, Cambridge 1988.
Witthöft, Harald: Art. Münzfuß, in: Reallexikon der Germanischen Altertumskunde, Bd. 20, Berlin-New York 2002, S. 337–350.

結びにかえて

Die Limburger Chronik des Tilemann Elhen von Wolfhagen, hrsg. von Arthur Wyss (MGH. Deutsche Chroniken, 4,1), Berlin 1883 (ND München 1993).
Rolevinck, Werner: Fasciculus temporum, Schlettstadt 1474.

Borst, Arno: Das Erdbeben von 1348. Ein historischer Beitrag zur Katastrophenforschung, in: Historische Zeitschrift 233 (1981), S. 529–569.
Graus, František: Funktionen der spätmittelalterlichen Geschichtsschreibung, in: Hans Patze (Hrsg.): Geschichtsschreibung und Geschichtsbewußtsein im späten Mittelalter (Vorträge und Forschungen, 31), Sigmaringen 1987, S. 11–55.